江西省哲学社会科学成果文库

JIANGXISHENG ZHEXUE SHEHUI KEXUE CHENGGUO WENKU

中国财政诚信

PUBLIC FINANCE INTEGRITY IN CHINA

陈向明 著

社会科学文献出版社
SOCIAL SCIENCES ACADEMIC PRESS (CHINA)

总　序

作为人类认识世界和改造世界的重要工具，作为推动历史发展和社会进步的重要力量，社会科学承载着“认识世界、传承文明、创新理论、资政育人、服务社会”的特殊使命。在中国实施全面建成小康社会、全面深化改革、全面推进依法治国、全面从严治党的关键时期，以创新的社会科学成果引领全民共同开创中国特色社会主义事业新局面，进一步增强中国特色社会主义道路自信、理论自信、制度自信，为经济、政治、社会、文化和生态的全面协调发展提供强有力的思想保证、精神动力、理论支撑和智力支持，这是时代发展对社会科学的基本要求，也是社会科学进一步繁荣发展的内在要求。

江西素有“物华天宝，人杰地灵”之美称。千百年来，勤劳、勇敢、智慧的江西人民，在这片富饶美丽的大地上，创造了灿烂的历史文化，在中华民族文明史上书写了辉煌的篇章。在这片自古就有“文章节义之邦”盛誉的赣鄱大地上，文化昌盛，人文荟萃，名人辈出，群星璀璨，他们创造的灿若星辰的文化经典，承载着中华文明成果，汇入了中华民族的不朽史册。作为当代江西人，作为当代江西社会科学工作者，我们有责任继往开来，不断推出新的成果。今天，我们已经站在了新的历史起点上，面临许多新情况、新问题，需要我们给出科学的答案。汲取历史文明的精华，适应新形势、新变化、新任务的要求，创造出今日江西的辉煌，是每一个社会科学工作者的愿望和孜孜以求的目标。

社会科学推动历史发展的主要价值在于推动社会进步、提升文明水平、提高人的素质。然而，社会科学自身的特性又决定了它只有得到民众的认同并为其所掌握，才会变成认识和改造自然与社会的巨大物质力量。因此，社会科学的繁荣发展及其作用的发挥，离不开其成果的运用、交流与广泛传播。

为充分发挥哲学社会科学研究优秀成果和优秀人才的示范带动作用，促进江西省哲学社会科学繁荣发展，我们设立了江西省哲学社会科学成果出版资助项目，全力打造《江西省哲学社会科学成果文库》。

《江西省哲学社会科学成果文库》由江西省社会科学界联合会设立，资助江西省哲学社会科学工作者的优秀著作出版。该文库每年评审一次，通过作者申报和同行专家严格评审的程序，每年资助出版10部左右代表江西现阶段社会科学研究前沿水平、体现江西社会科学界学术创造力的优秀著作。

《江西省哲学社会科学成果文库》涵盖整个社会科学领域，要求进入文库的是具有较高学术价值和具有思想性、科学性、艺术性的社会科学普及和成果转化推广著作，并按照“统一标识、统一封面、统一版式、统一标准”的总体要求组织出版。希望通过持之以恒地组织出版，持续推出江西社会科学研究的最新优秀成果，不断提升江西社会科学的影响力，逐步形成学术品牌，展示江西社会科学工作者的群体气势，为增强江西的综合实力发挥社会科学的积极作用。

近年来，中共江西省委出台了《关于进一步繁荣发展哲学社会科学的意见》，要求继续做好社科文库出版资助工作。我们将以更高的标准，更严的要求，全力将《江西省哲学社会科学成果文库》打造成立得住、叫得响、传得开、留得下的精品力作。

吴永明

2016年12月

序

刘尚希*

诚信是人类文明在道德层面的优秀结晶。孔子认为，治理国家可“去兵”“去食”，但不能“去信”。他告诫人们：“人而无信，不知其可也。”孟子说：“诚者，天之道也；思诚者，人之道也。”汉代将“信”列为“五常”，其一直成为我国历史传承中最基本的道德规范和价值标准。近代英国哲学家休谟把“兑现承诺”视作人类社会得以生存和发展的三大规律之一。可以说，古今中外，都把诚信看作做人处事之本、治学经商之道、治国安邦之纲。

诚信，对一个国家、一个民族都是至关重要的。一个社会和一种经济形态及政府施政，只有讲诚信，才能够形成良好的“诚信结构”，而这个“诚信结构”是一个国家和地区经济社会正常运转及步入良性循环的重要基础；只有讲诚信，才能够优化社会经济“风险结构”，而这个“风险结构”同样是一个国家和地区经济社会持续、稳定、健康运转的重要基础乃至繁荣昌盛的必备条件。

党中央、国务院高度重视信用体系建设。党的十八大强调，要深入开展道德领域突出问题专项教育和治理，加强政务诚信、商务诚信、社会诚信和司法公信建设。党的十八届三中全会提出，要建立健全社会征信体系，褒扬诚信，惩戒失信。2013 年 6 月，国务院印发《社会信用体系建设规划纲要（2014—2020 年）》，要求各级人民政府发挥政府诚信建设示范作用，加强自身诚信建设，以政府的诚信施政，带动全社会诚信意识的树立

---

* 中国财政科学研究院院长兼党委书记，研究员、博士生导师，国务院政府特殊津贴专家、国家“百千万人才工程”国家级专家。

和诚信水平的提高。政务诚信是先导，乃治国理政之本，政务诚信建设意义重大。

财政诚信是政府诚信的核心，是政府履行其职能的基础。财政讲诚信，是提高制度有效性、管控财政风险、提高预算绩效的内在要求，是提高政府信誉度和公信力的必然选择，也是财政现代化的基本标志之一。财政作为国家治理的基础和重要支柱，财政诚信建设与财政制度建设同等重要，将其融入财政预算、国库收付、绩效评价、政府采购、财政内控、财政监督等财政业务流程各环节，有利于推进财政与市场、财政与社会、中央与地方关系改革的全面深化，夯实国家治理的基础，也有利于牵引国家治理结构的重塑与再造。作为一种公共价值，诚信隐形于各项制度运转之中。征税、举债、花钱，统计、汇总、分析，评价、监督、问责等，涉及不同层面的众多行为主体，这诸多的行为主体是否守信，决定了财政的真实性、公平性和有效性。这是一个关系到政府能否取信于民的重大政治伦理问题。商业活动中不讲诚信，会极大地增加交易成本，形成互害的社会生态，严重损害经济效率；财政活动中不讲诚信，如政府部门间的作假行为，同样会提高政府运行成本，降低整个公共部门运转效率，并损害整个政府的形象。财政讲诚信，不只是财政部门的事情，而是与政府收支相联系的整个政府财政活动，与民众的利益息息相关，对民众产生的影响也是潜移默化的。失信的政府通常都是从财政开始的。没有诚信为基础的制度和法律，往往都是无效的。就此而言，财政制度的系统性重构，需要财政诚信来支撑。

本书从我国经济社会转型期公共价值建设滞后的现实出发，在改革开放的大背景下，结合财政的阶段性特点和现实条件，以问题为导向，借鉴国内外诚信建设经验及有效的管理方法，对我国的财政诚信问题做了较为全面深入的研究，为政府及财政改革提供了另一个视角的分析和建议，具有一定参考价值。

作者提出“建设财政诚信体系”的观点和引入道德及诚信文化建设的思路，丰富了现行财政管理的内涵，这对政府诚信建设和公务员诚信教育具有一定的参考价值；作者提出的“财政诚信体系建设，是国家治理不可或缺的基础建设”和“政府主导和领导带头讲诚信、守规矩，是财政诚信体系建设的关键”等观点，对于做好财政基础工作，构建现代财政制度有一定的可借鉴性。作者连续十年跟踪财政诚信问题，并且财政诚信研究被列入江西省财政厅重点课题和全国财政科研协作课题，作者协同厅里及部分省市财政科研人员进行了多方位、多角度的探索性研究，与短、平、快的研究相比，摆在读者面前的这项研究成果显得更扎实，其严谨认真的态度难能可贵。

在此，我衷心希望作者继续努力，为我国财政诚信建设及其理论研究作出新的贡献。

自 序

这部书我思考探索了多年，终于脱稿了，尽管还有许多不足，但我感到有四点想法首先提出来与读者分享。第一点，财政诚信理念确立及其管理制度在我国全面建立并与财政各项业务管理融合，组成制度“组合拳”，形成管控合力，其效益是极其可观的。也就是说，所有的与财政有关联的单位和个人在申报或使用财政资金的时候，都要作出诚实守信背书，遵从道德和制度管理规定，就像治理“酒驾”一样，依法管好用好财政安排的“每一分钱”。那么，最保守的估计（按照2015年全国财政总支出17.5万亿元5%的问题资金①测算），一年下来可以挽回数千亿元的财政资金损失②，而一些地方财政收入真实性③也将大大提高。第二点，诚信财政是“总理工程”，或者说是“国家战略工程”。就是说，如果没有国家顶层设计和直接推动，这个“工程”是不可能建成的，没有相应的法律法规跟进，也是不可能实现的。因为“谁不骗总理”的理念和行动还有市场，通过寻租钻制度漏洞和管理短板问题没有根本解决。第三点，从反腐倡廉、管理效能和资金安全的角度看，通过诚信背书、不良记录、失信惩戒和黑

---

① 2015年6月29日《经济参考报》赵婧报道，审计发现，2008年至2013年，审计覆盖29个省本级、200个市本级和709个县，涉及土地出让收入和支出总计26万亿元，审计查出少征、虚增、违规支出、少支付补偿、套取骗取补偿等土地出让收支问题资金约1.3万亿元，收支核算不规范资金逾8000亿元，计2.1万亿元，占26万亿元的8.08%。

② 2015年12月26日全国人大网报道：《2014年度中央预算执行和其他财政收支审计查出问题整改情况报告》显示，截至2015年10月底，整改促进增收节支5794.94亿元，已有5598人被依法依纪处理。

③ 2015年3月4日《京华时报》黎永刚报道，审计署原副审计长董大胜接受记者专访时谈道，审计发现一些地方政府财政收入的虚假程度达到20%~30%，最高的虚报五成。

名单制度，加大财政相对人[①]的失信成本，使其“不敢、不能、不想”违规；通过诚信分类分级管理，将少数经常性违规失信者纳入重点监控范围，从而达到管少、管好和管重点的目的。财政诚信体系的建立，可以更好地保证国家法律法规得到有效贯彻，保证财政资金和干部“两个安全”落到实处，也有利于依法理财，降低风险，堵塞漏洞，提升管理水平。第四点，推进诚信建设为形势倒逼使然。现在条件成熟，只有乘势而为，抓住机会，敢于担责，才能赢得工作主动权。纪律挺在法律前面，诚信更应该挺在反腐前面。

从2006年起，我对审计部门公布的一些违法违纪案例进行了研究。我发现，一些单位，无论中央预算单位，还是基层预算单位，或者是使用财政资金的非预算单位或个人，年年被审计，屡审屡犯，屡禁不绝，有些案件数额巨大，触目惊心，根子在哪里？我认为，根子是丢了底线，缺乏诚信及有效的管理。

制度公正和有效，守制意识、道德自觉和诚实守信是核心。一些地方财政出现“诚信结构与风险结构”失衡乃至恶化的倾向，制度缺失和无视道德、诚信和法纪是主因，这个问题长期得不到有效解决，对于国家和区域发展的影响是持续的，而且是极为有害的。一个时期以来，一些地方和单位，以至个人，置起码的道德底线和诚信于不顾，为了局部和小团体利益或个人利益，总是不择手段地通过种种关系，甚至通过贿赂手段“跑部钱进”。但财政拨款或项目一旦到手，擅自截留、挪用、套取、挥霍或私分国家资金者有之；得到“好处”的单位又接着继续“跑部”者有之；还有一些地方财政收入年年虚增，不但无人过问，反而因政绩靠前主管官员升官者有之；一些地方和单位在申报资金时，时常弄虚作假，不但不会受到惩罚，反而得到更多，成了“英雄”。这种是非颠倒、吃拿国家的行为，倒成了一些人眼中的常态。对这些不知廉耻，任意侵吞人民财富、践踏法律和逾越道德底线之举，稍微有一点良知的人都会感到揪心和愤慨。

① 财政相对人，指向财政部门提出部门预算，申请各类资金（项目）、财政借款或对外借款、财政担保，参与政府采购、国有资产产权交易以及其他公共资源分配活动的国家机关、企事业单位、社会团体和自然人。

我在思考：多年来，我们的理论与实践、教育与操作“两张皮”的现象和制度缺陷的问题是不是该下大力气解决了？过去理论讲的和制度设计都不错，但为什么不能有效地融入现行制度中去？对此，我们有什么招数可以改变？当前我国正处于加快转型的新的历史时期，如何跳出既有的制度框框，大胆地推进制度创新？这一连串的问题，使我感到困惑、纠结，同时也隐约地觉得，人们好像都在回避一样“东西”，或者说这个“东西”我们曾经拎过，但没有引起足够的注意和重视。记得我在2007年中国财政学会年会暨第十七次全国财政理论研讨会上，曾提出“加强政府诚信建设”的建议，会议结束时意外地得到时任财政部部长助理丁学东在大会总结讲话中给予的点名肯定。此后，在一次出席全国会议期间，我与省外的一位同仁商谈拟将“财政诚信”作为全国财政科研协作课题进行申报时，这位同仁说了一句经典且又现实的大实话：“谁不骗总理?”此刻，我无言以对。心里想，难道中国的财政就是“唐僧肉”？难道这种无序状况可以长期持续下去而不能改变？难道就没有一个有效的办法根治？其实，走到今天想起来，我又非常感谢这位同仁，是他的话让我惊醒，忽然间觉得这个被回避的“东西”终于找了回来，这就是“诚信”！“诚信”是立政和理财之本，是国家财政的基石和核心价值之一，诚信建设是国家治理不可或缺的，甚至可以说是“总理工程”和“国家战略工程”。这里，我们不妨翻阅一下审计署近些年的审计公报，每年全国都要查出数百亿或数千亿元的问题资金。比如，2015年1~11月，审计署通过领导干部经济责任审计，查出领导干部负有直接责任的问题资金就高达2500亿元，有101名被审计领导干部和220名其他人员被移送司法、纪检监察机关处理。这么巨大的问题资金，难道不是“总理工程”和“国家战略工程”所涵盖的范围吗？反过来讲，假如，我们早就建有完备的诚信体系、财政风险管控机制①并实行严格的制度约束，这些问题资金会有如此庞大吗？足见，财政作为国家治理的基础，不能缺少“诚信”这个基石。在新的历史条件下，推进财政诚信建设应该成为我们神圣而义不容辞的职责。

于是，我的观察转向现行的财政制度本身。应该肯定，自1994年以

① 刘尚希：《财政风险：一个分析框架》，《经济研究》2003年第5期。

来，我国的财政体制改革取得了举世瞩目的成就，解决了长期以来中央和地方关系不确定的问题，调动了中央与地方两个积极性。尤其是“分税制”改革后，部门预算改革、收支两条线改革、国库集中收付改革，以及政府采购管理、非税收入管理、财政绩效管理、财政内部控制和财政监督管理等措施不断推出和完善，财政管理的闸口比过去严格多了，特别是中央“八项规定”出台后，花财政的钱不再像过去那样“洒脱自由”了。但是，由于现行制度存在不足，缺陷和漏洞依然严重。①现行制度采取单一管理，一般不审查其他环节是否存在不良记录。比如，在部门预算环节，编制预算或进行项目申报时不需要作出诚信保证，多报、虚报或隐瞒问题很难避免；在审核预算时不需要进行有无不良记录的比对，因为对预算单位和地方没有建立诚信数据资料库，且没有依据可查，也无法比对。在国库集中收付环节，无论是直接支付，还是授权支付，只凭相关手续是否完备即可。对于虚假的或者私下串通乃至套用别人证件、合同、账户等行为，现行制度无法查询和鉴别，也难以防范。至于一些地方财政收入水分的问题，更是跟着计划任务走。在财政监督或审计监督和财政专员进行检查环节，仅仅是一案一查，查出了问题也仅仅是就某个案件作结论。在绩效评价环节，只是就某个项目资金申报进行评审或对其实施结果进行评价。②在财政各业务环节，各预算单位和主管部门、地方政府，以及与财政有关联的单位或个人信息不对称且没有实现共享，难以堵塞资金漏洞和弥补制度缺陷。于是重复申报、多个部门申报、多个渠道申报资金和项目的材料满天飞，弄虚作假套取资金的现象大量存在。尤其是某单位“此时”因违规被查处，并不影响或取消“彼时”资金继续申报的资格，如果动用“特殊”手段，“失信者”还可以得到更多的财政支持，但对于那些遵纪守法、诚实守信者是极其不公平的。③现行制度面对所有的预算单位或个人，没有实行诚信分类分级管理，难以区分重点和一般。所以，每年例行审计或财政监督检查时，要么地毯式推进，要么按排序或抽样进行，要么实行“平行推进、人海战术”，一个一个单位地进行。如此，因人力有限，检查的效果有限，漏检很难避免。④采用因素法分配资金，有助于反腐倡廉。但是，一些地方为了确保不出事，干脆将因素法“一刀切”用到更多方面，这也带来了干好干坏一个样，积极性受到影响的问题，同时，也不利于围绕政府战略目标，集中财力办大事之“大专项”的安排。⑤现行制度强调技术层面的管控措施，道德诚信制度供给不足，具有可操作性的制度安排缺失。

推进财政诚信建设，是解决当前财政制度供给不足、弥补现行制度缺陷和漏洞的有效利器，是维护财政秩序，提高财政管理水平的杀手锏。2015 年以来，中央强调供给侧结构性改革，重要的一条就是要解决制度供给不足的问题。而推进财政诚信建设，是在财政各项改革基础上，供给新的、具有弥补现行制度缺陷和漏洞功能的制度，即将财政诚信制度融入财政各项业务管理之中。比如，财政相对人向财政部门提交部门预算或申报资金（项目）时，首先，必须出具诚信报告，签署承诺保证。其次，财政部门对申报者提交的部门预算和申报资金（项目）必须进行审查比对，不仅要审查其预算报告或申报资金（项目）本身的真实性、必要性、可行性和效果，而且对申报者历年预算或其他资金（项目）的实施情况，以及诚信遵纪和绩效记录进行追溯比较，同时对照其诚信等级综合考虑是否给予资金（项目）安排。再次，对预算或资金（项目）安排完毕后，要进行诚信审查比对，根据其诚信程度，考虑今后是否继续给予预算或资金（项目）安排。复次，通过诚信道德自律、诚信文化提升和惩戒等相关制度约束，以及查询、举报、异议、公开等外部监督，从品与行两个方面推动财政相对人遵法守法、规范操作、诚信理财，由此形成“诚信走遍天下、失信寸步难行”的氛围。最后，对于建立在诚实守信基础上的预算安排、项目审批，财政给钱心里更踏实、更放心，而且更加有效。

党的十八大报告和党的十八届三中全会再次明确提出，要加快社会诚信体系建设。各级党委、政府高度重视，制定印发了一系列推进诚信体系建设规划、法规和制度，许多地方在诚信体系建设方面取得了不少成绩，为我们建立财政诚信体系提供了成功的经验借鉴。当前财政领域面临诸多问题，迫切需要制度创新，财政体制改革、部门预算改革、国库集中收付改革、政府采购管理、财政绩效管理、财政内部控制和财政监督管理，以及“金财工程”建设的加快推进，为加强财政诚信建设带来极好的机遇和条件，尤其是中央将财经纪律列入“三大纪律”之一。习近平同志强调，要坚持政治纪律、组织纪律、财经纪律一起抓。其中，财经纪律首次与政治纪律、组织纪律并列提出。这个规定提升了财政部门的地位，加重了财政部门的责任。各级党委、纪委层层施压，对腐败始终保持零容忍，一再强调“两个责任”，扎紧权力笼子、严堵管理漏洞，强调列清单、销号、问责、追责，一环扣一环，件件倒逼，实行“一岗双查”，一个都不放过。同时，强调纪律挺在前面，反腐和作风建设永远在路上。

财政作为国家治理基础和调控经济运行的重要手段，以诚信及其制度为牛鼻子，就抓住了根本。在经济发展新常态下，财政工作需要更加科学规范、公开透明、依法清廉、公信天下。而财政诚信建设是在经济发展新常态下维护政府公信力，规范预算单位和地方支出行为不可或缺的一道防火墙，是增强财政管理合力，彰显管理乘数效应的创新探索，它对于提高财政管理水平，确保财政资金申报和使用真实、安全、有效具有重要的现实意义。财政诚信建设是当下财政回避不了的问题，也是绕不过去的坎。

我的结论是：在市场经济条件下，不讲财政诚信是不可想象的，也难以承担起政府和老百姓赋予的重任；当下的财政，创新和运用更加有效的制度和管理方法，比加大财政投入更紧迫、更重要。而财政诚信制度的确立，为提高财政绩效找到了一条较好的路径，由此给人们一个导向，就是花财政的钱，必须始终坚守诚信第一，否则寸步难行；财政诚信建设，是财政领域一场创新性革命，是治本之策，是当前一项重要而紧迫的任务，是功在当前、影响深远的大事；财政诚信建设，对于完善政府诚信体系乃至社会诚信体系，将发挥积极的示范引导作用和产生重要影响。

本书的初稿是我的研究生毕业论文。在此，要感谢我的导师龚培兴教授（江西省委党校常务副校长），他为我的论文成篇倾注了大量的心血。要感谢财政部财政科学研究所和江西省财政厅为我提供了很好的研究平台并给予倾力支持。感谢财政部领导、财政部财政科学研究所领导和江西省财政厅领导对我提出的“财政诚信”观点和研究成果的肯定。2007 年我提出“加强政府诚信建设”的建议，时任财政部部长助理丁学东给予了点名肯定。同年，“财政诚信”被列入江西省财政厅重点课题进行研究。2010 年，中国财政学会、财政部财政科学研究所以“建立以诚信为基础架构的财政科学化细化管理制度研究”作为全国财政科研协作课题，由江西省财政厅牵头，财政部财政科学研究所研究员及博士生导师赵云旗同我一道担任课题组负责人，会同财政部财政科学研究所及贵州、内蒙古、新疆等省区财政厅同仁作了深入研究，在财政部财政科学研究所原所长贾康的指导下，形成了总报告及协作省区5个分报告。2015年1月，江西省财政厅厅长胡强在全省财政工作会议讲话中明确将“加强财政诚信建设”作为一项工作进行部署，为全国首创。为了进一步推动财政诚信制度化建设，2015年江西省财政厅将“推进财政诚信建设及其相关制度研究”列入江西省财政厅重点课题进行实证研究，我作为课题负责人完成了初稿，2015年12月，胡强厅长、辜华荣副厅长分别作了肯定性批示。

当然，本书还有许多不足，所提观点及创设相关制度之建议，能否与实际相符并具有可操作性，还有待于实践检验，本人将继续关注，并希望读者提出有益的批评。

陈向明

2015年12月30日

摘　要

现行的财政各项制度安排没有引入诚信理念和涉及诚信问题，但实际工作中诚信缺失的问题普遍，财政的收、支、分、管、用各环节都不同程度地存在失信现象："虚报隐瞒、多报假报、冒领欺骗、滞留截留、挤占侵占、坐支挪用"资金等违规行为在一些单位反复出现，案件触目惊心，年年审计，屡禁不绝。根子在哪里？根子还是缺乏诚信及有效管理。本书从财政诚信体系建设和相应的制度安排切入，立足可操作性，实现体系和制度创新，花钱（"金财工程"）买一个好机制。这项制度安排给人们一个导向，就是花财政的钱，必须讲诚信、守规矩、重效益、严监管、负责任，否则寸步难行。

一　理论阐述与借鉴

本书以经济学和管理学理论为依据，主要运用实证分析的方法，对财政诚信体系和相关制度等问题进行研究阐述。本书在分析现行制度缺陷及影响、总结借鉴发达国家和我国部分省市社会诚信制度建设方面的经验基础上，提出建立财政诚信体系及其相关制度的对策建议，希望经过努力，本书的研究成果，能为财政部、地方财政部门、财政预算单位、各级政府领导提供参考与借鉴，为发展我国财政事业作出贡献。

1. 对财政诚信及其制度作了概念界定

本书指出，财政诚信制度是政府忠于职守、依法理财、主持正义、公平分配、维护国家及公众利益、取得社会信任和财政效益的行政契约，是公共品供需双方一种讲诚信、守规矩的价值取向和制度安排。这个定义具有原创性。本书强调，面对当前财政领域的诸多问题，通过制度创新来保证财政诚信得以贯彻，用诚信来夯实和筑牢财政法治、财政绩效、财政秩序、反腐倡廉以及资金安全的基础，显得重要和紧迫。

2. 借鉴西方经济管理有关理论和我国实践，阐述与财政诚信的关系

从交易费用理论来看，对财政诚信的坚守可以有效降低“交易”费用，从而达到支持诚信者、惩戒失信者的目的。从制度变迁理论来看，财政诚信“是一系列被制定出来的规则、服从程序和道德、伦理的行为规范”，符合诺思所谓的“制度安排”，切合“无限财政向责任财政转变的发展趋势”。从现代契约理论来看，诚信财政的首要任务是对市场契约和纳税人予以尊重和保护，即讲诚信、守规矩，不负人民的重托。尤其是法治化的契约财政，或者说诚信财政，是防止不守信者违约的锐利武器。从伦理学理论来看，道德和诚信教育不是知识灌输，而是实践养成。财政诚信不但具有行为规范功能，更具有道德和伦理价值的引导作用。从“零缺陷”管理来看，财政诚信管理与“零缺陷”管理的核心一致。第一次把正确的事情做正确，包括正确的事、正确地做事和第一次做正确，坚决杜绝弄虚作假。同时，本书就财政诚信与和谐社会、法治社会进行了论述，指出诚信政府建设是诚信和谐社会的主导，财政诚信实质上就是政府诚信，这与构建和谐社会，塑造政府形象和公信力关系极大。法律的实施需要诚信。有了诚信才会有正义的追求，才具有法治的精神，财政资金管理和使用就能够更加规范有效。

3. 对财政诚信建设的作用和意义进行论述

加强财政诚信建设，是财政职能的本质要求，是依法理财的前提条件，是管控财政风险的重要措施，是提高财政绩效的必然要求，是财政改革发展的现实需要，是财政摆脱诸多问题困扰的治本之策。财政诚信制度是财政“上乘管理软件”和“最佳交通卫士”，与“金财工程”珠联璧合。把财政诚信制度作为一条贯穿于财政各项业务管理和“金财工程”建设全过程、财政业务流程各环节的主线，并与相关的配套措施融合，财政管理才能发挥最大效益。

二 框架及实现路径

财政诚信体系框架主要由“四大体系”构成。①财政诚信管理制度体

系，即“诚信征集报告，诚信承诺保证，诚信审查比对，诚信提示警示，诚信激励约束，诚信等级评价，诚信查询、举报、质疑和公开，诚信失信行为确认与问责等八项管理制度”；②财政诚信文化教育宣传体系；③财政诚信组织管理体系；④财政诚信信息化技术支撑体系。四大体系环环相扣，相互关联、相互配合、相互作用，构成相对协调和较为完整的框架体系；与财政部门预算、国库集中收付、非税收入、政府采购、财政监督、财政内控、财政绩效、“金财工程”以及预防腐败等措施融为一体，形成管理合力，形成“组合拳”和一道严密且有记录、可追溯、不可更改的“防火墙”。

财政诚信管理实现路径是：主要通过“五权相对分离”制衡机制实施。按照“五权相对分离”制衡机制的要求，在财政内部对应设置综合、预算、执行、监督、评价等五个口。其中，综合口主要负责宏观分析、政策研究、规范性文件起草、条法规章制定、诚信分类评级审核。预算口主要负责预算编制安排和调整。执行口主要负责预算的执行。监督口主要负责事前、事中、事后及各项业务的监督检查。评价口主要负责预算绩效评审和重点项目绩效评价。这样，各口在自行履职的基础上，建立分工明确、权责清晰、各司其职的分权制衡体系，形成重大事项联审机制、协作配合机制和监督评价反馈机制，构成一条既有机联系又相互制约的业务循环链。

三 操作制度设计

财政诚信相关制度（范本）有：①“推进财政诚信体系建设的实施意见”，主要是对推进财政诚信建设的重要意义、指导思想、主要目标和基本原则作出规定，对工作任务、实施步骤、组织领导等提出要求；②“财政诚信报告、诚信承诺和诚信审查比对制度”，主要是对操作诚信报告、诚信承诺保证、诚信审查比对和责任追究等方面作出规定；③“财政诚信分级分类管理制度”，主要对诚信分级评定内容、诚信等级评定、诚信分类监管、升降级管理等方面作出规定；④“财政相对人失信惩戒管理制度”，主要是对失信行为认定、失信惩戒、教育与修复管理和保障方面作出规定；⑤“财政专项资金诚信负面清单管理制度”，主要是对实施范围、失信失范行为的界定、失信失范行为惩戒和保障措施等方面作出规定；⑥“财政诚信信息资源共享管理制度”，主要对诚信信用信息的获取与使用、管理与维护、监督检查等方面作出规定。通过这些制度安排，并与财政各项业务规定融合联动，实现有效管理。

四 初步成果

本书立足创新，通过深入研究和探索，取得了初步成果。主要体现在：第一，率先提出“财政诚信体系建设及其相关制度”概念。据查阅国内有关文献，我国学者专门对此进行研究的不多，在国外有关文献资料中也见诸甚少。第二，财政诚信是立政和理财之本，是国家财政的基石和核心价值之一，财政诚信建设是国家治理不可或缺的基础建设，这项制度安排是财政摆脱诸多问题困扰的治本之策。第三，得到了财政部、江西省财政厅领导的重视和肯定。2007 年 4 月 27 日，财政部部长助理丁学东在中国财政学会年会暨第十七次全国财政理论研讨会上给予了充分肯定，指出“陈向明同志呼吁要高度重视政府诚信体系的建设与完善，并注重发挥其在财政资金管理中的作用”。江西省财政厅副厅长辜华荣于同年 4 月 9 日在作者主持的 2007 年省财政厅重点课题“立足制度创新　推进财政诚信制度建设”上批示“请信息中心将来与软件中标单位沟通，财政诚信要列入金财工程”，江西省财政厅副厅长王斌于同年 5 月 9 日在该重点课题上批示“文章很有创意！有很强的可操作性！实用价值很大！足见你们下了大功夫”。第四，所提建议具有较强的可操作性，被江西省财政厅采纳。2009 年 6 月 26 日，江西省财政厅副厅长辜华荣在“财政诚信制度被我厅采用证明”上签注“同意”；2015 年 1 月 19 日，江西省财政厅厅长胡强在全省财政工作会议上强调“要加强财政诚信建设，严格财政资金分配使用的监督问责，严厉查处违法违规行为”；2015 年 12 月 16 日，江西省财政厅副厅长辜华荣在作者主持的 2014 年省财政厅重点课题“推进财政信用建设及其相关制度研究”上批示：“向明同志提出财政诚信合理化建议值得学习，所提建议很有现实意义，应采纳。请呈胡强同志及各位厅领导阅示。”同年 12 月 20 日，江西省财政厅胡强厅长批示：“这个课题选得好，切中了当前政府财政工作中存在的问题。以问题为导向，提出加强和推进财政信用体系建设的建议很有必要，请政策法规处在向明同志初稿的基础上进一步论证完善，尽快成稿。”第五，相关成果在国内核心期刊和财政部财政科学研究所内刊登载。《用制度促进诚信守约》一文于2007年6月19日在财政部财政科学研究所送中央有关部门、财政部领导和各省市财政部门阅读的《研究报告》（内刊）第58期登载；《以诚信制度破解财政资金管理难题》一文在《中国财政》（全国双百期刊、全国优秀经济期刊、全国中文核心期刊）2007年第11期登载；《构建新的诚实守信制度》一文，在《中国财经报》2007年11月6日第7版“思想广场”栏目登载；《财政诚信管理制度架构和实现路径》一文，在《财政研究》（全国经济类核心期刊）2012年第8期登载；作者与赵云旗研究员共同主持的全国财政系统协作课题成果《建立以诚信为基础架构的财政科学化细化管理制度研究》在财政部财政科学研究所《研究报告》（同上）第167期刊登；《推进预算绩效管理与财政诚信管理相融合的联动机制建设》一文在《地方财政研究》（全国中文核心期刊、中国人文社科核心期刊）2014年第12期登载。第六，相关成果荣获省内和全国有关方面的奖项。《立足制度创新，推进财政诚信制度建设》获江西省财政厅2007年度厅重点课题优秀论文一等奖；《建立以诚信为基础架构的财政科学化细化管理制度研究》获江西省财政厅2011年度厅重点课题优秀论文一等奖；《用制度促进诚信守约》获江西省第十三次社会科学优秀成果三等奖（2009年）；《建立财政诚信制度　提高财政管理水平》获中国管理科学研究院首届中国信用管理大会优秀论文一等奖（2009年）；《财政诚信制度+金财工程是管好用好支农资金的有效方法》获财政部农业司、《中国财经报》征文活动二等奖（2008年）；《建立财政诚信制度　提高财政管理水平》获北京大学中国信用研究中心、中国信用4·16高峰论坛组委会全国信用优秀论文征文竞赛优秀奖（2008年）。

总之，本书试图通过研究，找到一条解决财政面临的大量违规失信问题的路径。这就是通过财政诚信体系建设和相应的制度安排+财政各项业务管理+“金财工程”（信息化技术手段），实现对财政相对人的全过程监督，使部门预算单位、资金申报者“真的跑不了、假的骗不了、想改失信记录改不了”，如果出现严重违规不良记录，还将“殃及池鱼”，从而为树立诚信理念，建设诚信财政，提高资金使用效率、节省财政成本，以及规避人情和财政风险、维护财政收入与支出秩序、提高政府公信力奠定坚实的基础。

目　录

导 论

一 财政诚信：一个现实而迫切需要解决的问题

当前，我国财政改革发展和反腐倡廉工作所面临的形势比过去更加严峻复杂，所承担的任务也更加繁重艰巨。为了更好地服务于党委、政府的中心工作，本书根据党中央、国务院关于加快推进政务诚信体系建设要求，结合所面临的问题，就财政诚信制度建设问题进行研究。通过对财政诚信缺失、违规失信现象突出的严峻形势进行分析，提出财政诚信体系建设框架及实现路径，根据财政工作需要，提出若干财政诚信制度范本，以便实践可循；通过财政诚信报告、承诺保证、失信惩戒、诚信信息共享等制度安排，加大财政相对人的失信成本，使其“不敢、不能、不想”违规；通过诚信分类分级管理，将少数经常性违规失信者纳入重点监控范围，从而达到管少、管好和管重点的目的。将这项管理制度融入财政各项改革和管理措施中去，增强财政管理合力，形成“组合拳”和一道严密且有记录、可追溯、不可更改的防火墙，更好地保证国家财经法律、法规和规章制度的有效贯彻，保证财政资金和干部“两个安全”，依法理财，降低风险，堵塞漏洞，提升财政管理水平，为财政改革发展和反腐倡廉工作闯出一条新路。

其背景、必要性及重要意义如下。

党的十八大强调，要深入开展道德领域突出问题专项教育和治理，加强政务诚信、商务诚信、社会诚信和司法公信建设。党的十八届三中全会提出，要建立健全社会征信体系，褒扬诚信，惩戒失信。国务院印发的

《社会信用体系建设规划纲要（2014—2020年）》指出，全面推进社会诚信体系建设，是增强社会诚信、促进社会互信、减少社会矛盾的有效手段，是加强和创新社会治理、构建社会主义和谐社会的迫切要求。主要目标是：到2020年，社会诚信基础性法律法规和标准体系基本建立，以诚信信息资源共享为基础的覆盖全社会的征信系统基本建成，诚信监管体制基本健全，诚信服务市场体系比较完善，守信激励和失信惩戒机制全面发挥作用。政务诚信、商务诚信、社会诚信和司法公信建设取得明显进展。当下，如何按照中央部署，在创新财政管理机制方面先行一步？如果说，前几年推进财政诚信建设的条件不成熟，那么，现在形势不但有利，而且倒逼我们不推不行，推则财政工作的“棋”全盘皆活。

1. 推进财政诚信建设，是优化财政“诚信结构和诚信风险结构”、降低财政风险、确保财政资金和财政干部“两个安全”和提高财政资金效益的有效措施

一是违规债务数额巨大。据2012年1月4日中国新闻网报道，审计署称，2010年度地方政府性债务涉违规资金5308亿元（占2010年全国地方性债务10.7万亿元的4.96%）。据2013年7月29日《楚天金报》讯，审计署网站发布消息称，截至2010年底全国省、市、县三级地方政府三类债务余额为10.7万亿元。36个地区债务中有4个省和8个省会城市本级增长率超过20%，有9个省会城市本级政府负有偿还责任的债务率已超过100%，最高达189%。二是财政收入水分较高。据2015年3月4日《京华时报》黎永刚报道，全国政协经济委员会副主任、国家审计署原副审计长董大胜接受记者专访时谈道，审计发现一些地方政府财政收入的虚假程度达到20%～30%，最高的虚报五成。三是虚列支出和骗取资金现象严重。据审计部门资料披露，近些年来，有问题的资金占财政支出的10%～15%。2015年6月29日《经济参考报》报道，审计署查出少征、虚增、违规支出、少支付补偿、套取骗取补偿等土地出让收支问题资金约1.3万亿元，收支核算不规范资金逾8000亿元，向有关部门移送重大违法违纪案件397起。2015年审计署公布18个省（市）2012年至2014年彩票资金审计结果：违规金额占25.73%。2012年6月27日新华网报道，审计署对54个县进行审计，发现2011年财政报表少反映收入83.29亿元、支出44.50

亿元，虚列支出 66.56 亿元。四是违纪违规资金占财政收入比重大。据 2011 年 3 月 3 日中国新闻网报道，湖北省审计厅公布，2010 年全省共审计 12856 个单位，查出各类违纪违规和不规范金额 497.5 亿元。湖北省统计局公布的数据显示，当年全省完成财政总收入 1918.94 亿元。以此推算，违纪违规和不规范金额占财政总收入的 25.9%。五是问题资金不降反而猛增，查处违纪违法领导干部多，令人震惊。据 2013 年 1 月 17 日中国新闻网报道，山东省近 5 年审计查出违规资金 2513 亿元，有 414 名领导干部被查处。据 2016 年 1 月 3 日《新京报》报道，审计署查出问题资金从 400 亿元猛增至 2500 亿元。报道称，在 2015 年 12 月 28 日召开的全国审计工作会议上，审计长刘家义指出：2014 年全国共对 3 万多名领导干部进行了经济责任审计，查出被审计领导干部负有直接责任的问题资金 400 多亿元，移送纪检监察和司法机关 400 多人。2015 年 1～11 月，通过领导干部经济责任审计，查出领导干部负有直接责任的问题资金 2500 多亿元，有 101 名被审计领导干部被移送司法、纪检监察机关处理。也就是说，通过领导干部经济责任审计，查处的问题资金在一年时间里从 400 多亿元上升到了 2500 多亿元，增长了 5.25 倍。记者又发现，2008 年至 2014 年 7 月，领导干部经济责任审计的问题资金为 1000 多亿元。这表明，2015 年前 11 个月审计查出的领导干部问题资金，是过去近 6 年的 2.5 倍。据《湖北日报》报道，这 2500 多亿元问题资金包括领导干部违规发放的津贴福利、决策失误造成的国有资产损失、挤占挪用的专项资金、没上缴国库的“小金库”、虚假招投标的利益输送“黑金”、索贿受贿所得等。据 2015 年 5 月 12 日《江西日报》报道，江西省纪委对惊动中央高层的“2·11”案件中工作失职渎职的主要领导和相关领导进行责任追究，其中 37 人受到纪律处分，12 人被移送司法机关追究刑事责任，20 人受到问责处理。据 2011 年 7 月 8 日《京华时报》报道，审计署称，10 多年来有 7600 多名官员因经济审计落马。据 2013 年 9 月 17 日《发展导报》报道，审计署成立 30 年以来，直接促进增收节支和挽回损失 1.2 万亿元，移送违法违纪事项和犯罪案件线索 4.2 万条，累计审计领导干部近 50 万名，其中省部级领导干部 215 名，对 1.8 万多人给予免职、降职或撤职等处分，8500 多人被移送纪检监察和司法机关处理。

从这些案例到近几年来全党高压反腐来看，有以下警示和启示。首先，一旦发生财经纪律问题，不管涉及哪个单位或哪个人，领导首先必须承担主体责任，这已经成为常态。正如习近平同志强调的，“出了事，要追责。我们有的地方、单位管理失之于宽、无能为力，主要负责人是干什么的？凡是对整改不力的，都要严肃追责”。[①] 其次，在反腐高压态势下，目前在不敢腐方面政策效应显现，但不想腐、不能腐，即从道德层面和制度、技术和管理层面来解决问题远未破题，如全国每年面对庞大的n亿笔财政资金的分配、使用、监管，各省面对直管县及n个地州和n个预算单位和涉及财政项目的n个实施者，现行的财政制度架构很难防范资金和干部的风险，即使我们有三头六臂也防不胜防。再次，在制度不够完善、风险管控不够精准的情况下，如何提高资金使用效益，降低财政风险，确保财政资金和财政干部“两个安全”，始终是我们不敢懈怠和需要认真解决的头等大事。复次，“财政诚信结构和风险结构”是一项重要指标，如何优化及减少失信成本，降低损失率，往往被人们忽视。从以上案例可以看到，违规资金占比不小，数目令人震惊。就拿地方性债务情况来说，尽管整体上风险在可控范围之内，但巨额资金不是小数，尤其是近1/3的省和部分省会城市负债率不但超过了100%的警戒线，有些最高达到189%。由此可以想到，十几年前刘尚希提出的建立风险管理机制，打破“风险大锅饭”[②] 的观点，现在看来依然适用。楼继伟提出的“信用评级将成地方发债管理基础”[③] 的观点，可以充分证明推进财政诚信建设不但必要，而且可行。最后，年年审计，年年问题都很严重，良策在哪儿？而财政诚信建设给我们找到了优化财政“诚信结构和风险结构”，化解财政诚信风险，降低审计问题率的良策。

2. 推进财政诚信建设，是财政科学化、规范化、精细化、法治化建设的必然要求，是当下财政回避不了的问题，也是绕不过去的坎

据2012年12月29日《北京晨报》报道，审计署公布“审计署移送

① 习近平：《在中央政治局常委会听取中央巡视组工作领导小组二〇一四年中央巡视组首轮情况汇报时的讲话》，2014年6月26日。

② 刘尚希：《建立风险管理机制，打破“风险大锅饭”》，《光明日报》2004年12月28日。

③ 楼继伟：《信用评级将成地方发债管理基础》，《经济参考报》2013年12月17日。

至2012年底已办结38起违法违纪案件和事项处理情况”。其中，包括财政部国库支付中心原副主任张锐受贿案、呼和浩特市委原副秘书长张志新贪污受贿案、南京大学原副校长徐世良等人受贿案等5起受贿案。报道指出，在过去5年间，全国共审计70多万个单位，移送重大违法违纪案件线索9400多条。据2012年12月26日《新京报》报道，审计署关于落实全国人大常委会对2011年度中央预算执行和其他财政收支审计工作报告审议意见的报告指出，5年来有关部门和地区追回或归还被挤占挪用资金2000多亿元，有230多人被依法逮捕、起诉或判刑，1100多人受到党纪政纪处分。据2015年12月30日法治安徽网报道，在12月28日召开的全国审计工作会议上，审计署审计长刘家义称，2015年1～11月，全国审计近10万个单位，为国家增收节支和挽回损失3800多亿元，推动建立健全规章制度2100多项，移送重大违法违纪问题线索3600多条。其中，在领导干部经济责任审计方面，全国共审计领导干部2万多人。通过审计，查出领导干部负有直接责任的问题金额2500多亿元，101名领导干部和220名其他人员被移送司法、纪检监察机关处理。

此外，整个“十二五”期间，全国共审计近70万个单位，促进增收节支和挽回损失1.7万多亿元，移送重大违法违纪问题线索2.2万多条，推动健全完善制度规定2.7万多项。由此可见，以上单位和当事人受到惩处的教训十分深刻，究其根源，还是诚信及其相关制度的缺失。失信者得不到严厉惩戒，守信者不能多得收益，从而造成问题愈演愈烈，积重难返。古人说，人无信不立，国无信不强，诚信比生命重要；诚信之于财政，犹如空气和水之于人。财政诚信是政府诚信的重要内容，是立政和理财之本，是国家财政的基石和核心价值之一。推进诚信建设是财政科学化、规范化、法治化建设的必然要求，是建立现代财政制度的有效措施。如果不忠于职守，不讲诚信，那么财政法律法规的权威和政府的信誉岂不成了儿戏，财政作为治理国家的基础又何从谈起？以财政诚信建设为牛鼻子，抓住了化解财政问题的根本。唯有大力推进诚信建设，方可有效维护财政秩序，夯实财政基础，强化道德力量，凸显财政法治，提高财政绩效，提升政府公信力。诚信是当下财政回避不了的问题，也是绕不过去的坎。

3. 推进财政诚信建设，是贯彻落实中央反腐倡廉部署和深化政府诚信体系建设的实际行动，是财政现代化成熟的重要标志之一

推进财政诚信建设为形势倒逼使然。现在条件成熟，只有乘势而为，抓住机会，敢于担责，才能赢得工作主动权。①中央有要求，将财经纪律列入“三大纪律”之一。习近平同志强调，要坚持政治纪律、组织纪律、财经纪律一起抓。其中，财经纪律首次与政治纪律、组织纪律并列提出。这个规定提升了财政部门的地位，加重了财政部门的责任。②各级党委、纪委层层施压，对反腐工作始终保持全覆盖、无禁区、无上限，对腐败零容忍。各级党委、纪委文件一再强调严格财经纪律，强调“两个责任”，扎紧权力笼子、严堵管理漏洞；强调列清单、销号、问责、追责，一环扣一环，件件倒逼，实行“一岗双查”，一个都不放过，任何人都没有丹书铁券，也没有“铁帽子王”。纪律挺在前面，反腐和作风建设永远在路上。③国家对诚信建设有部署，要求政府依法诚信施政。党的十八大强调，要切实加快推进政务诚信建设，贯彻社会主义核心价值观。2013 年 6 月国务院通过《社会信用体系建设规划纲要（2014—2020 年）》，要求“以政务诚信示范引领全社会诚信建设。在行政许可、政府采购、劳动就业、社会保障、科研管理、干部选拔任用和管理监督、申请政府资金支持等领域，率先使用诚信信息和诚信产品”。④在经济发展新常态下，财政工作需要更加科学规范、公开透明、依法清廉、公信天下。财政诚信是在经济发展新常态下捍卫政府公信力，规范预算单位和地方支出行为不可或缺的一道防火墙，是增强财政管理合力，彰显管理乘数效应的创新探索，它对于提高财政管理水平，确保财政资金申报和使用真实、安全、有效具有重要的现实意义。⑤现行的财政各项制度安排没有引入诚信理念和涉及诚信问题，但实际工作中诚信缺失的问题时有发生。“弄虚作假、多头申报、冒领欺骗、滞留截留、挤占侵占、坐支挪用和套取”财政资金等违规失信行为在一些单位反复出现，案件触目惊心，年年审计，屡禁不绝。这显然与财政履职和现代化要求是格格不入的。财政作为国家治理的基础和支撑，讲诚信，守规矩，是不可缺少的现代元素。财政诚信与财政公正、透明预算、秉承法治等融为一体，构成现代财政制度的灵魂和良知法器，是财政现代化发展成熟的重要标志之一。

4. 推进财政诚信建设，是解决当前财政制度供给不足问题、弥补现行制度的缺陷和漏洞的有效利器，是维护财政秩序、提高财政管理水平的杀手锏

由于现行制度存在缺陷和漏洞，尽管文件经常强调，但在反腐倡廉和“两个安全”上我们还是觉得底气有些不足。①现行制度采取单一管理模式，一般不审查其他资金或环节是否存在不良记录。比如，在部门预算环节，编制预算或进行项目申报时不需要作出诚信保证，多报、虚报很难避免；在审核预算时不需要进行有无不良记录的比对，因为对预算单位和地方没有建立诚信数据资料库，且没有依据可查，也无法比对；在国库集中收付环节，无论是直接支付，还是授权支付，只凭相关手续是否完备即可。对于虚假的或者私下串通乃至套用别人证件、合同、账户等行为，现行制度无法查询和鉴别，也难以防范；在财政监督环节，仅仅是一案一查，查出了问题也仅仅是就某个案件作结论；在绩效评价环节，只是就某个项目资金申报进行评审或对其实施结果进行评价。②由于各业务环节信息不对称且没有实现共享，难以堵塞资金漏洞，于是重复申报、多头申报资金和项目、弄虚作假套取资金、化大为小规避绩效评价的现象时有发生。某单位在“此”项目上违规失信被查处，并不影响“彼”资金继续申报资格，尤其是遵纪守法、诚实守信者得不到更多的支持而挫伤了积极性。③现行制度面对所有管理对象，没有实行分类分级管理，没有区分重点和一般。所以，每年例行审计或财检时，要么采取地毯式检查，要么按排序或抽样检查，要么实行“平行推进、人海战术”。由此，因人力有限，检查效果不好，漏检很难避免。④采用因素法分配资金，有助于反腐倡廉。但是，一些地方为了确保不出事，干脆将因素法“一刀切”用到更多方面，这也带来了干好干坏一个样，积极性受到影响的问题，同时，也不利于围绕政府战略目标，集中财力办大事之“大专项”的安排。⑤现行制度强调技术层面的管控措施，道德诚信制度供给不足，具有可操作性的制度安排缺失。

2015 年以来，中央强调供给侧结构性改革，重要的一条就是要解决制度供给不足的问题。而推进财政诚信建设，是在财政各项改革基础上，供给新的、具有弥补现行制度缺陷和漏洞功能的制度，即将财政诚信制度融

入财政各项业务具体管理之中。比如，财政相对人向财政部门提交部门预算、资金（项目）申报时，首先，必须出具诚信报告（诚信评价或评级报告），签署承诺保证。其次，对申报者提交的部门预算和申报资金（项目）要进行审查比对，不仅要审查其预算报告或申报资金（项目）本身的真实性、必要性和可行性，而且对申报者过去的诚信行为，如过去的预算或其他资金（项目）的实施情况，以及诚信遵纪和绩效记录进行追溯比对，同时对照其诚信等级综合考虑是否给予资金（项目）安排。再次，在预算或资金（项目）实施过程中和预算执行或资金使用完毕时，要进行诚信审查比对，根据其诚信程度，考虑今后是否继续给予预算或资金（项目）安排。复次，通过诚信道德自律、诚信文化提升和惩戒等相关制度约束，以及查询、举报、异议、公开等外部监督，从品与行两个方面推动财政相对人遵法守法、规范操作、诚信理财，由此形成“诚信走遍天下、失信寸步难行”的氛围。最后，财政建立在诚实守信的基础上，为官有依据作为。比如，在资金分配或审批项目时可以依据诚信记录，给钱心里更踏实、更放心，而且也更加有效。

5. 推进财政诚信建设，将其融入财政各业务各环节，形成强有力的“组合拳”，真正起到“四两拨千斤”的作用

2014 年 1 月 7 日，习近平同志在中央政法工作会议上指出，“各行各业都要有自己的职业良知，心中一点职业良知都没有，甚至连做人的良知都没有，那怎么可能做好工作呢?”财政诚信管理的最大特点是，恪守职业良知，遵守诚信道德和法律法规，通过“诚信报告、诚信背书（承诺保证）、不良记录、奖励与惩戒和黑名单”等制度安排，加大失信者成本，使其“不敢、不能、不想”违规；通过诚信分类分级管理，将少数经常性违规失信者纳入重点监控范围，从而达到管少、管好和管重点的目的。具体讲，①通过诚信背书，达到诚信承诺在先、使用资金在后，减少资金风险，提高资金使用绩效的目的，即财政相对人在向财政部门提交预算、申报资金及项目时，前置条件是作出诚信保证，一旦违规失信，自愿承担行政责任或法律责任。②通过信息化技术“全过程”监控财政相对人的收支分管情况。从第一时间开始，就真实自动记录其财政资金往来状况，全程介入资金在事前、事中、事后的运行，使其“家底”不管好歹全部记录在

案。③诚信审查比对。凡编制预算、申报资金和项目均须通过计算机前台对财政相对人的历史记录作前置审查比对，看其过去是否有违规失信等不良记录，如有并超过一定量，计算机将告知不予支持。④诚信等级评价和“黑名单”制度。财政相对人在资金使用和项目实施各环节都须接受诚信等级评价。出现严重不良记录者将被列入“黑名单”，今后申报资格将受到限制，使其付出较高的成本。⑤财政“上乘管理软件”和“最佳交通卫士”。其与“金财工程”镶嵌，珠联璧合。通过“认事不认人”软件设计，使财政人员从繁重的劳动和复杂的人情中解脱出来，面对浩如烟海的财政业务及用户信息和数据，在极短的时间里，迅速排查、识别、归类、审核处理，将大大提高工作效率，节省成本，规避人情和财政风险。⑥形成“组合拳”。将财政诚信融入部门预算、国库支付、收支两条线、政府采购、绩效管理、财政监督及内控管理等各个环节，构筑严密且有记录、可追溯、不可更改的“防火墙”，使财政资金使用绩效和财政管理水平有效提升。

二 研究思路、结构和内容

对财政诚信及其制度进行具体研究和框架设计，在国内还是空白，在国外有关文献资料中也很少看到。开展这项制度研究，为解决财政面临的大量违规失信和现行制度缺失问题找到了一条较好的路径。必须指出的是，传统历史和国内外经验，为建立财政诚信制度提供了借鉴良方，尤其是党和国家高度重视社会诚信体系建设，为建立财政诚信制度提供了充分依据。党的十八大提出“要深入开展道德领域突出问题专项教育和治理，加强政务诚信、商务诚信、社会诚信和司法公信建设”；党的十八届三中全会提出“建立健全社会征信体系，褒扬诚信，惩戒失信”；中共中央、国务院《关于加强和创新社会管理的意见》提出建立健全社会诚信制度，明确指出，建设社会诚信体系，是完善市场经济体制的客观需要，是整顿和规范市场经济秩序的治本之策。

1. 总体思路

以党和国家倡导的“政府诚信建设”为指导，以财政改革为动力，以推进财政科学化、规范化、精细化、法治化管理为手段，把握我国转型时期财政工作的特点，加快构建财政诚信四大体系，探索财政“五权相对分离”的相互协调和制衡机制，提高财政管理水平，提升政府公信力，确保财政资金更加安全和更加高效地服务于全面建成小康社会和实现中华民族伟大复兴的中国梦。

2. 财政诚信体系框架

主要由“四大体系”构成。一是财政诚信管理制度体系。包括“诚信征集报告、诚信承诺保证、诚信审查比对、诚信提示警示、诚信激励约束、诚信等级评价、诚信查询举报质疑和公开、诚信失信确认与问责等八项管理制度”。二是财政诚信文化教育宣传体系。大力培育财政诚信理念，加强财政干部的诚信道德修养；大力开展诚信舆论宣传，让财政诚信真正做到家喻户晓、人人皆知；大力宣传诚信先进典型，营造“以讲诚信为荣，不讲诚信为耻”的良好氛围；坚决鞭挞失信行为，完善诚信监督机制，完善诚信建章立法。三是财政诚信组织管理体系。建立健全财政诚信征集与报告、财政诚信承诺保证、财政诚信审查比对、财政诚信等级评价、财政信息共享等管理制度，建立财政诚信分级评价体系。科学制定财政诚信评价指标、评价原则、评价方法，结合不同单位、地方和各主管部门的工作特点制定分业分级评价标准，通过“诚信背书、诚信提醒、诚信警示、诚信约谈、不良记录、失信惩戒和黑名单”等管理手段进行综合治理。对诚信者加大激励；实行“黑色禁区”，对严重失信主体加强监管，加大约束和惩戒力度，甚至使其付出高昂代价。四是财政诚信信息化技术支撑体系。建立信息化技术支持服务（“金财工程”）机构和各级联动机制；建立研发、维护、技术支持服务队伍；建立技术支持服务评估考核、技术支持能力资格认定等管理机制；运用现代化手段加强信息化建设、设备应用及运维的全过程管理；构建信息化设备运行维护保障机制；加大“金财工程”建设力度，做好相关软件改造、升级和互通对接；与部门预算、国库收付、财政监督、政府采购、财政内控、绩效管理等融为一体，构筑一道严密且有记录、可追溯、不可更改的“防火墙”。“四大体系”环环相扣，相互关联、相互配合、相互作用，构成相对协调和较为完整的框架体系。

3. 财政诚信管理的实现路径

主要是通过建立“五权相对分离”的制衡机制，实现诚信管理。根据“四权分离”（决策、执行、监督、评价分离）制衡理论，借鉴浙江财政“三位一体”（预算编制局、预算执行局、财政监督局）和焦作财政“四权分离”（预算、执行、评价、监督分离）的做法，建立决策、预算、执行、监督、评价五权相对分离的制衡机制。按照“五权相对分离”制衡机制的要求，在财政内部对应设置综合、预算、执行、监督、评价等五个口。其中，综合口主要负责宏观分析、政策研究、规范性文件起草、条法规章制定、诚信分类评级审核。预算口主要负责预算编制安排和调整。执行口主要负责预算的执行。监督口主要负责事前、事中、事后及各项业务的监督检查。评价口主要负责预算绩效评审和重点项目绩效评价。这样，各口在自行履职的基础上，建立分工明确、权责清晰、各司其职的分权制衡体系，形成重大事项联审机制、协作配合机制和监督评价反馈机制，构成一条既有机联系又相互制约的业务循环链。

财政诚信相关制度（范本）：①“推进财政诚信体系建设的实施意见”；②“财政诚信报告、诚信承诺和诚信审查比对制度”；③“财政诚信分级分类管理制度”；④“财政相对人失信惩戒管理制度”；⑤“财政专项资金诚信负面清单管理制度”；⑥“财政诚信信息资源共享管理制度”等。

本书主要内容：分为五部分。第一部分从财政诚信制度相关理论出发，分析阐述财政诚信及其制度的含义、特征，阐述财政诚信制度的作用及意义；第二部分分析研究和借鉴发达国家诚信制度方面的经验；第三部分分析研究和借鉴我国部分省市诚信制度方面的经验做法；第四部分分析研究我国财政诚信及其制度现状、问题及原因；第五部分提出财政诚信总体思路、框架及实现路径和需要关注的几个问题。

三 研究方法及创新点

本书以制度经济学理论为依据，主要运用实证分析的方法，对财政诚信及其框架等有关问题进行研究阐述。在分析现行制度缺陷及影响、总结借鉴发达国家和我国部分省市社会信用体系建设方面的做法基础上，提出建立中国财政诚信体系及其相关制度的对策建议，希望本书研究成果，能为国家及各级财政部门提供参考与借鉴。

本书的创新点如下。

第一，首次提出“财政诚信体系建设及其相关制度”概念。财政诚信是政府诚信的重要内容，这项内容不可或缺。财政涉及面广，利益交错复杂，特别是改革开放以来，由于市场经济负面因素的大量侵蚀，财政资金的巨额损失在每年的审计报告已经显现，因此，财政诚信体系建设非常重要。第二，财政诚信是立政和理财之本，是国家财政的基石和核心价值之一，财政诚信建设是国家治理不可或缺的基础建设，这项制度安排是财政摆脱诸多问题困扰的治本之策。第三，诚信理念的全面确立，是财政建设的根本，政府主导和领导带头讲诚信、守规矩，是财政诚信体系建设的关键。第四，在市场经济条件下，不讲财政诚信是不可想象的，也难以担当起政府和老百姓赋予的重任。当下的财政，创新和运用更加有效的制度和管理方法，比加大财政投入更紧迫、更重要。第五，财政诚信制度的确立，为提高财政绩效找到了一条较好的路径，由此给人们一个导向，就是花财政的钱，必须始终坚守诚信第一，否则寸步难行。第六，财政诚信体系建设，是财政领域一场创新性革命，是治本之策，是当前一项重要而紧迫的任务，是功在当前、影响深远的大事。财政诚信制度的建立，对于完善政府诚信体系，将发挥积极的示范引导作用并产生重要影响。第七，财政诚信体系架构及实现路径，以及相关配套制度，具有一定的创新性和可操作性，可以为政府和财政部门提供参考和借鉴。

第1章　诚信及财政诚信

1.1　信用与诚信的含义

1.1.1　信用的含义

信用（credit），对一个国家、一个民族都是至关重要的。因为一个社会、一种经济形态及政府施政，只有讲信用，才能够形成良好的社会经济“信用结构”，而这个“信用结构”是一个社会和经济正常运转和步入良性循环的重要基础。

信用，是一个古老的命题。信用的发展与经济和社会的发展一样源远流长，站在不同的立场和不同的角度，有不同的内涵界定，有政治学、社会学、经济学、金融学、伦理学、法学等方面的广泛意义。

从政治学角度讲，信用是指“信任使用”。信用，最早出现于春秋战国时期。《左传·宣公十二年》中有“其君能下人，必能信用其民矣”一句。《史记·陈涉世家》中有“陈王信用之”一语。马克思认为“信用”即一个人对另一个人的信任。他引用英国经济学家托马斯·图克的一段话：“信用，在它最简单的表现上，是一种适当或不适当的信任。”[①] 可见，“信用”的词源学意义就是“信任使用”[②]，相信和利用。

从社会学、经济学角度讲，信用的含义可界定为信任、资信、信用。

---

① 《马克思恩格斯全集》第25卷，人民出版社，1974，第452页。

② 汉语大词典编辑委员会编纂：《汉语大词典》，香港三联书店，1987。

所谓“以信用为本”，包含做人要讲信用的意思。《辞海》在解释信用内涵时指出其有三层含义：第一，信任使用；第二，遵守诺言，实践成约，从而取得别人对他的信任；第三，以偿还为条件的价值运动的特殊形式，多出现在货币借贷和商品交易的赊销或预付之中，其主要形式包括国家信用、银行信用、商业信用和消费信用。《辞海》关于信用的前两个定义，是从社会学的角度界定的信用内涵；后一个定义是从经济学和金融学角度对信用内涵的注释，可理解为以偿还和付息为基本特征的借贷行为。

从伦理学的角度讲，信用是指参与社会和经济活动的当事人之间建立起来的以诚实守信为道德基础的践约行为，即我们通常所说的“讲信用、守信誉、一诺千金”，它是一种普遍的处理人际关系的道德准则。[①] 孔子在《论语·里仁》中说：“不以其道得之，不处也。”我国有几千年的历史文化传统，历来有“君子爱财，取之有道”的说法，这个“道”不仅是指客观规律，同样也包含做人做事必须恪守信用、践行信用的伦理之道。

从法学的角度讲，信用有两层含义。第一层是指当事人之间的一种关系。凡“契约”规定的双方的权利和义务不是当时交割的，存在时滞，就存在信用。第二层是指双方当事人按照“契约”规定享有的权利和担负的义务。[②]

总之，信用，从狭义理解可称为资信，即资金的信用，是指在商品交换或者其他经济活动中，授信人在充分信任受信人的基础上，用契约关系向受信人放贷，并保障自己的本金能够回流和增值的价值运动。[③] 信用，又具有广义的概念，它是一切社会活动和经济活动的基础。人与人的交往和相互之间的任何交易活动，只有建立在相互信任的基础之上，才会发生乃至持续下去。要获得信任，必须有信任记录和信任表现，并且具有相应的法律制度作保障，这样的资信，或称为信用，才能巩固和持续。可见，现代社会和现代经济，就是信用社会和信用经济。

1.1.2 诚信的含义

诚信，是中华民族的传统美德，自古即为修身立国之本。诚的本意是

---

① 李曙光：《中国征信体系框架与发展模式》，科学出版社，2006。

② 石晓军、陈殿左：《信用治理：文化、流程与工具》，机械工业出版社，2004。

③ 许文：《小企业信用评级原理、模型与应用》，科学出版社，2012。

诚实不欺，真实无妄，真心真意。信的本意是说话要真实，要信守诺言，要算数。早在两千多年前，孔子就说，做人要“言必信，行必果”，“与朋友交，言而有信”，“人而无信，不知其可也”。孟子又说：“诚者，天之道也；思诚者，人之道也。”朱熹说，“诚者何？不自欺、不妄之谓也”，“诚意，只是表里如一”。管仲说：“信者也，民信之。”

所谓“诚信”，“诚”主要讲的是诚恳、诚实；“信”是讲诚信、信任，不欺诈坑弱，做到诚恳待人，以诚信取信于人，对他人讲信用。“诚”“信”合起来使用，则有诚实守信、表里如一，道德品质与言行举止相统一的丰富内涵。

诚信，作为一个伦理范畴，基本含义是诚实为本，言行一致，不弄虚作假，不隐瞒欺骗。诚信既属于道德和法律的范畴，又属于经济范畴。诚信，对一个国家、一个民族都是至关重要的。因为一个社会、一种经济形态及政府施政，只有讲诚信，才能够形成良好的社会经济“诚信结构”，而这个“诚信结构”是社会和经济正常运转和步入良性循环的重要的不可或缺的基础。

本书主要研究诚信问题，且从经济学的角度来阐述。社会生活巨大而深刻的变化赋予了诚信这一传统美德日益丰富的时代内涵，也促使人们对诚信的理解从伦理道德的范畴提升到制度建设的层面。现代意义上的诚信，要求经济主体在经济活动中必须遵守行为规范，其目的在于保障市场经济活动的顺畅、有序、健康进行，利益各相关方在诚信原则下都能够共享利益。各级政府及其财政部门以及其他与财政资金关联的单位更要遵从法律法规，坚守职业道德，坚持理财为公，信守诺言，取信于民、用之于民。

1.1.3　信用与诚信

诚信与信用两个词既有区别又有联系。区别在于“诚信”这个词适用范围广，它涉及社会伦理、职业道德、经济意义上的信用及法律等众多领域。但“信用”一般是指人们之间客观的交往关系，它在经济领域体现着“本质的、发达的生产关系”（马克思语）。

“诚信”，是人们诚实守信的品质与人格特征，说的是一个人恪守信用的主观意愿。它属于社会伦理与道德范畴，是一种社会公德，一种为人处世的基本准则。一个人诚信与否，是一个人主观上故意的行为，因此，可以进行道德意义上的评判。比如，胡锦涛在“八荣八耻”中倡导全社会要“以诚实守信为荣，以见利忘义为耻”。也可以拓展到行为，如企业诚信、政务诚信、个人诚信。“信用”简单地说就是“借钱还钱”，指在交易一方承诺未来偿还的前提下，另一方向其提供资金、商品或服务的行为。像贷款买房、先消费后付款之类就是日常生活中的信用活动。

诚信与信用的联系又表现在两个词的重叠或交替上。比如，“诚信”与“政务”叠加一起组成“政务诚信”，就不仅仅限于社会伦理与道德范畴，而是拓展到政府行为方面。也就是说，“政务诚信”即政府与公民产生契约关系后，对履行契约而作出的承诺及施加的政务行为，不能失信于民，伤害其感情便会导致政府公信力的降低。正如《国务院关于加强政务诚信建设的指导意见》（国发〔2016〕76号）指出的那样，“将建立政务领域失信记录和实施失信惩戒措施作为推进政务诚信建设的主要方面，将危害群众利益、损害市场公平交易等政务失信行为作为治理重点，循序渐进，不断提升公务员诚信履职意识和各级人民政府诚信行政水平”。又如，诚信与信用两个词有时表现为交替使用，但表达的含义相同或相近。比如，《国务院关于印发社会信用体系建设规划纲要（2014—2020年）的通知》（国发〔2014〕21号）中多处提到“社会信用”与“社会诚信”这两个词，但含义基本是一致的。在第五章“国外社会诚信体系建设的实践及启示”等章节中，也有类似情况，即“诚信”与“信用”含义相同。再如，信用与诚信两个词都可以量化为信用度（或称“诚信度”），以表示信用相关者的诚信状态。守信和失信是信用度的两极，守信，就是遵守诺言，实践成约，从而取得信任；失信就是违背诺言，背弃成约，从而失去信任。无论个人、企业，还是社会组织、政务行为等，守信会赢得良好信誉和发展机会，失信则失掉商机（政府形象），受到惩罚，双赢则来自诚实守信。

需要指出的是，本书使用“诚信”（如财政诚信）的提法，而非使用“信用”（如财政信用）提法，一方面正如以上阐述的那样，“诚信”提法含义更宽泛，既包括原“财政信用”（如发行公债和安排有偿资金）的内涵，也包括财政预算安排等业务活动，都要做到诚实守信，不弄虚作假，不违规失信，“信用”则难以囊括这些内容，所以，两者之间是有区别的；另一方面也考虑与国务院规定的“政务诚信”提法相衔接，如政务诚信可以细分为财政诚信、税务诚信、环保诚信、卫生诚信，等等。

1.2　财政信用与财政诚信

1.2.1　财政信用

财政信用是以政府为主体，按照信用原则筹集和运用财政资金的一种经济行为，又称国家信用。

（一）两重属性

财政信用是一个特殊的财政范畴，具有财政和信用两重属性。首先，它是国家以债务人或债权人的身份，直接为满足国家实现其职能的需要筹集或贷放财政资金的行为。财政信用行为是财政对社会财力再分配，并调节积累与消费的比例以及积累基金的投向，它构成国家财政资金运动的一个有机组成部分。其次，财政信用又是社会信用体系的一个组成部分，具有信用形式的一般特征，即以资金的所有权和支配使用权的相互分离为前提，以约期归还、还本付息为条件，让渡资金的支配作用权，是对社会资金的余缺调剂。

财政信用分为筹资信用与投资信用。筹资信用是国家作为债务人，通过国家债券、政府借款等形式从国内外筹集财政资金。国家债券包括国内债券与国外债券。国内债券是指政府在本国发行的公债券、国库券以及各种专项债券。国外债券是指政府在其他国家或国际金融市场发行的公债。此外，有些国家还通过国家储金局、邮政储蓄等，以吸收储蓄存款的方式筹集财政信用资金。投资信用是国家作为债权人，为实现其特定政策而投放各种政府贷款，包括为扶持国内某些事业或企业的贷款，如中国财政的企业技术改造贷款、支农周转金贷款、科技项目贷款等，还包括向外国政府的贷款。

（二）调控特点

财政信用调控兼有财政和金融的双重身份，因此，财政信用调控具有如下特点。①有偿性。国家信用通过有偿形式进行调节经济的活动。②社会性。国家信用支出用途与一般的信用不同，一般信用支出投向市场上有盈利的各种企业；国家财政信用不以营利为目的，主要用于支持和发展基础设施和公共项目，用于调节国民经济结构，服从国家政策的需要。③稳定性。国家信用以强大的政治权力和经济实力为后盾，因而相对于商业信用、银行信用来说，国家信用具有更高的信誉、更强的稳定性。

（三）实现途径

国家信用在封建社会末期产生，仅仅作为弥补国家财政赤字的手段。公债的发行对生产的发展产生“排挤效应”，所以古典经济学家一般都反对发行公债。但到了现代，国家已成了社会再生产的“经济中心”，国家信用就具有明显的调节功能。国家信用通过如下途径调节经济。①国家通过发行公债来调节总供给与总需求的平衡。比如，当总需求大于总供给时，国家通过向社会、企业和个人发行各种形式的公债，以缓解过旺的社会需求，使总供给与总需求达到平衡。而在总供给大于总需求的时候，国家举债用于投资公共工程，刺激经济发展。②国家通过发行公债，调节积累与消费的比例关系。通过发行公债这一转换形式，将一部分暂时闲置的消费基金转化为积累基金，发展生产，增加供给，从而不仅在一定程度上改变了总供给与总需求的平衡关系，也影响了两大部类生产的结构关系。③运用财政贷款，强化经济责任，提高经济效益。对这些项目的有偿贷款，能促使借贷双方的权、责、利相结合，促进借贷双方加强经济核算，提高资金使用效益，加速财政资金周转，以尽快还本付息。

1.2.2 财政诚信

诚信，包括个人诚信、企业诚信和政府诚信。其中，政府诚信处于首要地位，是社会诚信的主轴。财政部门作为政府的综合性部门，财政诚信是政府诚信的重要组成部分，其表现形式本质上也是政府诚信。

财政诚信以政府为主体，其本质是按照诚信原则筹集和运用财政资金的一种经济行为，又称国家诚信。但本书所指“财政诚信”是广义的，即在原国家诚信含义的基础上，延伸拓展到财政各项业务领域，都要讲诚信、讲效益、负责任，始终坚持诚信为本。也就是说，财政部门及其相关联单位受纳税人委托，必须讲诚信。只有倾力建设诚信财政，形成“生财有道、聚财有方、理财高效”的财政发展良性循环机制，不断推进财政运行的科学化、规范化、精细化、法治化，才能为改革、发展、稳定和实现“中国梦”提供持续、安全、稳固、可靠而有效的财力保障。其内涵具体包括：

（一）公平正义，实事求是，真实规范

公平正义是财政部门的职能所在。财政“取之于民，用之于民，取信于民”。取，就是体现正义，取之有度；用，就是体现公平，惠及百姓；信，就是兑现诺言，对人民群众负责。实事求是，是财政工作的根本出发点。财政预算安排必须实实在在，财政政策和相关规定必须符合国家和广大群众的利益，即使预算安排需要调整变更，也要坚持实事求是，量力而行，不能任意增加人民群众的负担。真实规范，是财政工作必须遵循的基本准则。财政资金源于纳税人，无论取之还是用之都必须做到锱铢必较，不能随意奢侈浪费、大手大脚，必须依法依规，据实收支，综合平衡。

（二）诚信为基，以人为本，执政为民

财政诚信是“立政和理财之基”，是财政的核心价值之一，是理财重器、利器和必需品。孔子说，民无信不立。在谈到兵、粮草、诚信三者关系时又说，兵、粮草可以不要，但诚信不能没有，有信则得天下。在当代，诚信成为市场经济的核心价值和基础制度。财政作为调控国民经济、优化资源配置、调节收入分配的重要手段，讲诚信不但必要和必需，而且诚信是重要的不可或缺的制度保障。所以，财政诚信要求财政部门制定的各项政策必须代表最广大人民群众的根本利益，把以人为本、执政为民的理念融于财政运行的全过程，严格贯彻执行党和国家的方针政策，遵守国家法令和各项财务制度，遵守财经纪律，这是财政部门作为政府综合管理职能部门应尽的职责。

（三）以财行政，依法理财，自觉自律

“以政控财，以财行政”（贾康语），就是通过财政的运行来履行政府的职能。依法理财是依法行政的重要体现，是诚信财政的法制化。转变财政职能、规范财政行为、创新管理机制，核心的问题是重诚信、守规矩。依法理财即为诚信理财，是财政部门职责的本质所在。依法理财，以财行政，最终必须依靠财政部门自身诚实守信，以及财政关联人的自觉自律。因此，要大力培育诚信理念，建立诚信管理制度，实现道德诚信与法制诚信的并重，促使两者互动，相得益彰。加强财经法制建设，推进理财行为的规范化和法制化，杜绝财政政策制定、财政收支的随意性等违规失信行为。

（四）公开透明，遵从伦理，尊重规律

财政公开、政务透明是党和政府的基本要求。财政诚信，能够使财政的每一笔收入和支出都依法依规，公布于众，经得起社会的评价和质疑。同时，接受各级人民代表大会和社会舆论的批评和监督，从而确保财政预算执行的真实性和透明度。按照伦理学基本原理，一个组织要想维持足够长的生命，不仅需遵守法律，还需要遵从伦理规范或讲究伦理道德。财政诚信，就是遵从社会伦理原则，实现诚信守约，取信于民。诚信具有经济规律的性质。恩格斯在为《英国工人阶级状况》作序时贯穿了一个重要的思想，即“诚信是现代经济规律之一”。也就是说，诚信行为有利于降低交易风险和成本，它往往以“说真话、做实事”的形式出现，从而有利于减少交易中的人力、物力和财力的支出。财政诚信更是如此，尊重规律，诚信理财，就能赢得民心。

1.3 财政诚信文化

财政文化，包括物质文化、制度（行为）文化、精神文化三个层面。其中，精神文化是核心层面；制度（行为）文化是组织精神、组织价值观的动态反映；而物质文化是组织文化的最外层，是无形文化的有形表现。诚信文化，主要是指与诚信相关的道德风俗、意识形态、价值观等非正式约束。诚信文化不同于法律、条例等正式约束，在大多数情况下并无明确的条文及强制力量，而是通过舆论、集体价值取向、道德评判等方式来规范诚信活动。

财政诚信文化，是财政文化和诚信文化的集合，是在市场经济条件下，用以支配和调节财政相对人之间诚信文化及其关系和诚信行为的一种基本理念和规范。其作用包括灵魂导向作用、团队凝聚作用、行为约束作用、振兴激励作用、形象美化作用等。更重要的是，通过诚信观念、诚信文化以及与诚信相关的道德风俗、意识形态、价值观等非正式约束，它起着不亚于诚信法律的作用，可以有效降低诚信法律的执行成本。

同时必须看到，财政诚信文化这种特殊的意识形态，也具有意识形态的特征并遵循其发展规律。它常常以一种“诚信文化观”的方式指导人们的决策行为，其目的在于节省财政资金、保护财政资金和干部安全，提升资金使用效益，维护财政经济秩序。它所凭借的诚信机制，可以有效维护契约的完备性，它通过意识形态、道德伦理、风俗习惯等成本较低的方式来做到这一点，而非详细指定书面契约文本。

从具体层次来说，财政诚信文化需要从伦理道德、价值观念、理想信念等方面来构建，需要通过建立高效精干的财政队伍，打造诚信为本的精神文化，塑造品质优秀的诚实守信形象，形成内外并举的财政诚信文化氛围。

1.4　财政诚信的基本特征

一是社会性。首先，财政诚信的社会性体现在社会心理因素上，以信任为前提和基础。对用户的信任具有安全感，它是一种特殊的社会心理现象。其次，体现一种社会关系。它不仅是个体行为，也体现发生在财政与用户之间的社会关系。二是具有公共品的特征，即效用的不可分割性，只能向整个社会共同提供；消费的排他性，某个人或集团对公共品的消费只要诚实守信，并不影响其他个人或集团同时消费该公共品；取得方式的非竞争性，消费者的增加不引起生产成本的增加；提供目的非营利性，追求社会效益和社会福利的最大化。三是使用的有偿性和无偿性。如运用诚信手段发行政府公债、提供国家财政担保和以有偿方式安排某些财政资金，属于有偿性范围，而大量的财政资金安排，如财政预算安排、财政转移支付补助、财政贴息、政府奖励资金等，属于无偿使用范围。四是真实性、专项性、公平性、合规性和效益性。财政收入、支出、分配、使用管理各环节都必须保证执收真实适度、分配公平合理、支出专款专用、管理严格依规依法。五是具有诚信伦理和文化特征。诚信属于伦理学范畴，体现为一种约束人们行为的道德准则。它是人类社会的一种价值观。诚实守信得到社会的推崇，失信则将受到谴责和孤立。当人们都认同并遵守这种价值观和道德准则的时候，社会诚信环境就会优化，失信的行为就会减少。六是法律遵从的规范性。制度经济学对经济史演进的考察表明，国家或政府在一个社会的长期发展演化中具有至关重要的作用。国家的兴衰在某种程度上取决于政府的治理水平。在市场经济条件下，政府的公共经济活动无疑构成了政府治理活动的主要方面。而政府公共活动的规范和法治化，则首先体现为政府财政行为的规范化和对法律法规的遵从。

1.5 财政诚信体系

1.5.1 财政诚信制度概念

财政诚信制度是政府忠于职守、依法理财、主持正义、公平分配、维护国家及公众利益、取得社会信任和财政效益的行政契约，是公共品供需双方的一种诚信守约的价值取向和制度安排。它主要体现为三个层次：第一，技术层次，如各类财政资金的收付方式或手段；第二，制度层次，在财政收、支、分、管、用等环节中反映诚信关系的规则和约定；第三，价值心理层次，如人们的契约精神、诚信观念、价值取向等。这三个层次共同构成财政诚信制度，缺乏任何一个层次，诚信及诚信关系都会受到影响，都必然导致财政资金收付失范失序。同时，必须看到，完整健全的财政诚信制度应具有复合的内在结构，包括诚信理念，信守诺言的知识和行为能力，社会理性和评判准则，诚信体制，有效的运作机制、正向的创新机制、合理的评价机制、公正的奖惩机制和严格的监管机制，健全的诚信人格、诚信文化、伦理道德和诚信制度及其技术保障平台，等等。

1.5.2 体系设计应注意事项

财政诚信制度是一项全新的财政制度。设计时要注意以下几点。一是坚持时代性与针对性的统一。当前，我国正处在重要的转型期，尤其是在市场经济条件下，出现许多财政问题，情况非常复杂，一方面要敢于借鉴国内外在诚信制度方面的成功经验，为我所用，冷静地面对和处理财政问题；另一方面要针对存在的问题，坚持实事求是的精神，提出与我们这个时代相适应的解决方案，使时代性与针对性统一起来。二是坚持有效性与实践性的统一。财政诚信制度是实践性很强的制度安排，一项制度安排，只有通过实践才能检验出其效果，也只有通过实践，才有生命力。因此，设计这项制度最紧要的是，必须突出其实践性和有效性的特点，注意处理好两者之间的关系。三是坚持可行性与可操作性的统一。一项新的制度安排，不能包揽一切，也不能关在理论的仓库空想而来。必须与实际结合，与基层结合，与现实问题结合，善于抓主要矛盾和矛盾的主要方面。因此，财政诚信及其体系建设尽管提出来了，但可行不可行，有没有可操作性，必须放到现实中进行检验，必须从几个重要问题和关键点切入，否则，制度再好也是空想。同时，还要和原有的财政改革，如部门预算改革、国库收付改革、财政监督、财政内控、绩效管理和“金财工程”建设紧密衔接与融合，这样才能发挥制度的优势和作用。

1.5.3　财政诚信体系架构主要由“四大体系”构成

一是财政诚信管理制度体系。包括“诚信征集报告，诚信承诺保证，诚信审查比对，诚信提示警示，诚信激励约束，诚信等级评价，诚信查询、举报、质疑和公开，诚信失信行为确认与问责等八项管理制度”。

二是财政诚信文化教育宣传体系。大力培育财政诚信理念，加强财政干部的诚信道德修养；大力开展诚信舆论宣传，让财政诚信真正做到家喻户晓、人人皆知；大力宣传诚信先进典型，营造“以讲诚信为荣，不讲诚信为耻”的良好氛围；坚决鞭挞失信行为，完善诚信监督机制，完善诚信建章立法。

三是财政诚信组织管理体系。建立健全财政诚信征集与报告、财政诚信承诺保证、财政诚信审查比对、财政诚信等级评价、财政信息共享等管理制度；建立财政诚信分级评价体系，科学制定财政诚信评价指标、评价原则、评价方法，结合不同单位、地方和各主管部门的工作特点制定分业分级评价标准；通过“诚信背书、诚信提醒、诚信警示、诚信约谈、不良记录、失信惩戒和黑名单”等管理手段进行综合治理。对诚信者加大激励，实行“黑色禁区”，对严重失信主体加强监管，加大约束和惩戒力度，甚至使其付出高昂代价。

四是财政诚信信息化技术支撑体系。建立信息化技术支持服务（“金财工程”）机构和各级联动机制；建立研发、维护、技术支持服务队伍；建立技术支持服务评估考核、技术支持能力资格认定等管理机制；运用现代化手段加强信息化建设、设备应用及运维的全过程管理；构建信息化设备运行维护保障机制；加大“金财工程”建设力度，做好相关软件改造、升级和互通对接；与部门预算、国库收付、财政监督、政府采购、财政内控、绩效管理等融为一体，构筑一道严密且有记录、可追溯、不可更改的“防火墙”。

“四大体系”环环相扣，相互关联、相互配合、相互作用，构成相对协调和较为完整的架构体系。

1.6　财政“诚信结构与风险结构”

诚信结构[①]通过本土化的探索，初步产生 292 个开放式编码和 7 个关联式编码——“诚实、信用、信任、责任心、层次性、关联性、相互性”，形成 1 个核心编码——“诚信及其结构”，最后构建了两个理论：①诚信由诚实、信用、信任和责任心四因素构成；②诚信四因素关系特点及其结构。风险结构，从宏观上看，指保险公司整体业务中各个险种的比例，如果赔付率低、效益好的险种保费占较大的份额，则该公司的风险结构为好，反之为差；从微观上看，指具体险种的业务，如果保险公司某一险种从不同的保额区间来看，赔付率低、效益好的区间业务保费占较大的比例，则该险种的风险结构为好，反之为差。风险结构问题具有重要研究意义，即风险之间的相互关系，主要有两类：独立、相依。保险中涉及多个风险时往往假定它们是相互独立的，然而，在现实中的许多保险问题中，风险之间还存在较强的相依性。

结合吴继霞、黄希庭的研究成果，我们看到财政同样存在“诚信结

① 吴继霞、黄希庭：《诚信结构初探》，《心理学报》2012 年第 3 期。

构与风险结构”的问题。尽管对这类问题的研究有关专家和财政部门少有涉及，但其对于优化财政“诚信结构与风险结构”，降低财政风险，堵塞资金漏洞，提升财政管理水平有着重要的现实意义，这里，我们也可以从本书有关章节中看到许多案例。财政“诚信结构与风险结构”失衡乃至恶化，财经违纪问题长期得不到有效根治，对于国家和区域发展的影响是持续且极为有害的。实事求是地讲，长期以来，一些地方和单位，以至个人，置起码的道德和诚信于不顾，为了局部和小团体利益或个人利益，总是不择手段地通过种种关系甚至贿赂手段“跑部钱进”。但财政拨款一旦到手，一方面无视规定，任意截留、挪用、套取、浪费或私分国家资金；另一方面，这些得到“好处”的单位又以“功臣”身份激励当事人继续“跑部钱进”。还有一些地方财政年年虚增而骗取政绩；有的地方和单位申报项目和资金时，经常弄虚作假，非但没有受到处罚，反而成了“英雄”。是非颠倒、黑白不分倒成了一些人眼中的新常态。这种不知廉耻，任意践踏国家法律法规和逾越基本道德底线之举，稍微有一点良知的人们都会感到揪心和愤慨。但多年来，我们在这方面的宣传教育是“两张皮”。

1.7　财政诚信评价

1.7.1　信用评级

信用评级，又称资信评级，是一种社会中介服务，为社会提供资信信息，或为单位自身提供决策参考。信用评级的目的是显示受评对象信贷违约风险的大小，一般由某些专门信用评估机构进行。评估机构针对受评对象状况和有关历史的数据进行调查、分析，从而对受评对象的信用状况给出一个总体的评价。

信用评级最初产生于 20 世纪初期的美国。1902 年，穆迪公司的创始人约翰·穆迪开始对当时发行的铁路债券进行评级。后来延伸到各种金融产品及各种评估对象。

（一）主要种类

按照评估对象来分有：①企业信用评级；②证券信用评级；③国家主权

信用评级；④其他信用评级，如项目信用评级，即对某一特定项目进行的信用评级。按照评估收费与否来分有：①有偿评估；②无偿评估。按照评估方式来分有：①公开评估；②内部评估。按照评估内容来分有：①综合评估；②单项评估。

（二）评级方法

信用评级方法是指对受评客体信用状况进行分析并判断优劣的技巧，贯穿于分析、综合和评价的全过程。按照不同的标志，信用评级方法有不同的分类，如定性分析法与定量分析法、主观评级法与客观评级法、模糊数学评级法与财务比率分析法、要素分析法与综合分析法、静态评级法与动态评级法、预测分析法与违约率模型法等，上述的分类只是简单的列举，同时，还有各行业的评级方法。这些方法相互交叉，各有特点，并不断演变。

（三）要素分析法比较

根据不同的方法，对要素有不同的理解，主要有下述几种方法。

5C 要素分析法 这种方法主要分析以下五个方面信用要素：借款人品德（Character）、经营能力（Capacity）、资本（Capital）、资产抵押（Collateral）、经济环境（Condiltion）。

5P 要素分析法 该方法主要分析个人因素（Personal Factor）、资金用途因素（Purpose Factor）、还款财源因素（Payment Factor）、债权保障因素（Protection Factor）、企业前景因素（Perspective Factor）等要素。

5W 要素分析法 5W 要素分析法主要分析借款人（Who）、借款用途（Why）、还款期限（When）、担保物（What）及如何还款（How）等要素。

4F 要素分析法 4F 要素分析法主要着重分析以下四个方面要素：组织要素（Organization Factor）、经济要素（Economic Factor）、财务要素（Financial Factor）、管理要素（Management Factor）。

CAMPARI 法 CAMPARI 法对借款人以下七个方面进行分析，即偿债记录（Character）、借款人偿债能力（Ability）、企业从借款投资中获得的利润（Margin）、借款的目的（Purpose）、借款金额（Amount）、偿还方式（Repayment）、贷款抵押（Insurance）。

LAPP 法　LAPP 法分析以下要素：流动性（Liquidity）、活动性（Activity）、收益性（Profitability）和潜力（Potentialities）。

骆驼评估体系　骆驼评估体系分析五个方面因素：资本充足率（Capital adequacy）、资产质量（Asset Quality）、管理水平（Management）、收益状况（Earnings）、流动性（Liquidity）。其英文第一个字母组合在一起为“CAMEL”，因正好与“骆驼”的英文名字相同而得名。

上述评级方法在内容上大同小异，根据信用的形成要素进行定性分析，必要时配合定量计算。它们的共同之处都是将道德品质、还款能力、资本实力、担保和经营环境条件或者借款人、借款用途、还款期限、担保物及如何还款等要素逐一进行评分，但必须把企业信用影响因素的各个方面都包括进去，不能遗漏，否则信用分析就不能达到全面反映的要求。传统的信用评级要素分析法均是金融机构对客户作信用风险分析时所采用的专家分析法，在该指标体系中，重点放在定性指标上，通过其与客户的经常性接触而积累的经验来判断客户的信用水平。

（四）综合分析方法的比较

综合分析方法就是依据受评客体的实际统计数据计算综合评级得分（或称指数）。目前企业信用综合评级方法很多，但实际计算中普遍采用的方法主要有四种。①加权评分法。一般做法是根据各具体指标在评级总目标中的不同地位，给出或设定其标准权数，同时确定各具体指标的标准值，然后比较指标的实际数值与标准值得到级别指标分值，最后汇总指标分值求得加权评估总分。②函数评估法。根据模糊数学的原理，利用隶属函数进行综合评估。③功效系数法。根据多目标规划原理，对每一个评估指标分别确定满意值和不允许值。④多变量信用风险二维判断分析评级法。它以财务比率为解释变量，运用数量统计方法推导而建立起标准模型。

（五）评级程序

信用评级是一项十分严肃的工作，评估的结果将决定一个企业的融资生命，它是对一个企业或证券资信状况的鉴定书。评估程序通常可以分为以下七个阶段：①前期准备阶段；②信息收集阶段；③信息处理阶段；④初步评级阶段；⑤确定等级阶段；⑥公布等级阶段；⑦跟踪评级阶段。

（六）指标体系

信用评级指标体系是信用评级机构在对被评对象的资信状况进行客观公正的评价时所采用的评估要素、评估指标、评估方法、评估标准、评估权重和评估等级等项目的总称。信用评级指标体系包括六个方面内容。

（1）信用评级要素。包括安全性、收益性、成长性、流动性和生产性。通过五性分析，就能对资信状况作出客观的评价。

（2）信用评级指标。一般以指标表示。指标选择，必须以充分体现评级的内容为前提。通过几项主要指标的衡量，把单位资信的某一方面情况揭示出来。例如，企业的盈利能力，可以通过销售利润率、资本金利润率和成本费用利润率等指标加以体现；企业的营运能力可以通过存货周转率、应收账款周转率和营业资产周转率等指标加以体现。

（3）信用评级标准。信用评级标准根据企业所在行业的总体水平来确定。

（4）信用评级权重。根据指标所占地位和对信用等级所起作用大小来确定。

（5）信用评级等级，即反映资信等级高低的符号和级别。有的采用五级，有的采用九级或十级；有的采用四级；有的用 A、B、C、D、E 或特级、一级、二级、三级、四级表示，有的用 AAA、AA、A、BBB、BB、B、CCC、CC、C 表示。

（6）信用评级方法。有自我评议、群众评议和专家评议三种。如由独立的专业评估机构评级，一般多由专家评议。如由政府机关统一组织评级，也可采用自我评议、群众评议和专家评议相结合的方法。评级方法可以采用定量分析方法或定性分析方法，也可两者结合运用。在定量分析方法中，有功效系数法、分段计分法、梯级递减法等多种。

1.7.2 政府信用评价①

又称财政信用评价，是对地方政府如约还本付息能力和偿还意愿的评

① 王孝伟：《政府信用》，国家行政学院出版社，2013。

价。据联合资信有限公司有关资料，一般采用三等十级，一等为投资级，二等为投机级，三等为倒闭级。

表 1－1　地方政府长期债信用等级的设置及含义

等级		含义
投资级	AAA 级	最高级债，还款付息能力最强
	AA 级	高级债，还款付息能力很强，基本无风险
	A 级	还款付息能力较强，风险较低
	BBB 级	还款付息能力一般，风险一般，为最低信用等级
投机级	BB 级	属于投机级债。BB 级投机性最弱，CC 级投机性最强。投机级债具有很大的不确定性，风险很大
	B 级	
	CCC 级	
	CC 级	
倒闭级	C 级	濒临破产，还本付息能力极弱
	D 级	属破产债

（一）地方政府信用评级主要评估内容

（1）地区经济。①经济发展水平与经济增长。主要包括 GDP、人均 GDP、固定资产投资、社会消费品零售总额、工业增加值、进出口、主要产品产量等的增长及经济发展水平评价。②经济结构。主要包括产业结构、所有制结构、经济多元化与集中度。③经济发展政策与规划。主要包括地区经济发展规划、发展目标与发展计划、产业政策、支柱产业、政府重点建设项目等。④经济发展竞争力。⑤经济发展预测。

（2）政策法规、管理体制与管理水平。①政策法规。主要包括财政政策、税收政策、政策连续性。②管理体制与管理水平。主要包括行政管理体制、财政管理体制等。

（3）财政状况。①财政概况。②财政收入分析。③财政支出分析。④财政负债分析。⑤负债水平分析。⑥财政收入、支出、负债预测。

（4）偿债能力。包括偿债倍数（年度可支配财力/年度还款额）、偿还能力预测。

（5）偿债意愿。包括偿债计划、偿债预算、偿债基金以及历史信用记录。

（二）政府信用评价因子

国际上一些著名的评价机构每年都对各国政府进行信用评价，国际上较权威的有标准普尔、世界银行、透明国际、瑞士国际管理发展学院、世界经济论坛等。这些机构的评级结果是主权信用评级，采用的评估参数是政治风险、经济前景、公共财政、经济体制、腐败指数等。我国政府信用是对政府公共行政能力、行政能力、行政过程的透明度、公正性和公开性的综合考量。主要参数有：①政策稳定性指数；②透明度指数；③公共行政法制化程度；④行政绩效指数；⑤廉洁指数。

综合以上五个方面，得到政府信用评价函数为 $C=f(s, t, l, e, p)$。

1.7.3　社会信用评价指标体系[①]

社会信用涉及面较广，本书选择政府信用、市场信用、传媒信用、公共服务部门信用以及社会风气五个具有代表性的方面作为一级评价指标。在此基础上建立社会信用评价的三级指标体系。

（一）政府信用

包括4个二级指标，分别为：①政府制度信用；②政府功能信用；③政府信用能力；④政府信誉。4个二级指标之下，又有几个不同的评价指标，亦即三级指标。

二级指标政府制度信用包括3个三级指标，分别为：①政府是否有专门的信用管理机构；②是否制定了失信惩罚政策法规；③该地区有无重大经济项目立项、审批的程序。政府功能信用包括2个三级指标，分别为：①行政支出占财政支出的比例；②对政府举报投诉的处理情况是否按规定公开。政府信用能力包括4个三级指标，分别为：①该地区公务员具有专科以上学历人员占政府工作人员的比例；②公务员人数占本地区人口总数的比例；③政府败诉案件在本地区的行政诉讼、行政复议案件中的比例；④纪检监察和检察部门查处的腐败案件涉案人数占政府工作人员的比例。

① 郭清香、林杨：《社会信用评价指标体系基本问题研究》，《中国特色社会主义研究》2007年第4期。

政府信誉包括3个三级指标，分别为：①纪检部门查处的渎职公务员的人数占公务员总数的比例；②越级上访案件与本地区记录在案的上访案件的比例；③公众信任度。

（二）市场信用

包括3个二级指标，分别为：①市场信用管理；②企业信用；③交易信用。

二级指标市场信用管理包括2个三级指标，分别为：①工商部门是否制定有信用奖惩制度；②获得“重合同、守信用”称号的规模企业数量占本地区规模企业的比例。企业信用包括2个三级指标，分别为：①存在拖欠税款的企业数量占企业总数的比例；②因劳务纠纷被举报或投诉的本地企业数量占企业总数的比例。交易信用包括3个三级指标，分别为：①法院经济庭所受理的涉及本地企业经济合同纠纷的案件数与本地企业数量的比例；②工商部门受理的投诉案件与总人口的比例；③公众信任度。

（三）传媒信用

包括2个二级指标，分别为传媒信用管理和传媒信用形象。

二级指标传媒信用管理包括3个三级指标，分别为：①本地广播电视对中央方针政策的报道时间占总报道时间的比例；②群众对新闻媒体投诉的总数与传媒工作人员的比例；③获县级以上的奖项占传媒工作人员总数的比例。传媒信用形象包括3个三级指标，分别为：①被查处的虚假广告占广告总数的比例；②违反新闻纪律的人数占传媒工作人员总数的比例；③公众信任度。

（四）公共服务部门信用

以医疗和教育部门为代表，包括3个二级指标，分别为：①公共服务部门信用能力；②公共服务部门品格；③公共服务部门信誉。

二级指标公共服务部门信用能力包括3个三级指标，分别为：①教育卫生部门具有中级以上职称人数占该行业人员总数的比例；②该地区的高考升学率；③本地区人均拥有病床数。公共服务部门品格包括3个三级指标，分别为：①适龄儿童的入学率；②参加义诊的人数占医务人员总数的比例；③教育卫生部门违纪案件数与工作人员总数的比例。公共服务部门信誉包括3个三级指标，分别为：①被查处的教育乱收费金额与学生总数的比例；②医疗卫生部门被投诉的案件数与从业人员总数的比例；③公众信任度。

（五）社会风气

包括3个二级指标，分别为：①社会风气建设投入；②社会风气管理；③社会风气状况。

二级指标社会风气建设投入包括2个三级指标，分别为：①人均占有文体设施的资金量；②慈善捐款数额与该地区GDP的比例。社会风气管理包括3个三级指标，分别为：①有无精神文明建设的具体落实方案；②志愿者人数与该地区人口总数的比例；③违反《中华人民共和国治安管理处罚法》的人数与该地区人口总数的比例。社会生活风气状况包括4个三级指标，分别为：①犯罪率；②离婚率；③民事纠纷案件数与该地区人口总数的比例；④公众信任度。

由于5个一级指标在社会信用度反映力上存在一定的差异，所以所占分值也不同。其中政府信用26分，市场信用20分，传媒信用14分，公共服务部门信用20分，社会风气20分。满分100分，得分在40分以下，社会信用状况为“差”；得分在41～60分，社会信用状况为“中”；得分在61～80分，社会信用状况为“良”；得分81分以上，社会信用状况为“优”。

1.7.4 社会信用评价指标体系的使用

社会信用评价指标体系是一个多层级指标综合评价体系，在使用时需要注意以下问题。

（一）使用范围的确定

确定使用范围包含两个因素，一是地域，一是时间。社会信用评价指标体系可以用于评价不同范围大小的社会，可以用于评价一个国家，或者是一个省、区、市等，但这个社会应当足够大到可以承载政治、经济、新闻媒体和公共服务等方面的内容。因此，该指标体系适用地区范围不小于县。假定社会信用水平随着社会经济发展、政府重视程度、精神文明建设的状况等因素的变化而不断随之改变，那么，某一地区的信用水平必然是该地区在某一阶段的信用状况的体现。所以，社会信用评价指标体系还可以用于评价不同时间段的社会信用水平。但时间段也必须足够长到可以采集到相关数据。在没有特别注明的情况下，这个时间段通常指一年。另外，指标体系中所涉及的一级指标，完全可以独立出来根据相应的二、三级指标来做自身的信用评价。

（二）公众信任度的意义

这个指标体系特别将公众信任度作为一个重要指标，并给予很大的分值比重。公众信任度是采取调查问卷方式收集、处理的数据。它反映了公众对社会信用状况的基本看法，这项指标的采用是为了更好地确认其他数据的可靠性。因为这个指标体系中所采集的数据部分是国家权威部门发布的统计数据，这将弥补自身力量不足带来的片面性，增强可操作性。但是，国家现有工作评价结果并不一定准确反映信用现状，尤其是在政府信用遭到普遍质疑的情况下，需要其他的数据来制衡。这就是公众信任度设立的意义所在。通过对公众意见的调查和分析，我们将国家评价和民众评价互相校正。如果根据国家权威数据得出的评价结果和通过问卷调查得出的民众意见相吻合或相差不大，说明政府的工作比较到位，数据比较真实，由此得出的评价结果比较合理。但如果二者大相径庭，则说明政府某部门或环节出了问题，或政府工作透明度不够使得民众误解和缺乏对社会实际状况的了解，由此得出的评价结果能反映出社会信用存在的问题，因此也比较客观地反映出社会信用的状况。

社会信用评价指标体系建立的目的是应用于实践，检验社会信用水平。同时，这种评价也是对指标体系自身的评价，可以检验指标体系的可行性和可信度。我们对社会信用评价指标体系的理论设想需要更进一步的实践检验。

1.7.5　财政诚信评价

综合以上情况和借鉴相关经验，财政诚信评价在第 9 章具体阐述。

总之，信用与诚信有共同点，也有不同点。共同点都是讲信用、守规矩，不信不立，说一不二。不同点体现在：信用主要是反映“借贷活动”或“借贷行为”，如财政信用是国家以债务人或债权人的身份，为满足国家履行其职能的需要直接筹集或贷放财政资金的行为。诚信则主要是指人的核心价值，讲道德、讲良知，遵纪守法，承诺思想和行动一致。如财政诚信由两大支柱构成[①]，一是道德支柱；二是物质技术支柱，包括资本、设备、生产技术、管理技术等。也就是说，财政诚信要求的是，财政收支以及分配使用各环节都要在道德和法律的约束下，严格遵守国家财经纪律。违者，便失信。

① 章延杰：《政府信用论》，上海人民出版社，2007。

第2章　财政诚信的重要意义

财政管理水平关系到党和国家方针政策的贯彻落实，关系到财政职能作用的有效发挥，关系到财政资金的使用效益，关系到和谐社会的建设发展。财政诚信管理是政府聚财、理财、用财的基础和前提，是财政科学化、规范化、精细化、法治化管理的本质要求。把诚信理念和管理融入财政各项改革、“金财工程”建设的全过程和财政业务流程的各环节，以此为牛鼻子，就抓住了根本。这对于深化财政改革、加强财政法治建设、强化财政监督、维护财政秩序、提高财政绩效、提升政府公信力有着重要的现实意义。财政是国家调控经济运行的重要手段，应以诚信为操守，尊重客观规律，求真务实，做好财政工作，这是功在当前、影响深远的大事。

2.1　财政诚信是财政职能的本质体现

根据社会主义市场经济的内在要求，我国的财政职能包括资源配置、收入分配和调控经济三大职能。这些职能实际上是财政代表政府向社会作出的承诺，体现了财政诚信守约，并通过财政政策取信并用之于民。但是，必须看到，改革开放以来，随着社会转型加剧和改革的不断深入，财政职能面临严峻挑战：资源配置出现严重失衡，地区之间配置不合理，不同人群之间的收入差距拉大，收入分配出现严重失衡；调控经济的职能严重弱化，经济结构比例失调、产能过剩和环境污染问题突出。这里既有改革不到位、发展不协调和体制机制不完善等原因，也有不讲诚信、不遵守宏观调控要求、违背发展规律的问题。市场经济是法治经济，财政部门依法理财就是依法行政。严格遵守和执行法律法规，就是讲诚信。但是，大量的事实表明，财政管理和财政资金的分配存在不少漏洞，随意和人为违规的现象经常发生。虽然我国已经有了一批财政法律法规，但与严格执法守法的差距很大。这些现象，实质上都属于诚信不够的问题。财政诚信制度的建立，对于发挥财政职能作用，提高资源配置效率，调节收入分配，保持经济社会持续健康发展，具有重大而深远的意义。

2.2 财政诚信是建立与提升政府公信力的迫切需要

人无信不立，企业无信则衰，国家无信则败。诚信政府是诚信社会的定星盘，这是由政府的特殊角色和地位所决定的。在诚信体系建设中，政府是“定规矩”，行会是“抓规矩”，生产者和消费者是“守规矩”。财政部门作为政府的综合部门，是政府理财关系的总和，打造诚信财政成为诚信政府的题中应有之义，提升政府公信力的职责所在。坚持诚信为本不仅十分必要，而且非常迫切。从财政的职能上讲，财政不仅是市场经济游戏规则的供给者，同时也是市场经济游戏的调控者。因此，财政诚信与否就不仅仅是一个“运动员”的诚信问题，更是一个“裁判员”的诚信问题。“裁判员”的诚信度关系到市场竞争的公平公正乃至市场的整体秩序。只有倾力打造诚信财政，着力建立生财有道、聚财有方、理财有效的财政良性循环机制，才能使财政科学化、规范化、法治化落到实处，才能为改革、发展和稳定提供可靠的财力保障。

2.3 财政诚信是维护国家财政秩序的重要基石

基础不牢，地动山摇。财政诚信是维护国家财政秩序的基石，是财政摆脱诸多问题困扰的治本之策。多年来，一些地方和部门违反财经纪律问题比较突出，有些还很严重，甚至令人触目惊心。如果长期任其发展，不下大力气夯实诚信基础，将给财政秩序的维护、财政绩效水平的提高、政府公信力的提升带来极大影响，这是对诚信者和纳税人极大的伤害和不公平。从财政诚信理念和制度切入并将其作为主抓手，财政资金会更加安全，使用会更加有效，问题会得到更好化解。诚信是“立政和理财之本”，是承诺，是责任，是市场经济的生命，是支撑一个国家和地区发展的战略资源和无形资产。财政诚信实际上就是政府诚信。财政作为国家参与和调控经济运行的重要手段，以财政诚信及其制度为牛鼻子，就抓住了根本。这对于深化财政改革，加强财政监督和法治建设，推行阳光财政，弥补制度缺陷，维护财政秩序，提高财政绩效，提升政府公信力，有着十分重要的现实意义。

2.4　财政诚信是完善财政管理的有效途径

今天，随着财政资金供给链延伸至公民个人，我们面临的现实是：每年普遍存在不同程度的财经违规问题和十几万亿元财政资金安排和收付问题，如果依然沿用传统办法，已无法应对且力量单薄；财政制度建设滞后于改革发展实践，制度供需瓶颈和制度缺陷问题已经严重凸显。虽然近些年我国出台了许多改革措施，但苦于“老办法不管用，新办法低效用，新问题又层出不穷”，这些难题困扰人们，有待制度创新；从财政诚信制度切入，并融入财政现有的改革和管理措施之中，形成“组合拳”，财政资金将更加安全，使用更加有效，问题将会得到更好化解。财政诚信制度最大的优点和作用是以记录论英雄。通过信息化手段，对财政各业务流程和各环节进行记录，使“真的跑不了、假的骗不了、想改记录改不了”；出现严重不良记录，将可能“殃及池鱼”。这种惩戒措施，迫使财政关联人处处小心谨慎，自觉诚信，遵纪守法，提高工作效率。要使财政人员从繁杂的劳动中解脱出来，面对浩如烟海的诚信信息，在极短的时间里，迅速归类、排查、定案；节省成本，规避人情和财政风险，提升理财水平。财政诚信已经不是可有可无的问题，而是加强财政建设的有效途径和必然选择。

2.5　财政诚信是实现财政科学化、精细化、规范化、法治化的必然要求

财政诚信与财政科学化、精细化、规范化、法治化之间有着密切关

系。财政科学化、精细化、规范化、法治化是新时期财政改革发展的重要内容之一，是建立现代财政制度、提升政府管理水平的核心构成部分。推动财政诚信与财政科学化、精细化、规范化、法治化的有机结合，是做好新时期财政工作的必然要求。这种结合，必将实现财政科学化管理更加注重真实，反对虚假；精细化管理更加注重标准，讲究务实；规范化管理更加注重秩序，反对随意性；法治化管理更加注重依法，做到失信者必究。可见，财政诚信是实现财政科学化、精细化、规范化、法治化的一项制度安排。诚信管理与之有效融合，将有效增强财政管理的渗透力，显示财政诚信对财政工作的助推力，将有效维护财政秩序，确保财政资金的安全和效益的提升。

第3章　财政诚信体系建设的必要性

党的十一届三中全会指出，财政是国家治理的基础和重要支柱，科学的财税体制是优化资源配置、维护市场统一、促进社会公平、实现国家长治久安的制度保障。建立财政诚信制度是深化财政体制改革、规范财政工作秩序、优化财政诚信环境、防范财政资金风险、提高财政绩效的重要举措，必要且可行。

3.1　财政诚信体系建设是落实中央“加快诚信建设”的需要

党的十八大提出“加强政务诚信、商务诚信、社会诚信和司法公信建设”，党的十八届三中全会提出“建立健全社会征信体系，褒扬诚信，惩戒失信”，中共中央、国务院《关于加强和创新社会管理的意见》提出“加快建立健全社会诚信制度”，国务院通过《社会信用体系建设规划纲要(2014—2020年)》，要求“发挥政府诚信建设示范作用。各级人民政府首先要加强自身诚信建设，以政府的诚信施政，带动全社会诚信意识的树立和诚信水平的提高”，并要求“在行政许可、政府采购、招标投标、劳动就业、社会保障、科研管理、干部选拔任用和管理监督、申请政府资金支持等领域，率先使用诚信信息和诚信产品”。政府诚信是社会诚信的首要前提，政府诚信引导、影响着社会诚信。财政诚信是政府诚信的重要内容。为了更好地服从于和服务于党的中心工作，我们必须按照中央部署，积极推进财政诚信建设。

3.2 财政诚信体系建设是破解财政违规失信难题的需要

近年来，审计署财政收支审计工作报告表明，在财政收、支、分、管、用方面存在一些违规失信现象，集中表现在“虚收虚减、虚报隐瞒、冒领欺骗、滞留截留、挤占侵占、延解占压、坐支挪用、超标赖账、越权担保、朝令夕改、背离职责、滥用权力”等方面，有些违规事件还很严重，甚至令人触目惊心，给政府形象带来了负面影响，也是对诚信者和纳税人极大的不公平。究其问题的原因很多，其根源还是诚信缺失且没有有效的制度约束，由此导致失信者得不到惩戒，诚实守信者也不能多得收益，从而造成问题愈演愈烈，积重难返。建立健全财政诚信制度，是财政改革发展中的一种制度创新和现实需要，是财政摆脱诸多问题困扰的治本之策，是当下财政绕不过去的坎，不能回避，必须有力推进，有所作为。

3.3 财政诚信体系建设是保障市场经济健康有序运行的需要

社会主义市场经济是诚信经济，没有诚信就没有秩序，经济秩序混乱则败坏社会诚信，毒化社会风气，阻碍社会和人的发展。生活在市场经济中的每一个人都与诚信经济休戚相关。市场经济条件下的诚信，是指一种交易制度、交易规则，是人们进行社会、经济交往中应遵守的最基本的行为准则。财政担负着调控经济运行、弥补市场失灵的重要职责，财政的诚信度直接影响到市场经济的诚信度。整顿财税秩序是规范市场经济秩序的重要前提和内容，各项财政活动是财政部门受政府之托向社会作出的公开承诺。只有打造诚信财政，加强财政诚信建设，才能优化经济发展环境，及时对经济运行实施反周期调节，熨平经济波动，促进经济的稳步增长和社会的稳定。

3.4　财政诚信体系建设是推进“阳光政府”建设的需要

随着市场经济体制改革的不断深入，政治民主化程度的不断提高，社会公众对于政府绩效日益关注，对纳税人资金的使用越来越关心。推行阳光行政、建立阳光政府是时代的要求，中央明确要求加快政府职能转变，加快建设责任政府、阳光政府，关注民生、体现民意。而要将这一要求落到实处，必须全面推行政务公开。财政信息公开尤其是预算信息公开，是政务公开的一项重要内容，是打造透明政府、阳光政府的基础性工作。公共财政取之于民、用之于民，政府预算理应体现社会公众的委托。建立财政诚信制度，保障社会公众的知情权、表达权、监督权，理应成为建设责任政府和阳光政府的分内之责。

3.5　财政诚信体系建设是提高财政管理和“金财工程”效能的需要

计算机技术的成熟和信息化技术的广泛使用，特别是投资巨大的“金财工程”建设加快推进，为强化财政法治，加强财政监督，提高财政绩效水平带来了便利条件。然而，仅仅采用传统的、一般化的措施，如建立数据库、集成模块等，可以提高工作效率，但是难以做到全面、高效、规范和安全。只有把财政诚信制度作为一条贯穿于提升财政绩效和“金财工程”建设全过程、财政业务流程各环节的主线，并与相关的配套措施融合，“金财工程”才能够发挥最大效益。只有把财政诚信制度运作得恰到好处，才能有效避免诸多人为因素的干扰，真正起到“珠联璧合，如虎添翼”和“四两拨千斤”的作用。财政诚信制度与部门预算、国库收付、财政监督、内控管理、绩效评价和“金财工程”建设构成“七位一体”的有机整体，“你中有我、我中有你，彼此相依、相互促进”，正是“一体联动，全盘皆活”。

3.6 财政诚信体系建设是加强财政领域党风廉政工作的需要

目前，各地自贯彻中央“八项规定”以来，“不敢腐”效果显现，但不想腐、不能腐，即从道德层面和制度、技术和管理层面来解决问题远未破题。如全国和省级财政每年面对庞大的几千万笔财政资金的申报、分配、使用、监管，面对巨额专项资金、各省直管县及数百万个预算单位和涉及财政资金（项目）的实施者，现行的财政制度架构很难防范资金和干部的风险，即使我们有三头六臂也防不胜防。但财政部门在制度不够完善、管控不够精准的情况下，如何提高资金使用效益，降低财政风险，确保财政资金和财政干部“两个安全”，始终是我们不敢懈怠和亟待解决的头等大事。诚信管理的最大特点是，通过“诚信背书（承诺保证）、不良记录、奖励与惩戒和黑名单”管理，加大违规者的失信成本，使其“不敢、不想、不能”违规；通过诚信等级分类管理，将少数经常性违规失信者纳入重点监控范围，从而达到管少、管好和管重点的目的。这项工作的推进，可以更好地保证中央有关规定、财政资金和干部“两个安全”落到实处。纪律挺在法律前面，诚信更应该挺在反腐前面。推动财政诚信与财政各项业务以及预防腐败等措施紧密融合，将有力增强财政管理合力，形成“组合拳”和一道严密且有记录、可追溯、不可更改的“防火墙”，也为深化财政改革、提高财政管理水平和加强反腐倡廉工作闯出了一条新路。

第 4 章　财政诚信：经济理论分析

4.1　交易费用理论与财政诚信

从本质上讲，诚信维持是一种降低交易费用的手段。因此，交易费用对一个经济机体和社会机体的诚信维持是有着重要作用的。

交易费用理论起源于 1937 年科斯的经典论文《企业的性质》。他第一次提出，企业与市场是两种不同的但又可以相互取代的交易体制，而交易费用是决定企业存在、企业与市场分界的唯一变数。企业通过内化市场交易而减少交易费用，直至企业内部管理费用与节省下来的交易费用在边际上相等，这时企业停止增长，其规模达到一个均衡点。

20 世纪七八十年代，交易费用这一概念日益受到广泛关注，成为最为活跃的经济理论。其中，成就和影响最大的是威廉姆森。他以"经济人"假设分析为出发点，指出一个经济人总是能够在给定条件下和环境中作出充分合理的决定，人是不可能永远完全理性的，并提出假设：经济活动中的人总是尽最大能力保护和增加自己的利益，经济活动中的人都是自私的，不但自私，而且只要能够利己，就不惜去损害别人的利益。这被称为机会主义行为动机，这种动机还直接影响到市场效率，增加交易费用。

从交易费用理论角度分析，财政诚信具有降低交易费用的作用，因此，在经济社会中的地位同样是重要而不可或缺的。交易费用理论告诉我们，市场作为一种交易管理机制，在四种基本条件相互作用下将会失灵：①理性有限性；②机会主义行为；③未来不确定性；④交易双方数量不对称。在这样的条件下，市场并不会因此消失，相反市场总是在这样的条件下运行着，其关键就在于社会诚信体系的存在。

同理，财政诚信也不能摆脱这个条件。就微观层面看，尽管未来具有不确定性，但作为具有有限理性的个体，同样会从当前利益和未来利益均衡的“经济人”角度考虑，尤其是具有较长远眼光的微观个体，将更多地立足于自己的长远利益而非当前利益而作出交易和履约决策。为此，在很多情况下，他都必须克制自己的机会主义行为冲动，以维持其诚信声誉，从而谋求在未来的交易机会中得到交易对方的认可和接受，进而获得持续不断的交易机会和获利机会。就宏观层面看，就会逐渐形成一个比较稳定的诚信体系。在这种体系下，微观经济主体的诚信声誉成为决定其地位的一个重要因素（一般通过量化的诚信等级划分和评定，以及诚信等级，对其活动产生重大影响来体现：诚信等级高的微观个体在交易中处于有利地位，即得到更多的财政资金支持；反之，诚信等级低的很难被交易对方接受），于是，在日益扩大的交易过程中一种珍贵的资产——商誉就逐渐形成了。财政诚信制度的建立可以有效降低交易费用，提升政府形象和信誉，维护财政资金正常运行秩序，提高资金的使用效益。加之诚信体系通过相配套的法律制度起作用，将给违约者应有的惩罚，从而使诚信者的合法权益受到保护，国家利益得到维护，进而形成诚实守信的良好环境，使政府在经济社会发展中公信力得以全面彰显。

4.2 制度变迁理论与财政诚信

财政诚信的维持及制度的正常运作一般说来是一种状态性描述，而制度变迁理论侧重于过程性描述。事实证明，在经济机体的演进变迁过程中，尤其是在现代市场经济不断“扩展秩序”过程中，作为一种制度结构，财政诚信与社会诚信体系一样将发挥不可代替的重要作用。

交易费用理论在新制度经济学中比较偏重微观层面的分析，制度变迁理论则属于经济学中的宏观部分，“是一系列被制定出来的规则、服从程序和道德、伦理的行为规范”，诺思称之为“制度安排”。

制度是一种“社会游戏规则”，“一种人类设定来限制他们的行为互动的局限条件”，其作用在于“能够通过降低交易费用来促使交易的顺利进行和扩大市场的规模与范围”。新制度经济学者将传统经济理论中被视为既定不变的制度看作会被修正的、会被创新的进而决定着经济发展进程的内生变量，并对不同层次的制度进行了比较系统的区分。①制度环境，即基础性制度安排，它决定着其他制度安排。②制度结构，即一系列具体制度安排相互影响、相互依存、有机结合形成的一个制度体系。③制度安排，指在一定的制度环境框架下，在相应的制度结构中，支配经济单位之间可能合作与竞争的一种制度安排。一般来说，制度环境和制度结构决定制度安排，但制度安排的变迁反过来通常是制度结构和制度环境变迁的原因。

对制度行为的限制因素，诺思将其区分为正式规则、非正式规则与实施机制三部分。正式规则包括政治规则、经济规则及因各种契约的订立而形成的规则；非正式规则包括惯例与礼仪等社会默认公约；实施机制则是“产权流转过程中的运行机理”。这三者对制度行为的影响过程不同，形成与演变的方式也不同。即使正式规则在一个较短的时期内，经过迅速而重大的骤变，所配合的非正式规则与实施机制也只能是随着时间的推进缓慢、逐步地进行调整。反过来，如果没有非正式规则与实施机制相配合，正式规则的演变也往往无法达到人们原先期望的结果。

激励制度变迁的内在原因是潜在利润的存在。这表明在现行制度结构和制度安排下社会资源的配置还没有达到帕累托最优状态，要实现帕累托改进以获取潜在利润，就必须进行制度的再安排，即制度变迁。制度的出现和不断创新与变迁，使人们达成了在交易时进行合作的共识，约束了交易双方的权利义务关系，减少了交易的不确定性，从而降低了交易成本。制度变迁在微观层面上看，“相对价格的变化和人们偏好的变化是制度变迁最重要的根源”。它可以改变人们“在人际互动中的激励约束条件”，进而改变微观个体在现有制度下的利益状况，使其发现潜在的利润空间。当改变现有制度而带来的预期利润高于因此可能带来的损失时，微观个体将投入资源，对现有规则进行改造性重构谈判。于是，旧有规则就可能改变，制度变迁才得以实现。

从制度变迁理论分析，财政诚信地位与社会诚信一样，在经济社会中具有重要作用，也理所当然地应被视为一种“制度”，而其本身包含的丰富内涵则决定了它是一种“制度结构”，结构内部各主体之间相互作用，决定了整体诚信制度的现状、特点和演进方向，而整体诚信制度结构的特点和变迁方向则构成整个社会特点和其变迁路径的一个重要方面，甚至可以说，是最重要的一个方面。

从财政诚信体系构成和制度意义来看，也有正式规则，即法律法规明文规定或财政工作中形成的各项财政制度，如部门预算制度、国库收付制度等；有非正式规则，即为财政相对人双方或多方所默认的契约或实施机制，即由法律或契约规定的各种财政制度的贯彻方式和对失信行为的惩罚。三者之中正式规则的变迁和演进最为活跃，它总是随着财政的发展和工作的细化而不断变化着。相对来说，实施机制的变迁落后于正式规则，而非正式规则的演变在其之后，只有当一项制度经过一段时间实施后，关于该制度的认识和由此产生的自觉遵守隐含的行为准则的社会共识才有可能逐渐形成，并逐渐替代不合时宜的旧制度安排，从而完成观念上的变迁。

决定经济发展演变方向的一个关键性因素是资源配置机制，就制度意义来看，资源配置机制和方式堪称经济机体研究的核心。随着社会分工的不断细化和专业化经济的逐渐产生和持续发展，整个社会经济结构逐渐向市场经济进化；社会诚信体系的维持也逐渐由人格化方式向契约化方式迈进，其经济意义凸显，不仅成为主要表现形式，而且在社会整体结构的进化中起到了重大的作用。社会诚信的演进伴随着资本主义生产方式的形成过程，成为其“扩展秩序”的主要经济渠道，并且发挥着激励自催化效应，正如马克思说的，诚信制度是资本主义的私人企业逐渐转化为资本主义股份公司的主要基础，这一转化从根本上重构了经济社会的微观构成，并成为现代市场经济“扩展秩序”的起点和加速器。同样，财政诚信从社会诚信和政府诚信中派生出来，也具有这种不可替代的作用，作为一种制度结构，其在市场经济的飞跃发展中扮演了重要角色。而作为制度环境的财政诚信观念则在更深层次的意义上决定了财政诚信制度的特点和演进方向，从而对经济社会发展变迁产生重大影响。我国目前财政诚信制度的不完善或者说“缺失”问题，在很大程度上应归结于制度环境的制约。

4.3　现代契约理论[1]与财政诚信[2]

契约思想始终为现代财政提供着重要的理论源泉。市场经济必然是契约经济[3]，如果没有契约关系，没有契约精神的指引，市场这只“看不见的手”是难以发挥作用的。同理，诚信财政对契约的保护体现在“法治化”和向“契约财政”转变方面。在市场经济发达的国家里，契约原则具有真正的社会意义，契约精神得到了普遍推崇和发扬。

参与市场经济的社会主体，在经济生活的全过程和每一个环节，亦即在商品生产、交换、消费等诸方面，都必须借助契约这个中介形式才能完成。在这一形式中，双方当事人自然以直接独立的人相对待，相互之间表达的是各自的自由意志，进而形成相应的权利和义务关系。契约是市场经济最本质的属性，是市场经济最通行的行为准则，是市场经济最适当的组织形式。

诚信财政首先是保护契约的财政。诚信财政是建立在市场经济基础上并与之相适应的一种财政管理模式，因此，诚信财政的首要任务是对市场契约和纳税人予以尊重和保护，即讲诚信、守规矩。从这点上讲，诚信财政首先必然是法治化的财政，因为对契约的有效保护是法治的本质特征之一。因此，现代法治的起点，就是契约普遍受到重视，法律开始对失信者加以限制，即诚实守信者得到保护。

改革开放以来，我国市场经济的产生和发育不是一个自发的过程，而是一个由政府推行的从计划经济到契约经济的转变过程。这一过程的历史意义，不仅在于它是一种经济体制的改变，更是一种人的生存方式和生活态度的改变。与此相适应，诚信财政理念也应该实现从计划财政的“国家分配论”向市场财政的“财政交换论”转变。从诚信财政应为财政相对人提供与其财政支持目标相适应的服务角度来观察我国社会中的各级政府和

① 王孝伟：《政府信用》，国家行政学院出版社，2013。

② 马新福：《社会主义法治必须弘扬契约精神》，《中国法学》1995 年第 1 期。

③ 宋德安：《契约性、公共性与公共财政》，《财政研究》2003 年第 1 期。

财政主体就不难发现，诚信守约至关重要，该原则对契约作用的发挥、对失信者的约束和惩戒是十分必要的，尤其是法治化的契约财政，或者说诚信财政，是防止不守信者失信的锐利武器。

4.4　伦理学理论与财政诚信

伦理学的基本理论，包括如下几种理论。①效果论。又称目的论，功利论（又称功利主义）与公益论都属于效果论或目的论。其一，功利论主张以人们行为的功利效果作为道德价值之基础或基本评价标准。它又分为行为功利主义与规则功利主义：前者主张行为的道德价值必须根据最后的实际效果来评价；后者认为人类的行为具有某种共同特性，其道德价值以它与某一相关的共同准则之一致性来判断。19 世纪，英国的伦理学家边沁和密尔提出了“最大多数人的最大幸福”的道德原则，为功利论做了系统的、严格的论证。其二，公益论主张人们在进行道德评价时，应当从社会、人类和后代的利益出发，从整体和长远角度来评价人们的行为，只有符合人类的整体利益和长远利益的行为才是道德的。②道义论。道义论是具有“道义”色彩的理论的统称，也译作“务本论”、“义务论”或“非结果论”等。在西方现代伦理学中，指人的行为必须遵照某种道德原则或按照某种正当性去行动的道德理论。该理论体系侧重点是道德行为动机，不注重行为的后果，而诉诸一定的行为规则、规范及标准，其理论的核心是义务和责任。③美德论。又称德性论或品德论，它主要研究人所应该具备的品德、品格等。它探讨什么样的人是道德上的完人，即道德完人所具备的品格以及人们如何成为道德上的完人。

中国伦理学理论发展的 30 年[①]，在思想解放中前行。它既构成改革开放伟大实践的理论表达，又通过一系列理论探索为改革开放提供了积极的思想支持；既是中国伦理学复兴的重要环节，又是新中国伦理学理论走向繁荣发展的开端。中国伦理学理论发展大致经历了反思性启蒙、世俗化、社会化三个发展阶段。30 年来，伦理学理论在不同发展阶段曾就集体主

① 高兆明：《伦理学理论发展 30 年》，《光明日报》2009 年 1 月 13 日。

义、义利关系、公平正义等一系列问题有过激烈的思想论争，也曾就道德“滑坡”或“爬坡”、“潘晓事件”和“张华事件”等诸多社会现象有过热烈的理论讨论。如何确立现代性道德观念和伦理秩序？如何加强道德建设，确立起现代道德观念与伦理秩序，使中华民族的道德文化以崭新面貌挺立于世？这是中国伦理学理论的焦点之一。30 年来，中国伦理学在社会主义精神文明建设、以德治国、公民道德建设、树立社会主义荣辱观、确立社会主义核心价值体系和社会主义和谐社会建设等社会实践活动中发挥了重要作用。

诚信财政理念的提出，同样有形或无形地面对着集体主义与个人的权利及价值、义与利的博弈。一个时期以来，财政失信违规现象普遍存在，“财政的钱不骗白不骗，不拿白不拿”几乎成了许多地方和财政相对人习以为常的口头禅。

诚信建设是塑造财政相对人基本道德素质的基础工作，道德和诚信之根只有深入财政实践中去，才具有真实而持久的生命力。令人欣喜的是，越来越多的人认识到，知识不等于美德，道德和诚信教育不是知识灌输，而是实践养成；财政诚信制度不仅有行为规范功能，更有道德价值引导作用；道德和诚信建设要靠日常工作中持之以恒地陶冶，要在工作实践中深入发掘和大力弘扬。

新时期财政工作者的职责与使命就是要在解放思想中追求真理，秉持财政良知操守，做时代精神的实践者，直面实际，服务发展，从严法治。笔者相信，伴随着社会主义现代化建设的进一步深入发展，伴随着进一步解放思想，在恪守良知、道义与严格财经纪律的状态下，本书所称的财政诚信一定会迎来一个普遍推行的繁荣时期。

4.5　政府诚信与财政诚信

政府诚信包括财政诚信。体现在：一是为保证经济社会发展而出台的政策必须具有科学性、稳定性和连续性，不能随意撤销、变更和废除，如果需要撤销、变更或废除，要补偿给社会或老百姓造成的损失；二是政府的管理行为必须公平与公正，保证到位而不越位；三是政府行为必须从公共利益出发，实现公共利益最大化；四是保证公共政策的有效性、公共物品供给的高效性，必须消除寻租及腐败现象。

从资信评级角度看，政府诚信是指各级政府的举债能力。政府为了提供教育、交通、治安、社会福利等服务，需要庞大的经费开支。在某些特定时期，政府税收收入不能平衡财政支出而出现巨额的财政赤字。为了弥补财政赤字，政府往往通过发行或出售各种诚信工具来弥补财政收入的不足。典型的政府诚信工具就是政府公债。

本书所称的“财政诚信”，包括政府诚信的内涵，同时又主要体现在财政的收、支、分、管、用等各项财政业务方面。坚持诚实守信，依法理财、聚财和用财，维护财政秩序和资金安全，珍惜纳税人的贡献和财政的每一分钱，并且督促财政相对人遵守国家财政法律法规，真实报告收入，依规安排支出，严格支出范围和标准。本书所称的财政诚信比原财政诚信的涵盖面要广。

4.6 “零缺陷”管理与财政诚信管理

零缺陷是指要以“缺陷等于零为最终目标，每个人都要在自己工作职责范围内努力做到无缺点”。它要求生产工作者从一开始就本着严肃认真的态度把工作做得准确无误，在生产中按照产品的质量、成本与消耗、交货期等方面的要求进行合理安排，而不是依靠事后的检验来纠正。开展零缺陷运动可以提高全员对产品质量和业务质量的责任感，从而保证产品质量和工作质量。在美国许多公司常将相当于总营业额的15%～20%的费用用在测试、检验、变更设计、整修、售后保证和服务、退货处理及其他与质量有关的成本上，所以，真正浪费的原因是质量低劣。如果我们第一次就把事情做对，那些浪费在补救工作上的时间、金钱和精力就可以避免。

财政诚信管理要求财政相对人在提交部门预算或申报资金和项目时必须作出诚信承诺，保证申报的所有资料都是真实的；财政审核人员在审核预算和资金及项目申报资料时除了审核资料本身真实性、合规性、可行性、效益性外，还必须对过去的诚信记录进行审查比对。否则，即使申报资料本身没有问题，提交的预算或项目也会被退回，或受到一定的限制。

因此，财政诚信管理理念的确立，在实践层面必须坚决树立三种观念：一是无论是财政部门还是预算单位都是“诚信主体”的观念；二是始终对“搞点假的难免论”保持零容忍；三是强调诚信与践行的统一。

财政诚信管理与“零缺陷”管理的核心是一致的。第一次把正确的事情做正确，包括做正确的事、正确地做事和第一次做正确，坚决杜绝弄虚作假。因此，第一次就把事情做对，三个因素缺一不可。具体来讲，一是做正确的事：能够辨认出对方的真实需求，从而制定出相应处置方案。二是正确地做事：无论是预算安排还是审批一笔资金，全部活动都要依照规定办理。三是第一次做正确：防止违规失信问题产生，从而防范风险，提高效率。

4.7　和谐社会与财政诚信

社会主义和谐社会的特点是：第一，通过调动一切积极因素来增强全社会的创造活力；第二，通过协调各方面的利益关系来维护社会公平；第三，通过营造良好的社会氛围来形成良好的人际环境；第四，通过加强民主法治建设来维护社会稳定；第五，通过处理好人与自然的关系来保证可持续发展，具体说，就是一种民主法治、公平正义、诚信友爱、充满活力、安定有序、人与自然和谐相处的社会。诚信，是中国最基本的道德规范之一，现代诚信制度是社会主义市场经济体制大厦的重要支柱。当前，社会诚信制度正在我国全面推进，个人诚信、企业诚信、政府诚信如雨后春笋般地在各地生长。倡导诚信友爱，就是全社会诚实守信，全体人民平等友爱、融洽相处。要做到这一点，就必须以道德作支撑，以法律作保障，以和谐的产权关系作制度基础，发挥政府诚信在构建和谐社会中的重要作用。

财政诚信实质上就是政府诚信，财政诚信缺失实质上就是政府诚信缺失，这与构建和谐社会、塑造政府的形象和公信力关系极大。诚信是和谐社会的基石，是处理社会人际关系的重要准则，是建立诚信制度的道德保障，诚信政府建设是诚信和谐社会的主导。[①] 因此，财政诚信要求政府在

① 向春玲：《诚信与和谐社会建设》，人民网 - 理论频道，2009 年 5 月 11 日。

履行经济调节、资源配置、收入分配、保证社会稳定和国家机构正常运转等职能方面必须讲诚信，在收、支、分、管、用各环节中必须贯彻诚信理念，促进和谐社会的构建与完善。因此，财政部门应当以建立诚信道德为主旨和根本。按照诚信原则，规范财政部门和财政相对人的理财用财行为，增加政府收付行为的公平度与透明度，避免暗箱操作，做到财政公开，依法理财，努力建设诚信政府和诚信财政，保证和谐社会的健康发展。

4.8 法治社会与财政诚信

财政诚信和法治社会建设相辅相成。诚信，是国家立邦之基。财政诚信是政府诚信的重要内容。财政诚信缺失必将导致花钱无序、弄虚作假，加剧道德沦丧和矛盾冲突，影响经济发展和社会进步。法治社会强调法律面前人人平等和“法律至上”的思想。按照依法治国要求，国家法律不允许即为禁止，强调国家必须依法履行职能。

诚信，讲的是诚实和诚信，而守信就是恪守诚信、遵纪守法。诚信秩序的维护需要法律给予保障，遵守法律就是要遵守诚信原则，能够恪守诚信，必能奉公守法；能够奉公守法，必能恪守诚信。诚信建立在法治的基础之上，所以必须依靠法律制度作诚信建设的保障。反过来，诚信对促进法治活动发展、加强社会法治建设具有推动功能。诚信和守法相互依存、相互统一，不可分割。

一个讲诚信的政府，必然是执政为民的政府、敢于为民负责的政府、依法行政的政府。诚信财政同样如此。必须以财政诚信建设推动法治建设。推进财政诚信法治建设，以财政法律法规的强制性、稳定性和延续性，为财政诚信体系建设搭建“安全网”。加强财政诚信和社会伦理教育，全面落实《公民道德建设实施纲要》，广泛开展财政职业道德教育，制定诚信为本、诚信兴业的职业道德规范。大力普及诚信基础知识，强化舆论监督，使诚信道德伦理约束成为大多数人的自觉行为，成为财政诚信建设的坚实基石。惩处财政违规失信行为，给予失信者列入“黑名单”和公开“不良记录”以及警告等处罚，建立诚信等级评定制度。通过诚信信息公开，让失信者受到全社会的监督和制约。

要以法治建设保障社会诚信。加快诚信和财政诚信的相关立法，形成规范的诚信法律体系。坚持诚信必讲、守信必严、失信必究，树立政府的公信力；推动财政相关人失信行为惩戒机制建设，建立失信行为记录机制，增加失信者的违规成本，切实保障守信者的合法权益；加强财政部门诚信建设，率先垂范，诚信理财，确保财政资金收付各环节公正；注重发挥财政部门对诚信行为的引导作用，坚持惩恶扬善，褒扬诚实守信行为，惩戒失信行为，让诚信的人受到尊重和表彰，更讲诚信，让失信的人受到鞭挞和责罚，无以立足，引导公众树立诚信的价值观；高度重视诚信普法宣传教育，大力弘扬法治和诚信观念，使尊重法律、崇尚法治、自觉守信、恪守诚信成为社会风气和习惯。

简言之，法律的实施需要诚信。有了诚信才会有正义的追求，才具有法治的精神。财政部门是政府的组成部分，只有讲诚信，才能在履职的整个过程，严格地执行法律法规。没有诚信，就不会认真对待法律，财政部门任何执法违法的行为，都是诚信缺失的结果。由此可见，财政诚信对于法治社会建设所具有的深刻意义。

第5章 国外社会诚信体系建设的实践及启示

财政诚信制度建设是一个庞大的系统工程，在这个系统工程建设中，借鉴和引进市场经济国家诚信制度建设的成功经验，具有重要意义。国外没有专门针对财政诚信的制度与规则，而完善的社会诚信制度和健全的财政管理制度，仍不失为很好的借鉴参照。

5.1 美国诚信管理实践[①]

5.1.1 美国的诚信[②]管理与财政诚信体系

美国在管理程序方面拥有最现代化、最成熟的诚信管理制度和运行模式，财政诚信管理只是美国的诚信管理制度与运行模式的一环。财政诚信管理直接或间接地从美国诚信管理体系中获得自身所需要的支持信息。此外，财政部门也采用一些自身独特的手段，承担居民诚信管理中有关纳税、享受财政补贴和医疗、教育等公共服务的诚信信息收集任务。从结构上看，美国财政诚信体系的地位和作用如图5－1所示。

总体上看，美国财政诚信体系包括三个外部要件：一是美国征信管理法规和措施；二是美国市场形成的诚信记录和诚信评级状况；三是市场活动之外的政务诚信涵盖范围内的诚信评级状况。

---

① 蓝寿荣、陈冰竹：《美国个人信用制度及其对我国的借鉴意义》，《中国农业大学学报》（社会科学版）2004年第1期。

② 本章及以下各章诚信与信用交替使用，其含义一致。

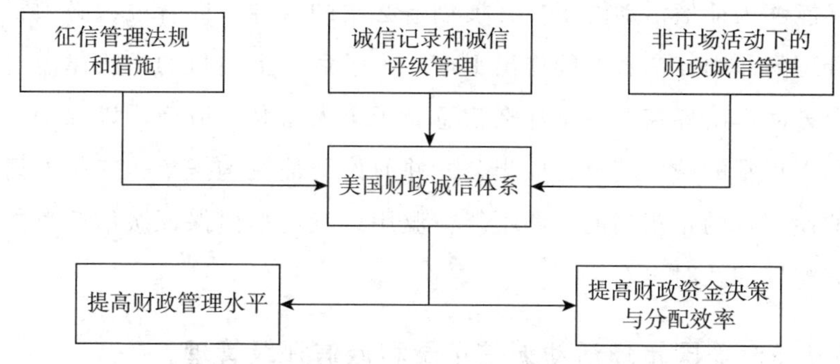

图 5－1　美国财政诚信体系的地位和作用

5.1.2　美国征信管理法规和措施

健全的法律为美国诚信制度提供了保障。目前，美国已经形成了良好的有法律保障的诚信信息公开的市场环境。其中最重要的法律是 1966 年的《信息自由法》、1972 年的《联邦咨询委员会法》和 1976 年的《阳光下的联邦政府法》，这三部法律是美国法律领域一次革命性变革，其核心思想是原则上政府信息要公开，不公开（即保密）是例外：政府信息具有公共产品的性质，一切人获得信息的权利是平等的；政府对拒绝提供的信息负有举证责任，必须提供拒绝的理由。法律还要求美国行政机关的会议必须向公众公开，允许公众观察。举行不公开的会议要经过相当复杂的程序。在信息公开的同时，美国从维护国家经济安全需要出发，对信息保密也相当重视。各种法律对资本市场、商业市场和消费者均有相关的约束、规范和监督，使整个诚信体系能够良性运作。不遵守诚信原则的个人或组织，将会受到法律的严惩。更为重要的是，它将公民或组织的诚信记录与其在社会生活中的方方面面联系起来，甚至影响其发展。失信将会使其在社会中难以顺利开展各种活动，对个人职业生涯和组织的发展造成极大的负面影响，即失信成本相当大，这鞭策着个人与各种组织时刻遵守诚信规范。

美国政府对居民征信服务管理的基本原则是，既保护个人隐私和合法权益，又保证正常诚信信息的充分交流。良好的征信服务不仅有利于授信者业务发展，也有利于居民更方便和更快捷地获得政府的财政援助和信贷服务。因此，法律规范的核心在于，既要充分保证个人隐私和权益不受损害，又能够为征信活动的正常开展创造必要的条件。或者说，必须根据公平、合理的原则在二者之间作出平衡。为了达到上述目的，法律需要在以下三个方面作出界定：一是什么信息属于个人隐私，应当予以保护，什么信息属于正常的诚信信息，应当公开并允许征信机构搜集；二是如何保证信息的使用目的是正当的，即不能被滥用；三是如何保证诚信信息的准确性、完整性和及时更新。

5.1.3 美国市场活动诚信记录和诚信评级管理

美国的诚信体系由教育和宗教主导的“软性力量”与一系列制度主导的“硬性力量”系统构成。通过教育与宗教，美国公民树立了要忠诚于自己的内心的观念，即不自欺，并进而推及与人交往也要做到不欺骗，即守诚信的道德伦理观，促使个体诚信观形成的“软性力量”构成了美国诚信体系的基础。在此基础上，美国政府通过三类机构和相关的一系列法律法规对人与人之间、人与其他组织之间的诚信关系进行了规范和约束。这一“硬性力量”是美国诚信体系的保障。两股力量共同发挥作用，美国公民在自身诚信道德的自律作用下能自觉遵守“硬性力量”所作出的关于对他人守信的规定；“硬性力量”能对在个人自律方面较弱的个体发挥强制性作用，维护整个社会诚信体系得以存在。美国诚信管理框架如图 5－2 所示。

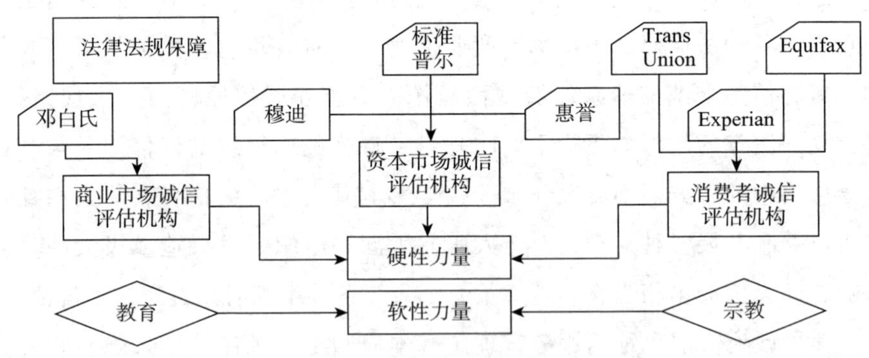

图 5－2 美国诚信管理框架

其中，最值得关注的是美国诚信管理的“硬性力量”，主要由以下三种机构构成。①资本市场上的诚信评估机构，即对国家、银行、证券公司、基金、债券及上市大企业的诚信进行评级的公司，目前美国只剩下三家这类公司，即穆迪、标准普尔和惠誉公司，其中穆迪、标准普尔公司由美国投资者控股，惠誉公司由法国投资者控股。目前，美国约 20 种以上金融法规的制定，都要听取诚信评级公司的意见。世界上所有国家和企业若要到国际资本市场融资，必须经两家以上的评级机构评定诚信级别，诚信等级的高低决定了融资成本和融资数量。②商业市场上的诚信评估机构，即对各类大中小企业进行诚信调查评级的公司，经过 100 多年的市场竞争，邓白氏集团最终独占鳌头，成了美国乃至世界上最大的全球性征信机构，也是目前美国唯一这类评级公司。作为上市公司，邓白氏集团的经营理念是对股民负责，向所有持有邓白氏集团股票的投资者展示公司的高增长性。③对消费者诚信进行评估的机构，在美国叫诚信局或消费诚信报告机构，目前美国有三家大的诚信局，分别是美国人控股的全联公司（Trans Union）、艾可飞公司（Equifax）和英国人控股的益百利公司（Experian）。所谓诚信局，是向需求者提供消费者个人诚信调查报告的供应商。诚信局的基本工作是收集消费者个人的诚信记录，合法地制作消费者个人诚信调查报告，并向法律规定的合格使用者有偿提供诚信报告。

5.1.4　非市场活动下的财政诚信管理

美国财政诚信管理体系是美国诚信管理的一个重要组成部分，它依托整个诚信管理制度、机制和框架而存在，借助诚信管理的基本原则和方法，按照财政自身的运行规律，选择适合财政管理和公共服务与产品提供的措施而推行。总之，美国财政诚信体系与国家诚信管理框架是一致的，是国家诚信理念的具体化。

以下以政府采购的诚信管理体系为例作一说明。

美国财政当局通过行政法规和政府经济活动情况对从事公共事业和服务的单位进行诚信活动的评价，一方面弥补市场诚信体系的不足，另一方面由具有一定的独立性的政府采购方和政府公共产品提供者对诚信状况进行评价。具体来看，美国财政非市场活动诚信管理框架主要与政府财政资金的支出绩效管理相结合，通过多层次、全方位的有效监督来构建诚信评价体系。

（1）政府机关对采购人员和供应商的监督。由于政府采购人员的权力是公信权，他们花的都是纳税人的钱，因此，所有采购机构及各政府部门与采购有关的人员，均以最高的职业道德标准约束自己。所有采购人员绝对不能做出不道德的事，这在法律中都有比较详细的规定，如禁止采购人员卷入与个人利益有关的合同，采购人员的家庭成员不能参与政府的交易；当合同与个人利益有关时，要求采购人员必须回避；禁止接受供应商的吃请，禁止收受礼品；采购人员辞职到供应商的企业工作，两年内不能代表该企业与政府进行交易。如果发现政府采购人员有不道德行为，政府部门首长、内部监督机构就可以依法对其进行处理。

政府集中采购机关或者政府部门采购机构有权根据举报，对违反规定的供应商进行处理，可以对其发出警告，情节严重的甚至可以取消供应商的资格。当然，被处理的供应商可以到法院申诉，最后由法院作出裁决。

（2）审计机关对政府部门和采购机关的监督。各级议会和政府中均设有专门的审计监督机构，负责对采购机关、政府各部门的采购活动实施审计监督。审计人员通过抽查等方式，对政府各部门进行年度审查，发现问题依法给予严厉惩处，如对应当集中采购但化整为零、分散采购的政府部门，可以取消其签约权。在招投标过程中，未中标的企业如果感觉受到采购机关的不公平待遇，可以向审计机关提出申诉。审计机关接到申诉后，就会立即进行核查。核查期间，除合同执行对国家的利益大于对企业不公平待遇的情况外，已签合同应当停止执行，直到审计机关核查完毕并下达指令才能恢复执行。

（3）司法机关的监督。美国设有专门的行政法院，负责对政府机关的行为实施监督。企业对于政府机关以及采购人员在采购活动中的违法行为不满，可以向法院提起诉讼，法院在立案后依法作出裁决。

（4）公众和供应商的监督。在美国，各级政府部门一般设有举报电话和其他举报渠道，公众可以随时反映采购人员的违纪行为。政府部门对于公众反映的问题一般都能及时予以调查和处理。根据法律规定，所有企业均有权根据政府的需求说明进行报价，有权要求政府依照事先公布的评判标准，排除一切不相关的干扰，对其报价作出评判。未中标的企业以及中标供应商对政府不合理的行为提出抗议，由中立的仲裁机构作出裁决。

5.1.5　借助市场化运作诚信机构实现有效分级

美国财政在管理活动中非常注意申请对象和机构的社会诚信情况，而社会诚信体系则采用以民营商业征信服务公司为主体的完全市场化运作模式。美国有许多专门从事资信调查、资信咨询、诚信评级、商账追收、诚信管理等业务的诚信服务中介机构，它们都是从营利目的出发，完全依市场化原则运作。在美国，诚信服务公司都是独立的私人企业，既不受政府的控制，也独立于财政部、美联储和证监会，与证券交易所和证券公司也毫无关联，更不能与被评级企业有任何私下交易。独立性、中立性和公正性是这些公司的立身之本，也是创造客户价值的源泉。它们面向全体诚信需求方有偿提供诚信信息，在很大程度上避免了因诚信交易的扩大而带来更多的诚信风险。美国财政部广泛借助诚信机构的评级结果对申请财政资金的机构、企业和个人实施分等分级，相对准确、容易地判定申请机构和申请人的基本资信状况，保障财政资金的使用效果，维护公共财政目标的有效实现。

5.1.6　财政诚信记录高度社会化，成为社会诚信体系重要构成部分

美国财政部门会将其他政府部门、机构与个人的财政诚信状况予以积累和记录，在公平、公正的基础上予以公开，并主动将其纳入社会诚信体系。在美国，诚信不仅仅局限于个人道德层面，它已经与企业的正常经营和人们的日常生活紧密相连。在日常消费中，主导的消费方式是诚信卡消费，诚信卡的获取与诚信额的大小与个人的累积诚信记录相关。美国人在购买房屋、汽车等耐用消费品时，主要采用分期付款的方式，这是一种超前的消费，同时也是一种诚信消费，美国形成了一套完善的制度来规范分期付款的消费者。如美国大学中解决贫困学生读书难问题的办法主要是设立奖学金、贷学金和实行工读计划等。其中贷学金由联邦财政、州财政和其他金融财政机构提供，贫困学生提出申请，与贷款机构签订协议，即可获得贷款。但在审查时，一旦财政部门发现了个人的不良诚信记录，特别是不良财政诚信记录，即拒绝该申请。而美国企业在经营中也受到自己诚信体系的明显困扰，若社会诚信记录不良，或者直接存在不良甚至违法的

财政诚信记录，或者在财政审查中发现了当事人存在明显违背诚信的情况，各级财政即停止与其合作，并诉诸管辖法院。从美国社会多方面来看，讲究诚信已经成为一种传统，财政诚信原则已经高度社会化。

5.2 日本诚信管理实践

日本是儒家文化圈的典型国家，与我国的文化基础存在多方面的趋同性，日本诚信文化的培育和诚信体系建设对我国有着直接的借鉴意义。从日本政务诚信、商务诚信建设来看，不依靠单独的财政诚信管理，相关的诚信管理措施和基础信息来源都是靠整个社会的诚信体系来保证的。

5.2.1 日本诚信管理体系

日本财政诚信管理主要是通过相关的法律来对民间主体申请财政资金和契约行为进行约束。法律要求机构、企业和公民个人都必须按照诚信的原则向财务省（或地方财政部门）呈递申请并接受监督，一旦出现违法和其他违背诚信的行为，将面临财务省（或地方财政部门）的行政处罚或接受法律惩处。

在日本，诚信规则原本是作为债务人适当履行债务的标准而发展起来的。当时，债务的履行在履行的时间、场所以及履行的程度等细节方面存在诸多问题。而法律和契约虽然规定了一些标准，但对于许多问题的解决，均以契约当事人特别是以债务人的“诚实的行为”为前提。因此，诚信规则也就作为衡量债务人行为的规则而存在。然而，学者们逐渐认识到债权人和债务人有着密切的关系，债务的顺利履行还需要债权人的协助，因此，诚信规则发展为规范债权人和债务人行为的共通的规则，后又上升为不局限于债权和债务，而是规范一切一般权利和义务的规则。《瑞士民法典》第 21 条的规定正体现了这种发展，而《德国民法典》则将诚信原则作为统揽全民法的至上原则。

在日本法制体系中，诚信规则作为一个一般条款，与公共福利规则及禁止权利滥用规则一同规定在《日本民法典》第 1 条中。这在世界上尚无先例，是《日本民法典》所特有的立法体例。《德国民法典》通过第 157 条和第 242 条确认诚信原则，而随后的判例及学说，以这两条法律规定为根据在债权法领域广泛展开适用了诚信原则。之后，其范围又扩大到适用于几乎所有的权利义务关系，以至于被称为支配全民法的“帝王条款”。

然而，在日本法律中诚信规则只是作为一个一般条款而存在的。一般条款是概括性的、无具体所指的条款，其与基本原则有着本质上的区别。基本原则贯穿于整个立法，可以说是法的精神，任何一个条款都不得与之相悖；基本原则通过各个条款所体现出来，但不能具体适用。相比较而言，一般条款虽然不能像基本原则那样统率所有的法律条款，但它是能够具体适用的，且恰恰也是为了具体适用而规定的。

另外，《日本民法典》第 1 条不仅明文规定了诚信规则，在同一条款中还一并规定了公共福利规则和禁止权利滥用规则。这说明了在私权的享有、权利的行使及义务的履行等一切方面总括性地存在原理性的制约。因此，在适用诚信规则的场合，应当首先参照其与公共福利、禁止权利滥用之间的相互联系，相对地作出决定。具体而言，在司法实践中诚实诚信和禁止权利滥用两条规则常常具有重合的适用领域，需要分析具体情况，比照两条规则而选择一个适当且不相冲突的规则加以适用。

综上所述，日本的诚信规则不具有像德国学者们所称“帝王条款”般的至上地位，一方面它不能统率所有的条款，而是当某一问题没有任何条款能加以解决时作为一个补充条款而适用；另一方面，它受公共福利规则与禁止权利滥用规则的制约。

5.2.2　日本的财政诚信管理

根据日本法律，在财政资金拨出后，财政部门与接受资金的部门形成事实上的债权债务关系，接受财政资金的一方应像债务人那样恪守承诺和契约竭尽全力地完成任务，而财政部门则应像债权人那样尽力为“债务人”履行债务提供可能的便利。日本的财政诚信管理就是在这种隐性的债权债务法理下构架和完善起来的。

（1）接受财政资金方履行契约。接受财政资金一方履行契约当然地应按照契约的本旨为之。但在接受资金方提供的产品或服务仅略微不足时，其是否因未实现“遵从债务本旨”的清偿而承担债务不履行的责任？针对此种情况，日本判例的判断是：在接受资金方提供的产品或服务仅略微不足时，依诚信规则财政部门不能以不足为借口或以没有实现遵从债务本旨的清偿为由拒绝付款。必须注意的是，这并不说明只要是接受资金方提供的产品或服务仅略微不足的场合都适用诚信规则，而首先应周全地考察导致不足清偿的事由、当事人的行为及态度的诚实程度、当事人之间利害关系的均衡等情况再作判断。

（2）保证产品和服务的提供。日本对缺乏资信的资金使用者要求提供保证作为人。保证作为人的担保，是让接受财政资金方以外的保证人负担债务，而此种保证易使保证人的责任加重，因此与诚信规则的适用有着密切的关系。使用人通知义务、保证人的解除权和保证人责任的限度等规定，均体现了诚信规则。

（3）财政资金使用属于双务合同。诚信规则作为确保资金使用方和财政部门之间均衡关系的原则，其调整作用在双方当事人均负担对价性债务的双务合同中最充分地体现出来。比如说民法中为了维持履行上的牵连关系设有同时行使抗辩权制度，同时为了更加灵活地照顾双方当事人的利益常常运用诚信规则规范同时行使抗辩权的具体情况。

（4）财政部门的权利行使。起初权利的行使均由权利人任意为之，然而随着社会的发展，人们逐渐认识到权利的行使也应该有其适用范围。权利人权利的行使必须遵从义务人所期待的诚实守信的方式，当权利的行使侵害权利相对方的利益时，不仅违反了诚信规则，还被认为是权利的滥用受禁止权利滥用规则的规范。另外，权利的行使若侵害一般大众的利益，被认为是违反了公共福利规则。

权利的行使违反诚信规则的判例多发生在行使契约解除权的场合。在行使法定解除权的场合，诚信规则主要围绕着对财政契约不履行的具体情况进行评价和判断催告权的行使是否为正确的规则而被适用。在契约的少部分履行迟延或附随义务履行迟延时，依诚信规则不允许财政部门行使解除权。行使催告权的“相当”的期限不同于履行契约的期限，应依诚信规则作合理、富于弹性的解释。若长时间怠于行使解除权，即使存在不行使解除权的事由，依诚信规则其解除权仍归于消灭。

5.3 德国诚信管理实践

德国是诚信经济高度发达的国家。商业信贷、贷款买房购车、邮购商品、分期付款和诚信卡支付等诚信消费在社会经营活动和日常生活中十分普遍。尽管商业欺诈、个人偷税漏税等现象屡见不鲜，但总体而言德国社会的诚信度还是很高的。这主要得益于德国建立了一套相对完善的社会诚信制度和管理体系。该体系将各种与诚信相关的社会力量结合起来，共同促进社会诚信的完善与发展，制约和惩罚失信行为，从而保障社会秩序和市场经济的正常运行。政府的财政诚信管理也受益于全社会诚信体系，大幅度降低了管理成本，提升了管理效率。

5.3.1 德国诚信管理法律及基本内容

诚信法律的确立与健全是社会诚信制度及管理体系建立和实施的保障。德国迄今还没有一部专门的诚信管理法，有关诚信管理的法规散见于《德国商法典》、《德国民法典》、《信贷法》和《联邦数据保护法》等法律法规中。主要规定包括以下几个方面。

（1）规范诚信信息公开的法律。《德国商法典》规定，成立公司必须在地方法院以公开可信的形式，即通过公证进行商业登记注册，以载入商业登记簿。商业登记包括公司法律形式、工商注册号、公司地址、注册资本、法人代表、主要股东、营业范围等内容。商业登记簿可公开查阅。

德国《特定企业与企业集团账目公布法》对超过一定规模的企业如何公布账目作了明确的规定。凡符合下列三个条件中的两个的企业有义务在做年终决算报表日后的第三天公开账目。这三个条件是：年终决算报表中的资产总额超过6500万欧元；年营业额超过1.3亿欧元；员工总数超过5000人。

德国《破产条例》规定，企业破产必须到当地破产法院申请。该条例对企业和消费者破产的条件、过程作了明确的规定。破产申请经破产法院审核批准后即进入破产程序，法院将破产企业或消费者列入破产目录，并予以公布。

德国《民事诉讼条例》第915条对债务人名单的建立、公布和销毁作了明确的规定。无偿还能力者可到地方法院做代替宣誓的保证，地方法院将此记录在债务人名单内，并在全德国范围内予以公布。有关个人诚信的负面记录将保留3年。作了上述保证的消费者3年内无权享受银行贷款、分期付款和邮购商品等诚信消费。

（2）保护个人隐私的法律。德国保护个人隐私的法律主要有《联邦数据保护法》、《信息和电信服务法》及1998年10月生效的《欧盟数据保护指南》。上述法律对个人数据的获取、储存、使用、传播等方面都有严格的规定。征信机构必须公正、合理地收集消费者和企业的诚信资料。消费者有权了解征信机构收集、保存的本人诚信资料。数据处理单位的工作人员有保密的义务，只有在法律允许或经用户同意的情况下，有关公司才能提供用户的诚信数据。禁止在消费者诚信报告中公开消费者收入、银行存款、生活方式和消费习惯、超过法定记录期限的公共记录中的负面信息等。

5.3.2　德国财政诚信管理

（1）财政诚信依托多样化的诚信体系结构。德国诚信体系涵盖了目前世界上三种最普遍的社会诚信体系模式，即以中央银行建立的“信贷登记中心”为主体的公共模式，以私营征信公司为主体的市场模式，以行业协会为主体的会员制模式。这第三种模式以具有公司性质的通用诚信保险保护协会为代表，由协会建立诚信信息系统，为协会会员提供个人和企业的诚信信息互换平台，通过内部诚信信息共享机制实现征集和使用诚信信息的目的。这三种模式在德国相辅相成，构成德国统一完整的社会诚信体系。

（2）诚信保险和征信公司为财政诚信预警和记录提供支持。德国三大诚信保险公司裕利安宜集团、环球信贷集团和科法斯集团保险业务占德国诚信保险市场的98%。Creditreform、Buergel、Schufa三大征信公司在资信调查与诚信评估业务领域占主导地位。这些大型公司应财政部门的要求可以直接向财政部门提供即时性的诚信记录，也按约定将已获得财政资金的企业、机构和个人的履约情况纳入诚信记录。

（3）财政诚信管理趋向综合化。德国财政部门有效促进相关诚信服务的综合化，避免评价中的缺失和扭曲。如德国诚信服务公司的经营模式已从单一的资信调查、诚信评级、诚信保险、商账追收等服务向同时提供多种诚信服务的模式发展。良好的诚信文化传统和自律意识为混合经营模式奠定了基础。目前，在德国财政部门的支持下，德国较大规模的征信公司均提供诚信报告和诚信风险评估服务。大的诚信保险公司更是提供从诚信咨询、诚信保险到商账追收和资产保理等全方位的诚信服务。

5.4　英国诚信体系建设及应用情况①

19 世纪中期，交易中诈骗、赖账等现象导致交易双方不信任的情况频繁发生，影响了交易的发展。为促进交易顺利进行，在欧美主要国家，提供资信服务的征信公司或诚信局应运而生。1830 年，在英国伦敦成立了世界上第一家征信公司。

5.4.1　征信机构的性质

从征信机构的所有者性质看，英国的征信机构都是私人部门所有。

英国有两家跨国征信公司：益百利（Experian）和艾可飞（Equifax）。益百利公司是一家国际性的信息服务公司，隶属于英国的一家大企业集团，主要业务分布在欧洲和美洲；艾可飞是一家总部设在美国的国际信息服务咨询公司。两个公司都是以市场化方式运作，收集信息不付费，查询有偿，盈利状况都较好。

5.4.2　个人信用信息的内容和采集

征信机构采集的信息包括消费者的基本信息和信用信息两方面，基本信息主要用于确认消费者的身份，这方面的信息主要来自政府部门和公共机构。由于英国没有统一的 ID 号码或类似于美国的社会保险号码，英国的征信机构一般从选举人登记系统、邮局等公共部门采集消费者的信息，并通过对各方面信息的处理来辨别消费者身份。消费者的信用信息主要来自

---

①　中国企业诚信网，2010 年 10 月 18 日。

私人部门和法院的判决（如个人破产等）。

消费者的个人信用报告包括以下内容。

（1）公共信息。包括：从英国各选区获取的所有超过18岁的选民登记信息，包括姓名、出生日期、居住地等；从邮政部门获取的地址、邮编；从各地方法院获取的法院判决书；从政府有关公告中获取的个人破产信息、债务调解协议和行政处罚资料。

（2）账户信息。由信贷机构提供。根据签订的协议，各信贷机构提供各自信贷客户的详细资料，包括借款人在什么机构获取的什么信贷、信贷的内容、良好或不好的还款信息以及房屋抵押或转让资料。

（3）查询信息。在数据库中对个人的信用信息被查询情况作详细记录，包括什么机构查询、查询的内容和次数、查询目的是发放贷款还是追账等。

（4）关联信息。收集记录个人与他人的共同账户信息，如家庭同姓成员情况和同居不同姓而有信贷联系借款人的信息等。

（5）欺诈信息。收集记录个人不诚实信息，包括信贷诈骗和逃废债务情况。

（6）其他信息。主要是别名和地址变换情况。

征信机构可以免费采集政府部门和法院的相关信息，但在采集邮局的信息时一般要向邮局支付费用。采集私人部门的信息是否需要付费，一般由征信机构和信息提供者协商确定。

5.4.3 信息共享的实现

互利原则和信息提供者的积极参与是英国实现信息共享的经验。

所谓互利原则，即征信机构的信息使用者也应提供相应的信息。由于征信机构的信息使用者同时也是信息提供者，这使得信息提供者能够并且愿意同征信机构在各个方面积极合作。比如，征信机构和信息提供者在信息采集方式上的相互支持使得现代信息技术在征信行业得到了广泛应用。

5.4.4 个人征信的管理方法

英国成立了隶属于议会的信息委员会，专门从事信息数据管理工作。

在消费信贷方面主要颁布了两个法案，即 1974 年的《消费信贷法》和 1998 年的《数据保护法》。这两个法案对数据的取得和使用作了详细规定，对征信公司和保留个人信息的部门实行数据使用的报备制度，规定个人有权知道被收集了什么信息及谁使用了这些信息，并且这些信息只能保留 6 年。

在法律允许的范围内，金融机构和零售商、个人都可以查询，个人可以申请并在 7 个工作日之内得到自己信用记录的拷贝件。

房东在出租住房时可以查询租房者的个人历史信用情况，以确定是否能够向其出租住房；而警察局只有在立案情况下，才可以查询个人的信用记录；贷款机构只能出于信贷目的进行查询，不允许信贷机构用于信贷发放以外的目的；政府机构出于工作需要，在法律允许的范围内可以查询到征信公司的个人信息，政府部门的查询权在法律上没有详细规定，征信公司可以拒绝其查询，政府部门被拒绝后经法院判决可以查询的才能查询，但征信公司可按最高标准向其收费。

5.4.5 征信机构的运作方式

以益百利和艾可飞公司为例，这两个跨国公司采用先进的计算机和网络技术，对数据进行集中处理，建立了一个庞大的数据中心并异地备份，数据库中有英国的 2.5 亿条个人记录，还有从其他国家收集的数据。它们与客户一般通过专线连接，大量利用国际互联网技术，每周的查询都超过 100 万次。数据每月进行一次更新。两个公司对于信息数据的处理在技术上是自动完成的，以防止人工干预出现错误，防止违法使用个人客户信息。两大公司通过对收集数据的加工处理，为金融机构和零售商有偿提供信用产品及服务，主要是提供信用报告。同时，利用对数据的深加工，帮助金融机构和零售商更深入地了解客户和开发有利润潜力的客户，进行目标营销；利用其先进的信用评分技术，帮助金融机构和零售商快速处理客户申请、准确决策；利用其人才、技术和管理优势，提供特定服务，向外进行技术扩张。

5.4.6 征信业务的拓展趋势

英国征信市场的发展历史表明，征信行业具有持续稳定增长的特征。其增长点主要体现在两个方面。一是征信机构采集的信息不断增多，二是随着数据库中的信息内容日趋完善，为银行等主要信息使用者提供的信用报告数量在稳定增长。对消费者的信息进行综合评分，当客户查询消费者的资料时，系统会自动打出该消费者的分数，评分服务不仅使信息使用者能够更方便地使用征信机构的信息，而且提高了信息使用者的决策效率。

随着征信市场发展的日趋成熟，依靠信息资源，为客户提供更多的增值业务对征信机构越来越重要，这就需要征信机构的从业人员对主要客户的业务有更深入的了解。而征信机构采集的信息日渐增多，现代信息技术在征信行业应用的日益深入，增值业务品种的不断开发，客观上对征信机构的数据库建设和管理等也提出更高要求。目前，征信行业已经成为知识和技术含量很高的行业。以益百利公司为例，公司总部仅软件工程师就有200多名。

5.4.7 英国诚信制度改革实践①

美国爆发的企业诚信危机波及大西洋彼岸，英国财政大臣戈登·布朗为了防止安然、世界通信公司事件在英国重演，正在考虑实施一系列企业改革计划，其中包括公司每7年就要更换外部审计师等内容。

英国《泰晤士报》2002年7月1日报道称，英国财政部对美国发生的巨额会计丑闻感到震惊，美国股市遭受重创的惨状使布朗下定决心，绝不能让英国重蹈美国的覆辙。他积极同全球经济界重量级人物进行接触，共商在全球范围内建立一个打击企业财务欺诈和不良审计行为的体制。7月上旬，布朗与美国联邦储备委员会前任主席保罗·沃尔克举行了会晤。沃尔克也在研究美国的会计准则改革问题，继安达信丑闻之后，他曾出任该公司顾问，帮助其解决改组等问题。据参加会晤的英国官员透露，两人详细讨论了各国政府合作“清洗”审计行业的问题，据称会谈非常具有建设

① 刘光明：《企业信用》，经济管理出版社，2003。

性意义。

布朗已经下令组成了一个审计研究小组，这个小组会提交一份内部报告，对企业财务和审计中存在的问题进行分析。一种观点认为，要防止类似安然丑闻的发生，就必须切断会计师事务所与其客户的“暧昧关系”，禁止会计师事务所既承担审计业务，又提供咨询服务。目前，伦敦证券交易所《金融时报》指数中的 100 家上市公司中有 90 家雇用的外部审计师和顾问来自同一个公司。另外，缺乏审计师更换机制也是英国公司存在的问题。很多英国公司几乎没换过会计师事务所。例如，巴克莱银行在过去 90 年中一直与普华永道会计师事务所合作。但英国政府的这些计划引起了审计行业的担忧。首先，虽然一些会计师事务所已经着手分离审计和咨询业务，但这两个业务之间的界限非常模糊，彻底分清并不容易；其次，如果采用轮换制，很可能会导致行业间的恶性竞争。

5.5　澳大利亚诚信制度与管理实践①

5.5.1　控制公共风险与实施绩效预算

（一）公共财政的政策目标

近年来，澳大利亚政府及议会强调并督促公共财政在促进社会公平和促进协调发展方面要发挥重大作用。

（1）努力消除因生活地域差别而产生的公共服务不平等。公共财政致力于让乡村、边远地区的居民获得与悉尼、墨尔本等大城市的居民大致相同的公共产品和公共服务，在教育、医疗、生育补贴、失业救济、养老等公共产品和公共服务方面，各地居民趋于“均等化”。在这方面的做法及水平，澳大利亚已经走在世界前列。

（2）致力于公众身心健康的措施而减少某些方面的财政支出。在年度预算中都专项安排用于公众健康教育、防病知识宣传、日常保健方面的费

① 陈向明：《澳大利亚财税等方面的管理经验、政策经验及借鉴》，《财政研究》2007 年第 7 期。

用，定期免费向公众发放和邮寄保健资料、产品，这些投入间接减少了财政用于公众免费医疗的支出，也减少了对公共医疗机构的补贴。

（3）为强化生态保护与改善而加大财政支出结构调整力度。澳大利亚充分考虑本国沙漠区域大而且干旱缺水的特点，逐年加大对环保的财政投入，通过财政补贴支持从事节水产品生产企业或耗水较少产业的发展。除颁布条例限制牧场的畜牧密度外，还通过财政补贴支持牧场“轮休”、某些区域的“禁牧”，防止牲畜过度增长而导致牧场退化、沙化。

（二）科学选择、合理把握控制公共风险与实施绩效预算的切入点

现代科学技术尤其是信息传递与处理技术的发展，为财政预算改革及财政杠杆作用的有效发挥创造了高效的技术支撑条件。提高透明度，使真实信息及时获取、传递和信息对公众开放，成为公共财政实施公共风险控制与实施绩效预算的切入点。

（1）强制、无保留获取管理与控制对象的真实信息。享受财政拨款和财政补贴的机构，是绩效预算的管理与控制对象。作为被管理与控制的对象，其获得财政资金的基本条件之一，必须是向财政预算部门和社会公众传递真实的信息。被管理与控制的对象，如消极地处理传递信息，甚至隐匿某些信息，将承担信息传递滞后与失真的无限责任。

（2）信息传递系统设计以扁平状为主导特征。享受财政拨款和财政补贴的机构，必须直接向预算部门或指定部门传递信息，信息传递不经过中间级次。这种扁平状的信息传递系统，把享受财政拨款和财政补贴机构纳入政府和公众的监督之中，特别是资金申请与使用过程中的监督，比事后监督更有利于财政风险控制。在绩效预算制度中，还特别强调信息公开与透明，尤其是公众可以直接获取信息，大大减少了财政预算及执行中的“私下交易行为”。

（3）公众与政府部门享有获取信息的平等权利。这种平等权利表现在两个方面。①政府对信息的非垄断性。在任何时间或任何环节垄断信息，都视为政府失职，甚至有可能被追究行政责任或法律责任。②信息对公众的公开性。任何公众可以不受地点、时间的限制查询想知道的信息，无论是政府部门，还是享受财政拨款与财政补贴的机构，都要认真仔细解答公众对相关信息的提问甚至是质疑。“非政府法人机构”被视为不同公众群体的代表，也有权获取信息并质询，甚至“刨根问底”，必要时通过媒体进行质疑，形成监督与问责压力，保证财政资金支出与使用的效率和防范公共风险。

（三）构建与完善控制公共风险与实施绩效预算的制度框架

这方面包括强化政府与公共部门的报告制度，建立政府与公共部门的问责制度，完善严格而公开的审计制度。

（1）强化政府与公共部门的报告制度。①政府行为报告制度。政府行为，尤其是财政预算行为，必须定期真实地向议会及公众报告，而且要求对行为全过程进行报告，如果仅仅是行为结果报告，无论结果如何，都视为政府违规。②公共部门运行的报告。公共部门的管理水平及效率，直接影响着政府形象以及公众对政府的信任。因此，对其运行过程及结果，必须进行定期真实的报告。③财政预算及其执行结果的报告。社会公众对财政预算有完全的知情权。

（2）建立政府与公共部门的问责制度。①议会与公众对政府的问责。政府的决策行为是问责重点。因此政府需慎重决策，对涉及公众切身利益的决策要公示并充分征求公众意见。政府行政长官及政府职能部门负责人，必须对政府决策行为承担责任，决策失误要引咎辞职。②政府与公众对公共部门的问责。通过问责制度推动公共部门提高效率。

（3）实行严格而公开的审计制度。绩效预算必须明确产出和绩效指标。所有享受政府拨款与政府补贴的机构，在提供财务报表时还必须提交一份“非财务的”绩效报告，一并交由审计机构审计。“绩效报告”标准集中体现在五个方面：①提供货物、工程、服务采购的数量；②提供货物、工程、服务采购的质量；③提供货物、工程、服务采购的时效；④提供货物、工程、服务采购的预期成本；⑤提供货物、工程、服务采购的地点。

5.5.2　社会保障制度及其家庭财产收入审核机制

澳大利亚的社会保障制度比较完善，在消除贫困、调节收入分配、维护社会稳定、促进经济发展等方面发挥了明显作用。其主要具有如下特点。一是以社会救助为主。最低养老金制度是澳大利亚社会保障制度中最核心的部分，其年补助标准为上年男性职工平均工资的25%，相当于最低工资标准的50%，目前标准为12238澳元。失业救济金的最高年补助标准相当于最低养老金的80%。二是以严格的家庭收入和财产审查作为社会救济的前提。三是按政事分开的原则，统一设立社会保障机构。

在家庭财产和收入审查方面有较强的可借鉴性。

（一）真实性审查

（1）基层服务站的前台初步审查。申请人必须如实填写经特别设计的申报材料，并附相关的家庭收入凭证和财产证明。申报材料数据如基本完整、真实并录入全国统一和联网的计算机信息系统后，当时就可以得知能够拿多少补助。申报材料如出现填写不实情况或逻辑矛盾，将被列入重点审查监控对象。

（2）总部审查中心的后台技术审查。在发达的信息系统支持下，全国所有的申报材料电子化数据均可实时传至总部，总部审查中心及时通过计算机系统自动与银行、税务局等机构曾经留存的相应资料进行对比分析，进一步核实提交资料的真实性。通过审查，符合条件的申请者最早在两周之后、最晚在四周之内可以得到补助。不符合条件的也将收到有关的信息反馈提示。

（3）非常规审查。总部审查中心下设反欺诈机构，每年都有计划地对各类享受补助的对象按一定比例采取电话访问等办法进行抽查。同时，还不定期联合警察局、税务局、移民局、银行等机构，组成工作小组，取长补短，发挥各自优势，对举报的重点欺诈案件或重点行业、人群、地区进行突击检查。

（4）重点监控。凡是没有如实申报家庭收入和财产情况的申请者，一经查实，不但要补缴罚没补助金，而且将被列入重点监控名单，在今后再次申请时要接受更为严格的审查。

据统计，在2003~2004财政年度，通过采取上述真实性审查措施，共节约补助金支出13亿澳元，其中通过计算机系统自动与申请人的银行、税务局等机构曾经留存的相应资料进行对比分析，就节约补助金支出9亿澳元。

（二）补助的核定

（1）在对保障对象家庭收入和财产的真实性进行严格审查的基础上，澳大利亚在补助的核定方面采取了宽严适度的办法，以促进就业和鼓励投资。如按有无劳动能力区分保障对象，实施不同的政策：对没有劳动能力的核定从宽，对有劳动能力的核定从严。从宽或从严主要体现在不同的收入和财产免除额度上，如对没有劳动能力的最低养老金或残疾人补助金申请者，其单人的收入免除额度为每两周 122 澳元，而对有劳动能力的失业补助金申请者，其单人的收入免除额度为每两周 62 澳元，仅约相当于前者的一半。

（2）具体的补助核定方法。对家庭收入和财产同时进行审查，两者取扣减数额最少者，即补助数额最多者，既体现了对保障对象的优惠和照顾，又较好地避免了补助申请者通过财富的不同形态之间的转换套取补助的问题。在收入审查方面，如果收入低于免除额，可获得全额补助。如果收入超过免除额，则每超过 1 澳元，按每两周扣减 0.5 澳元补助金计算。在财产审查方面，对属于应免除项目内的财产（如每个家庭可以有一套自有住房），在财产审查中予以免除；对免除项目外的财产，根据市场价格、地段、新旧程度等进行评估。如果财产总价值低于免除额（有自有住房的单人财产免除额为 153000 澳元，无自有住房的单人财产免除额为 263500 澳元），可获得全额补助。超过免除额的部分，每 1000 澳元按每两周扣除 3 澳元的补助金计算。经对比以上两方面的审查情况，按照就高不就低的原则给予补助。同时，如果某人有两种以上身份，同时符合两项或多项社会保障补助金的申请条件（如老年残疾人），也按照就高不就低的原则享受最高补助标准保障项目的补助。此外，考虑单亲和双亲家庭的不同消费特点，单亲家庭的人均补助标准略高于双亲家庭。对于青年人或有劳动能力的保障对象，还有附加审查项目，如还要审查同住的父母的财产、收入情况，在规定的享受保障时间内逐步递减补助，在一定时限后不再给予补助等。

（三）取得的效果及存在的问题

总的来看，澳大利亚有关方面普遍认为，引入家庭财产和收入的审查办法，较好地保证了有限的社会保障资金用于满足亟须帮助的困难群体的需要，较好地促进有劳动能力的人通过就业自食其力。同时，这一机制也节约了社会保障成本，提高了资金的使用效益。目前澳大利亚是发达国家中社会保障成本最低的国家之一。但是，澳大利亚部分学者也指出，目前这套审查办法也存在一些问题。一是制度设计和操作程序比较复杂。申请人每次需要填写几十页的表格，有的甚至需要咨询专家。二是制度运行成本较高，对信息网络、税务征管系统、公民的纳税意识和政府的社会管理水平等也有较高要求。三是部分规定不够合理。如规定自有住房免审，使得有千万澳元价值房产的人，也可能享受社会保障补助，因此有人建议设立房产免审价值的上限。

5.5.3　澳大利亚财政的资金监管

严格的责任机制和完善的监管体系是实现国库资金管理规范、有序运行的基本保障。澳大利亚在财政资金监管方面采取了多种措施。

（一）完备的法律法规

澳大利亚联邦、州、地方的议会和政府在财政管理和资金监管方面都制定了一系列法律法规。如《财政管理与责任法案》和《财政收入审计法案》，对支付行为、产出标准等进行了规范，对财务信息的报告制度、资金拨付后的检查与处罚措施等都作了明确的规定。

（二）绩效管理和绩效评价

从1999年开始全面、正式实施权责发生制会计并注重投入与产出，旨在强调绩效管理。政府首先确定行政目标，部门根据目标确定工作重点并提出预算要求。预算通过后，开始执行预算，并向议会提供部门预算执行报告进行绩效评估。

（三）严密的资金监管体系

①建立国库单一账户体系。所有财政资金都通过国库单一账户体系核算，保证财政信息公开透明。②完善预算支出控制机制。部门的预算需经过内阁（预算审核委员会）批准，部门的支出限额由财政部确定，具体的采购、支出由具体部门负责人负责。将国库支付管理的前端延伸到政府采购环节，对合同、承诺、供应商等进行管理，有效保证了支付的真实性、有效性。③实行领导承诺保证制和层层负责制。财政部与政府各部门领导

签订了承诺书。每季度部长和部门领导都要汇报产出情况，并保证达到相应的目标。④实行内部审计制度。部门下设授权联合采购单和合同资源管理单位，负责检查采购政策是否得到遵守；财政部下设预算局，负责检查预算编制的真实性，并监管财政资金的使用情况等。⑤建立功能完善的国库管理信息系统。运用先进的信息技术，借助网络将预算编制和预算执行有效衔接，层层控制资金计划、承诺、支付以及政府采购、现金管理等环节与流程，记录、反馈各种信息，确保资金安全有效使用。

5.5.4　澳大利亚的税制与管理

（一）税制模式

澳大利亚实行分税制，其税收收入分为联邦税收和州税收，其中联邦税收有个人所得税、公司所得税、销售税、福利保险税、关税、消费税等税种，以及联邦国有企业上缴的利润等。州税收有工资税、印花税、金融机构税、土地税、债务税等税种。澳大利亚的主体税种是直接税。在联邦税收收入中，直接税（即个人所得税、公司所得税、福利保险税等）约占74%，消费税占11%，特殊行业（烟、酒、汽油）税占12%，海关关税占3%；在州税收收入中，工资税（即雇主付给雇员工资的同时应向州缴纳的一种税，属直接税）占25%，金融机构税占17%，印花税占9%，土地税占12%，博彩税占8%，其他税收占29%。个人所得税约占整个联邦税收收入的60%。澳大利亚是个高税负、高福利的国家。与此同时，纳税人还必须按照个人所得税应纳税所得额的1.5%缴纳福利保险税。

（二）税务管理

在税收征管上一个显著特点就是建立税务档案号码（简称“税号”），与公民的名字和地址一起使用。如果公民没有税号，必须自觉向税务局申请，同时出示有关身份证明。对于有工薪或领到养老金的公民，雇主或退休金机构会要求其在就业声明表格内注明税号，这份表格能够确保税金按正确比例扣除。如果公民不在就业声明表格中提供税号，则将以47%的最高税率从该公民的收入中扣除税金，外加1.5%的福利保险税，当公民领取某些福利金时，如失业金或伤残人员补助金，同样需要向社会福利部门提供税号，否则该公民将无法申请到这些福利金。对纳税人的税号实行保密制度，违反者将受到严厉惩罚。税号不仅对纳税人重要，而且对其他人同样重要，关系他们的切身利益。所有公民，包括纳税人都纳入了税收管理中，在避免“漏征漏管”和逃税方面发挥了重大作用。

（三）税务审计

澳大利亚税务审计类似于我国税务稽查，分为基础审计和完全审计。

（1）基础审计主要有桌面审计、数据对照审计和税务代理审计三种。①桌面审计即面对面地谈，主要针对个人。如果怀疑纳税人的报表有问题，会通知该纳税人交谈，这种审计的目的主要是教育，让纳税人进一步了解税收法规，并责成其补税，而不罚款。②数据对照审计即对纳税人的收入数据和费用数据进行审核。纳税收入数据，如银行付给的利息、公司付给的工资和红利等，都通过银行处理，公司和其他部门的电子信息被传送到税务局，税务审计的时候会逐笔审计。如果发现有漏报行为，税务局将予以追究。③税务代理审计即审查税务代理人是否帮助纳税人逃税、税务代理是否真实等。

（2）完全审计是针对公司的一种审计方法。首先是有选择地审计，审计面一般每年为1%～2%，由计算机随机选择审计对象，选择的标准主要有大量退税现象、非常规项目、纳税变化率等。另外，运用工业标准选择审计对象。澳大利亚对各行业确定了一个基本的利润率，即工业标准，并且每年根据经济的发展变化情况调整一次，如果纳税人申报额与标准相差太远，则会对该纳税人进行审计。

（3）税务审计的程序是：先由税务当局通知纳税人，纳税人再通知税务代理人。审计的主要内容：一是存货，二是收入报告表。审计的方法是对3年来任何一年的3个月数据进行抽查。审计结束以后，审计人员会提供税收调整报告给纳税人，如无异议，则补税。对审计结果纳税人有权进行申辩，将其理由反映到仲裁委员会进行裁决，对裁决不服的，可向法院申诉。

（4）对于罚款规定，澳大利亚税法根据情节轻重分为以下几类。①故意少报收入，多报开支，处漏缴税款75%的罚款，若有阻碍审计行为则处90%的罚款；在审计过程中主动申报补税的，罚少缴税款的60%，如果是在审计以前补报则以15%的比例处以罚款。②无意少报收入，多报支出，罚款 25%，如阻碍审计则罚款 30%。在审计中补报，罚款 20%；审计前补报，罚款 10%。对少报收入，除处以上述罚款外，还要加以罚息，若逃税情节特别严重，税务当局有权诉诸法院，给予刑事处罚。

5.6　国外社会诚信体系建设的经验借鉴及启示

通过研究美、英、德等发达国家的诚信制度，我们得到如下启发。一是财政诚信是政府诚信的重要组成部分和基础。因此，重视和加快财政诚信制度及相关法规建设是首要任务。二是抓紧制定和作出具有可操作性的财政诚信制度安排，是解决当前财政面临的诸多困惑和问题的紧迫任务。如借鉴澳大利亚有关“强制、无保留获取管理与控制对象的真实信息，信息传递系统设计以扁平状为主导特征，公众与政府部门享有获取诚信信息的平等权利，对家庭财产和收入进行真实性比对审查，加强监管”等经验。三是牢固树立诚信意识，广泛开展诚信教育和宣传，切实将加强财政诚信文化建设列入当务之急。

第6章　我国社会诚信体系建设的实践

6.1　国务院推动社会诚信体系建设[1]

6.1.1　国务院办公厅印发《关于社会信用体系建设的若干意见》

2007年3月，国务院办公厅专门印发了《关于社会信用体系建设的若干意见》（本节以下简称《意见》）。《意见》阐述了加快推进社会诚信体系建设的重要性和紧迫性。《意见》强调，建设社会诚信体系，是完善我国社会主义市场经济体制的客观需要，是整顿和规范市场经济秩序的治本之策。对于打击失信行为，防范和化解金融风险，维护正常的社会经济秩序，保护群众权益，推进政府更好地履行经济调节、市场监管、社会管理和公共服务的职能，具有重要的现实意义。《意见》规定了社会诚信体系建设的指导思想、目标和基本原则，要求以法制为基础，以诚信制度为核心，以健全信贷、纳税、合同履约、产品质量的诚信记录为重点，坚持"统筹规划、分类指导，政府推动、培育市场，完善法规、严格监管，有序开放、维护安全"的原则，建立全国范围信贷征信机构与社会征信机构并存、服务各具特色的征信机构体系，最终形成体系完整、分工明确、运行高效、监管有力的社会诚信体系基本框架和运行机制。借鉴国际经验，进一步完善信贷、纳税、合同履约、产品质量的诚信记录，推进行业诚信建设。抓紧研究建立市场主体诚信记录，实行诚信分类管理，健全负面信

---

① 《关于社会信用体系建设的若干意见》（国办发〔2007〕17号）。

息披露制度和守信激励制度，提高公共服务和市场监管水平。建立诚信信息共享制度，逐步建设和完善以组织机构代码和身份证号码等为基础的实名制信息共享平台体系，形成失信行为联合惩戒机制，真正使失信者“一处失信，寸步难行”。

6.1.2　国务院总理温家宝签署国务院令，公布《征信业管理条例》

2013 年 1 月 21 日，国务院总理温家宝签署国务院令，公布《征信业管理条例》（本节以下简称《条例》），自 2013 年 3 月 15 日起施行。国务院法制办、人民银行负责人就《条例》的有关问题回答了记者的提问。①

国务院法制办、人民银行负责人指出，党中央、国务院高度重视征信业发展，对征信法制建设提出了明确要求。为规范征信活动，保护当事人合法权益，引导、促进征信业健康发展，推进社会诚信体系建设，有必要出台《征信业管理条例》。《条例》的出台，解决了征信业发展中无法可依的问题，有利于加强对征信市场的管理，规范征信机构、信息提供者和信息使用者的行为，保护信息主体权益；有利于发挥市场机制的作用，推进社会诚信体系建设。《条例》适用于在我国境内从事个人或企业诚信信息的采集、整理、保存、加工并向信息使用者提供的征信业务及相关活动。规范的对象主要是征信机构的业务活动及对征信机构的监督管理。

国家机关以及法律、法规授权的具有管理公共事务职能的组织依照法律、行政法规和国务院的规定，为履行职责而进行的企业和个人信息的采集、整理、保存、加工和公布，如税务机关依照《税收征收管理法》公布纳税人的欠税信息，有关政府部门依法公布对违法行为人给予行政处罚的信息，人民法院依照《民事诉讼法》公布被执行人不执行生效法律文书的信息等，不适用《条例》。

为在征信业务活动中切实保护个人信息安全，《条例》主要作了以下规定。严格规范个人征信业务规则，包括：除依法公开的个人信息外，采集个人信息应当经信息主体本人同意，未经同意不得采集；向征信机构提

① 《国务院法制办、人民银行负责人就〈征信业管理条例〉答记者问》，河南省法制办，2013 年 1 月 30 日。

供个人不良信息的，应当事先告知信息主体本人；征信机构对个人不良信息的保存期限不得超过5年，超过的应予删除；除法律另有规定外，他人向征信机构查询个人信息的，应当取得信息主体本人的书面同意并约定用途，征信机构不得违反规定提供个人信息。

《条例》明确规定了禁止和限制征信机构采集的个人信息，包括：禁止采集个人的宗教信仰、基因、指纹、血型、疾病和病史信息以及法律、行政法规规定禁止采集的其他个人信息；征信机构不得采集个人的收入、存款、有价证券、不动产的信息和纳税数额信息，但征信机构明确告知信息主体提供该信息可能产生的不利后果并取得其书面同意采集的除外。明确规定个人对本人信息享有查询、提出异议和投诉等权利，包括：个人可以每年免费两次向征信机构查询自己的诚信报告；个人认为信息错误、遗漏的，可以向征信机构或信息提供者提出异议，异议受理部门应当在规定时限内处理；个人认为合法权益受到侵害的，可以向征信业监督管理部门投诉，征信业监督管理部门应当及时核查处理并限期答复。个人对违反《条例》规定，侵犯自己合法权利的行为，还可以依法直接向人民法院提起诉讼。严格法律责任，征信机构或信息提供者、信息使用者违反《条例》规定，侵犯个人权益的，由监管部门依照《条例》的规定给予行政处罚；造成损失的，依法承担民事责任；构成犯罪的，依法追究刑事责任。

国际上一般都对个人的不良信息设定了保存时限，但期限并不相同。如英国规定保留6年；韩国规定保留5年；美国规定，个人破产信息保留10年，其他负面信息保留7年，15万美元以上的负面信息不受保存期限限制。我国香港地区的规定是，个人破产信息保留8年，败诉信息保留7年。根据我国的实际情况并借鉴国际惯例，《条例》将不良信息的保存时限设定为5年，超过5年的应当删除。

《条例》鼓励企业诚信信息公开透明，为企业征信业务的发展提供较为宽松的制度环境。征信机构可以通过信息主体、企业交易对方、行业协会提供的信息，政府有关部门依法已公开的信息，人民法院依法公布的判决、裁定等多个渠道采集企业诚信信息，采集和对外提供时都不需要取得企业的同意；企业的董事、监事、高级管理人员与其履行职务相关的信息，视为企业信息，采集和使用时也不需要取得信息主体的同意。征信机构不得采集法律、行政法规禁止采集的企业信息，不得侵犯企业的商业秘密。

由中国人民银行组建、中国征信中心运行维护的我国金融诚信信息基础数据库运行 8 年来，已收录 1940 多万家企业共 8.5 亿多人的有关信息。为明确金融诚信信息基础数据库的运行和监管依据，发挥好金融诚信信息基础数据库的重要作用，保障信息主体合法权益，《条例》作了专门规定。《条例》规定，金融诚信信息基础数据库由国家设立，为防范金融风险，促进金融业发展提供相关信息服务。金融诚信信息基础数据库由不以营利为目的的专业机构建设、运行和维护；该专业机构由国务院征信业监督管理部门监督管理。

6.2　国家有关部门推动社会诚信体系建设

6.2.1　中国出台首部国家级社会诚信体系建设专项规划

2014 年 1 月 15 日，国务院总理李克强主持召开国务院常务会议，部署加快建设社会诚信体系、营造诚实守信的经济社会环境。① 会议通过了《社会信用体系建设规划纲要（2014—2020 年）》（本节以下简称《规划纲要》）。

《规划纲要》提出了 2014 ~ 2020 年我国社会信用体系建设的指导思想、基本原则和主要目标，明确了政务诚信、商务诚信、社会诚信、司法公信四大领域 34 项重要任务，强调了加强诚信教育与诚信文化建设、加快推进诚信信息系统建设和应用、完善以奖惩制度为重点的社会诚信体系运行机制三大基础性措施，并就贯彻实施提出了五个方面的支撑保障。《规划纲要》是当前和今后一个时期我国社会信用体系建设的行动指南。

《规划纲要》强调，政务诚信是社会信用体系建设的关键，各类政务行为主体的诚信行为，对其他社会主体诚信建设起着重要的表率和导向作用。要发挥政府诚信建设示范作用。各级人民政府首先要加强自身诚信建

---

① 李克强：《以政务信息公开促进政务诚信建设》，中国政府网，2014 年 1 月 16 日。

设，以政府的诚信施政带动全社会诚信意识的树立和诚信水平的提高。在行政许可、政府采购、招标投标、劳动就业、社会保障、科研管理、干部选拔任用和管理监督、申请政府资金支持等领域，率先使用诚信信息和诚信产品，培育诚信服务市场发展。

《规划纲要》要求加快政府守信践诺机制建设。严格履行政府向社会作出的承诺，把政务履约和守诺服务纳入政府绩效评价体系，把发展规划和政府工作报告关于经济社会发展目标落实情况以及为百姓办实事的践诺情况作为评价政府诚信水平的重要内容，推动各地区、各部门逐步建立健全政务和行政承诺考核制度。

6.2.2 国家发改委、人民银行、中央编办印发《关于在行政管理事项中使用信用记录和信用报告的若干意见》[①]（本节以下简称《意见》）

《意见》要求，建立完善社会诚信主体诚信记录。各地区要对本地区各部门、各单位的诚信信息进行整合，形成统一的诚信信息共享平台。各相关部门要结合国家政务信息化工程建设，完善行业诚信信息记录，加快推进行业内诚信信息互联互通。各地方、各部门要大力推进政府信息公开，支持征信机构根据市场诚信需求，依法采集个人、企业、事业单位及其他社会组织的诚信信息，建立诚信信息数据库，提供专业化的征信服务。加快建立完善重点领域社会成员诚信记录，疏通诚信信息来源渠道。

《意见》要求，发挥在行政管理事项中使用信用记录和信用报告的作用。各级政府、各相关部门应将相关市场主体所提供的信用记录或信用报告作为其实施行政管理的重要参考。对守信者应探索实行优先办理、简化程序、“绿色通道”和重点支持等激励政策；对失信者应结合失信类别和程度，严格落实失信惩戒制度。对食品药品安全、环境保护、产品质量、医疗卫生、工程建设、教育科研、电子商务、股权投资、融资担保等关系到人民群众切身利益、经济健康发展和社会和谐稳定的重点领域，各级政府、各相关部门应率先推进在行政管理事项中使用相关市场主体的信用记

① 发改财金〔2013〕920号。

录和信用报告。

《意见》要求，探索完善在行政管理事项中使用信用记录和信用报告的制度规范。各级政府、各相关部门应结合地方和部门实际，在政府采购、招标投标、行政审批、市场准入、资质审核等行政管理事项中依法要求相关市场主体提供由第三方诚信服务机构出具的信用记录或信用报告。各级政府、各相关部门应根据履职需要，研究明确信用记录或信用报告的主要内容和运用规范。

《意见》要求，充分发挥征信市场在提供信用记录方面的重要作用。征信机构应根据市场需求，对外提供专业化的征信服务，有序推进诚信服务产品创新，依法推进与政府部门之间的诚信信息交换与共享，提供符合社会各种需求的信用记录和信用报告。征信业管理部门应切实加强对征信机构的监管，加大对征信机构的培育力度，促进征信机构规范发展，加快建立健全征信机构及其从业人员信用记录，突出强调征信机构的自身信用建设，确保征信机构出具的相关市场主体信用记录和信用报告真实、可信。

《意见》要求，不断健全全社会守信激励和失信惩戒的联动机制。各级政府、各相关部门要树立大局意识，把在行政管理事项中使用信用记录和信用报告工作纳入重要工作日程。要加强协同配合，推动形成信用记录和信用报告跨部门、跨区域应用的联动机制。要通过信用记录和信用报告在行政管理事项中的联合应用，逐步建立健全全社会守信激励和失信惩戒联动机制。

6.2.3　国家发改委央行明确社会信用体系建设时间表①

根据国务院发布的《社会信用体系建设规划纲要（2014—2020 年）》，国家发改委会同央行，于 2015 年 9 月 2 日在北京召开全国社会诚信体系建设工作会议。会议初步明确了社会信用体系建设的时间表，各地规划或实施意见被要求在年底之前制定落地。发改委副主任连维良在工作会议上要

① 赵晶、张莫：《发改委央行明确社会信用体系建设时间表：年底出规划》，《经济参考报》2014 年 9 月 3 日。

求，各地区各部门需要在诚信记录建设、诚信信息共享平台建设、失信行为联合惩戒制度、诚信服务机构发展、法规制度标准建设等五方面实现突破。在具体任务的实施上，各省（区、市）至少明确一个市和县开展综合性试点，2~3个省级行业主管部门开展行业性试点并且拟订具体试点名单和试点方案；各省（区、市）要出台一个在行政管理事项中使用诚信记录和诚信报告的意见，至少有一个领域使用第三方的诚信报告；每个省（区、市）至少要在10个重点领域建立诚信记录，纳入诚信信息系统；各省（区、市）和具有行业监管职责的部门都要出台一个失信行为联合惩戒办法，并争取早日上升为地方性法规或部门规章。

6.2.4 财政部推进社会诚信体系建设稳步[①]

根据《社会信用体系建设规划纲要（2014—2020年）》和国务院批准的《2015年社会信用体系建设工作要点》（发改财金〔2015〕1104号）有关规定，按照社会诚信体系建设部际联席会议的统一工作部署，财政部在社会诚信体系建设方面做了一系列工作。一是签署了《社会诚信信息系统共建共享合作备忘录》，积极参与社会诚信信息共享交换平台建设。二是已在政府采购领域建立了失信主体“黑名单”制度，供应商存在提供虚假材料谋取中标、成交等不良行为的，在1~3年内禁止参加政府采购活动，并将处理结果在中国政府采购网公告。同时，财政部将“黑名单”提供给电子政务外网和诚信中国网站，提供各政府部门共享利用，并接受社会公众查询。三是会同国家税务总局研究落实对税收领域违法失信行为当事人的联合惩戒措施，依法严禁或限制其参与政府采购活动。四是加强对具体行业的诚信建设。财政部财政会计行业管理系统实时反映全国8000多家会计师事务所及近10万名执业注册会计师的基本信息和业务数据，目前已经成为财政部门会计管理机构开展日常行政监管和公众查询会计师事务所、注册会计师基本诚信信息的重要平台。此外，财政部资产评估协会网站也开设了全国资产评估机构和资产评估师的诚信档案记录，供社会公众查询。

① 财政部：《稳步推进社会信用体系建设工作》，财政部网站，2015年6月17日。

6.2.5　中国人民银行加快信用信息数据库建设步伐[①]

中国人民银行征信系统包括企业信用信息基础数据库和个人信用信息基础数据库。企业信用信息基础数据库始于 1997 年，在 2006 年 7 月份实现全国联网查询。个人信用信息基础数据库建设最早始于 1999 年，2005 年 8 月底完成与全国所有商业银行和部分有条件的农信社的联网运行，2006 年 1 月，个人信用信息基础数据库正式运行。央行征信系统的主要使用者是金融机构。

中国人民银行建立的全国统一的信用信息基础数据库有两个，一个是企业的，始建于 1997 年，在 2006 年 7 月份实现全国联网查询；另一个是个人的，最早始建于 1999 年，2005 年 8 月底完成全国联网运行。里面有个人和企业的基本信息，也有诚信信息。如果个人或者企业在某些方面有过期不还款或者违规违法记录等，对其在金融方面的活动就会有影响。

我国公民的个人信用信息数据库建立时间不长，但已经在个人贷款、诚信卡申请、个人担保、企业招投标等方面起到了“第一道关”的作用。除现有的个人信用信息以外，人民银行下一步会将社会保险、公积金、电信资费、水电等公用事业收费等项目都列入个人信用报告，以后这份报告会跟随个人一生。

全国统一的企业和个人信用信息基础数据库在方便企业或者个人信贷、防范银行信贷风险、发放诚信贷款、改善社会诚信环境、提倡诚信文化以及整个社会信用体系建设方面发挥了积极作用。

6.2.6　法院失信被执行人名单公布，可查首批 3 万人[②]

据最高人民法院执行局负责人介绍，《关于公布失信被执行人名单信息的若干规定》自 2013 年 10 月起实施后，各级人民法院依职权作出将失信被执行人纳入失信被执行人名单的决定。短短几周，已有 3 万名失信被

① 中国人民银行：《中国近 6 亿人建信用档案　个人信用报告将伴随一生》，《人民日报》（海外版）2007 年 8 月 29 日。

② 孙思娅：《首批三万名“老赖”信息网上可查》，《京华时报》2013 年 10 月 25 日。

执行人被录入最高人民法院失信被执行人名单库，并通过全国法院失信被执行人名单信息公布与查询平台统一对外公布。

据北京一基层法院执行庭人员介绍，对于符合失信人名单者，由基层法院案件承办人录入。据最高人民法院执行局负责人介绍，开通全国法院失信被执行人名单信息公布与查询平台还只是失信被执行人名单制度发挥信用惩戒作用的一个开始。今后，各级人民法院也将根据自身实际情况，逐步将失信被执行人名单通过报纸、广播、电视、网络、法院公告栏等其他方式予以公布，或者采取新闻发布会等方式将本院及辖区法院实施失信被执行人名单制度的情况定期向社会公布。

6.3 部分省市社会诚信体系建设的实践

6.3.1 江苏出台诚信管理措施，率先建立失信惩戒机制[①]

2013年7月14日，记者从江苏省经信委获悉，《江苏省社会法人失信惩戒办法（试行）》、《江苏省自然人失信惩戒办法（试行）》和《江苏省行政管理中实行信用报告信用承诺和信用审查的办法》三部诚信管理法规正式出台，这标志着江苏诚信制度建设工作又迈出了重要一步，也是该省在全国社会诚信体系建设上先行先试的重要突破。

江苏是经济发达地区，也是社会信用体系建设先行地区。在这三个办法起草过程中，国家发改委和省委、省政府领导亲自组织审定，征询了最高人民法院、教育部、工信部、公安部、监察部、司法部等23个国家部门的意见，确保了江苏率先出台的有关失信惩戒制度符合国家信用体系建设的整体规划和顶层制度设计要求。

这三个办法连同江苏省级层面前几年已出台的《江苏省公共信用信息归集和使用暂行办法》、《江苏省个人信用征信管理暂行办法》、《江苏省企业信用征信管理暂行办法》、《省级部门社会信用体系建设工作考核办法》和《省辖市社会信用体系建设工作考核办法》一起，初步形成了江苏省信

① 潘晔：《江苏出台信用管理措施　率先建立失信惩戒机制》，新华网，2013年7月14日。

用管理和工作推进机制框架。

由于社会法人和自然人的失信行为涉及社会生活方方面面，其失信对他人和社会的影响有大有小，造成的后果有轻有重，因此，两个失信惩戒办法选择了一些与社会生活密切相关、容易损害他人或社会利益、影响行政管理效率和良好秩序的失信行为作为惩戒重点。对社会法人的失信惩戒侧重于信贷、纳税、合同履行、产品和服务质量、环保、社保、公共安全等方面；对自然人的失信惩戒，主要集中于信贷、纳税、缴费、合同履行、家庭责任履行、公共秩序遵守及偷盗、诽谤、欺诈、制假售假等方面，同时对重点职业人群作了较为严格的诚信管理规定。

此外，政府部门将在行政管理中率先垂范，实行三个方面的信用管理办法，即信用报告、信用承诺和信用审查办法。据介绍，办法的出台，将有效推动各级政府部门在招标投标、政府采购、财政资金安排、行政许可、工程建设、评先评优、日常监管和周期性检验、国有资产转让和公共资源交易、公务员录用等方面应用诚信信息和产品。据悉，江苏省还将研究出台失信惩戒配套制度，结合地方和行业实际，制定具体贯彻办法和实施意见。

6.3.2 江西省制定《江西省社会信用体系建设“十二五”规划》，五大工程打造“诚信江西”①

经江西省人民政府同意，省发改委和中国人民银行南昌中心支行印发《江西省社会信用体系建设“十二五”规划》（本节以下简称《规划》）。《规划》提出，“十二五”期间，重点推进行业信用建设工程、信用信息数据交换系统建设工程、信用信息共享与服务系统建设工程、政府行政权力公开透明运行系统工程、社会信用中介机构发展工程等社会信用体系建设五项重大工程，为建设富裕、和谐、秀美的江西提供良好的社会诚信环境。

《规划》提出，着力加快全省社会信用体系建设步伐，推进全省社会信用信息资源整合、交换共享，完善全省社会信用信息数据库建设，依法

① 夏晓：《江西社会信用体系建设规划》，中国政府网，2013 年 2 月 19 日。

高效开展社会信用信息服务，大力促进政务诚信、商务诚信和社会诚信，不断提高政府公信力、企业信用度和个人诚信意识，建立健全多种形式并存的征信机构体系和信用监督与失信惩戒制度，营造诚实守信、规范运作的市场环境。

《规划》提出，“十二五”时期，江西省要着力推进以“一套法规、两个平台、三大主体”（制定一套地方性信用法规规章，构建信用信息交换和服务两大平台，打造政府、企业、个人三大信用体系）为主要内容的全省社会信用体系建设工作，初步建立与江西省经济社会发展相适应、体现江西特色的“体系完整、法律规范、监管有力、服务到位、分工明确、运行安全”的社会信用体系基本框架和运行机制。

6.3.3 江西省政府印发《江西省社会信用体系建设规划（2014—2020年）》[①]

2014年2月2日，江西省政府正式发布《江西省社会信用体系建设规划（2014—2020年）》（本节以下简称《规划》），围绕政务诚信建设、商务诚信建设、社会诚信建设、司法公信建设等多个方面提出明确要求，江西将建立健全公务员诚信考核制度，将公务员诚信记录作为干部考核、任用和奖惩的重要参考。

社会信用体系建设目标是：以三年初见成效、七年基本完善为总体目标，2014～2016年为基础建设阶段，2017～2020年为发展完善阶段，逐步提高全省信用体系建设水平。到2016年，全省信用管理法规制度建设取得较大进展，部门信用系统建设稳步推进，省公共信用信息平台初步形成，政府、企业、个人信用档案建设广泛铺开，交换共享机制进一步确立，部门联动奖惩机制基本建立。到2020年，全省政务诚信、商务诚信、社会诚信和司法公信建设取得明显进展。

《规划》指出，政务诚信是社会信用体系建设的关键，各类政务行为主体的诚信水平，对其他社会主体诚信建设发挥着重要的表率和导向作用。《规划》强调，发挥政府诚信建设示范作用。加强各级政府自身诚信

---

① 赣府发〔2014〕47号。

建设，以政府的诚信施政带动全社会树立诚信意识和提高诚信水平。发挥政府在编制发展规划、健全法规和标准、建立守信激励和失信惩戒机制等方面的组织引导和推动作用，使各级政府成为诚实守信的表率，在社会诚信体系中发挥示范作用。各级政府部门在行政许可、政府采购、招标投标、劳动就业、社会保障、科研管理、干部选拔任用和管理监督、申请政府资金支持等领域，率先使用诚信信息和诚信产品，辅助决策和管理，培育诚信服务市场。

《规划》强调，加快政府守信践诺机制建设。推进政府依法诚信施政，健全政府决策诚信实施机制。各级政府和部门要严格履行向社会作出的承诺，把发展规划和政府工作报告关于经济社会发展目标落实情况以及为百姓办实事的践诺情况作为评价政府诚信水平的重要内容，推动各地区、各部门逐步建立健全政务和行政承诺考核制度，实现有诺必践，取信于民。各级政府要兑现依法作出的政策承诺和认真履行签订的各类契约。在招商引资过程中，不承诺超出法定权限的优惠政策，对依法作出的承诺，要做到“言必信，行必果”，杜绝政府出现不兑现承诺、“新官不理旧账”等行为。积极营造公平竞争、统一高效的市场环境，不得施行地方保护主义措施，不得滥用行政权力封锁市场，不得包庇纵容行政区域内社会主体的违法违规和失信行为。支持统计部门依法统计、真实统计。政府举债要依法依规、规模适度、风险可控、程序透明。强化政府收支预算约束，提高透明度。妥善处理好新旧政策的衔接，避免随意撤销行政行为、调整规划、变更产业政策，保持政策的稳定性和连贯性，增强政策的可预见性。完善法律监督、群众监督、舆论监督制度，健全政务诚信约束和问责机制。各级政府要自觉接受本级人大的法律监督和政协的民主监督。加大监察、审计等部门对行政行为的监督和审计力度。

《规划》强调，加强公务员诚信管理和教育。完善公务员行政过错责任追究制度和评议考核制度。建立公务员诚信档案，依法依规将公务员个人报告事项、廉政记录、年度考核结果、相关违法违纪违约行为等诚信信息纳入公务员诚信档案。到2016年公务员诚信档案覆盖率达到70%，2020年达到100%。建立健全公务员诚信考核制度，将公务员诚信记录作为干部考核、任用和奖惩的重要参考。开展公务员诚信教育，将诚信教育纳入公务员培训，强化公务员职业道德、法律知识和诚信知识教育，增强诚信意识和诚信观念，规范职业操守，建立一支守法守信、高效廉洁的公务员队伍。到2016年全省公务员诚信培训覆盖率达50%。

6.3.4 陕西省出台全国首部公共信用信息地方性法规

2011年12月7日《陕西日报》报道，11月24日，陕西省十一届人大常委会第二十六次会议表决通过了《陕西省公共信用信息条例》（本节以下简称《条例》），并于2012年1月1日起正式施行，该条例成为全国首部公共信用信息地方性法规。

这是陕西省在进行社会信用体系建设过程中一部具有里程碑意义的法规。在这部法规的规范下，从社会治理模式到个人行为选择都将因为这一信用体系的建立而发生变化。它将为“信用陕西”的建设提供强有力的支撑。

目前，全国20多个省份出台了信用管理方面的管理制度，其中只有《广东省企业信用信息公开条例》属于地方法规，其他都属于政府规章层面，陕西省此次出台的《条例》相较《广东省企业信用信息公开条例》来说其覆盖面更广，较其他省份来说其层次更高。从这个意义上来讲，陕西省信用立法工作已走在了全国的前列。这是一个地方对诚信的坚持，是一方政府对失信的宣战，这也是对政府管理的创新。

《条例》共7章41条，主要就行业信用信息建设，公共信用信息征集、披露和使用，异议信息处理等方面作出规范。

《条例》将公共信用信息界定为：行政机关、司法机关以及行使管理公共事务职能的组织在履行职责过程中形成的反映企业和个人信用状况的数据资料。这些信息既有企业基本信息，比如工商登记信息、资产负债信息、商标注册信息，也有提示信息，比如法院判决执行信息、欠缴税收信息、劳动及社会保障信息、行政处罚信息、行业禁止信息和荣誉信息。

从全国形势来看，目前，全国已有近20个省、市出台了企业和个人信用信息管理方面的法规规章。各省市通过立法，不仅解决了信用信息采集难的问题，顺利建成了政府的信用信息平台，促进了信用信息共享，而且推动了信用信息的广泛应用。

浙江省通过立法与各商业银行建立了信用信息共享机制，与福建、辽宁、深圳等省市建立了信息互查合作机制，每天都有几千人次通过信用平台查询企业信用信息。湖南、重庆、浙江、辽宁等省市的税务部门通过与信用平台进行数据比对，发现了很多漏管户，为国家挽回了一定的经济损失。浙江、江苏、辽宁等省在工程建设招投标领域实行信用报告制度，不仅为规范招投标活动和治理商业贿赂等工作提供了有力支撑，而且在一定程度上缓解了法院执行难和拖欠农民工工资等问题。

陕西省也有良好的立法基础。目前，陕西省省级公共信用信息交换平台已经基本建成，市级公共信用信息平台、信用机构建设已经启动，以开发区、产业园区为重点的企业信用建设已开始推进，工程领域信用工作正在酝酿起步，全省信用体系建设初见良好发展局面，并得到国家有关方面的肯定和支持，国家标准化管理委员会将陕西省列为全国首批信用标准化试点省份，“陕西省企业信用信息系统”被国家列为六个全国信用信息试点示范工程之一。“信用陕西”将成为陕西人最具价值和潜力的名片。

6.3.5　北京持续推进诚信制度化建设　打造“诚信北京”[①]

为认真贯彻落实《国务院关于印发社会信用体系建设规划纲要（2014—2020 年）的通知》精神，加快推进北京市社会诚信体系建设，2015 年初，北京市政府印发了《关于加快社会信用体系建设的实施意见》（本节以下简称《实施意见》）。

《实施意见》提出，北京市社会诚信体系建设按照“政府推动、社会共建，健全法制、规范发展，统筹规划、分步实施，重点突破、强化应用”的原则，分两阶段实施建设。到 2017 年，基本建立起与首都经济社会发展水平相适应的社会诚信体系基础框架与运行机制；到 2020 年，建成国内领先的社会诚信体系，成为全国社会诚信体系规范运行的示范区。

《实施意见》要求，要围绕政务诚信建设、商务诚信建设、社会诚信建设、司法公信建设、诚信信息基础设施建设、诚信服务市场建设、守信激励和失信联合惩戒机制建设、诚信文化建设、创新示范工程建设九项重

① 首都文明网，2015 年 10 月 21 日。

点任务，加快推进北京市社会诚信体系建设，为促进首都社会和谐稳定和经济平稳健康发展奠定基础。建立健全诚信奖惩机制，实施“红黑榜”发布制度。将恪守诚信者列入“红名单”，将失信违法者列入“黑名单”，确立定期发布制度，强化奖励诚信、约束失信的社会监督。

6.3.6 上海市早在2004年就率先全国建立财政预算信用制度①

为充分发挥信用等级评定对规范预算编制执行、提高单位预算管理水平、增强财政资金使用效能的积极作用，在总结前几年预算信用等级分类管理工作的基础上，结合预算管理改革的实际情况，专门修订《上海市财政预算信用等级管理暂行办法》。

办法规定，立法、司法、行政机关，事业单位、社会团体，本市具有法人资格、独立核算财政部门确定的部分财政专项资金扶持单位和政策性（计划性）亏损补贴单位，市、区（县）、乡（镇）有财政经费领拨关系的单位，均可按照本办法申请预算信用等级评定。

预算信用等级按照公开、公平、公正原则进行评定。公开评定程序、评定办法，公平对待评定对象，公正运用评定依据、评定标准。预算信用等级实行分类管理。对预算信用良好的单位，给予相应的鼓励；对预算信用较差的单位，进行专项辅导，采取必要的监管措施，促进其提高预算管理水平，维护财政预算的严肃性。

预算信用等级评定以财务会计信用等级评定为基础，单位的预算信用等级不高于财务会计信用等级。评定机构依据申请单位财务会计信用等级及预算编制、执行的合规性、准确性、完整性等情况，对其预算信用进行评定，分为A、B、C、D四类信用等级。

预算信用评定采取单位自评、主管部门考核与财政部门组织审查评定相结合的办法。预算信用等级实行升降级管理，评定机构可根据单位预算管理情况调整其预算诚信等级。①评定内容。评定机构依据申请单位上一财政年度的下列情况，分析、评估和确定单位的预算信用等级：管理者对预算管理工作的重视情况，机构设置、制度建立情况，预算编制、执行及

① 上海市财政局：《上海市财政预算信用等级管理暂行办法》，2004年8月4日。

决算情况，银行账户及财政性资金收入、支出管理情况，票据、预算资料管理情况，财务会计信用等级情况，其他有关情况。②评定标准。预算信用等级评定实行百分制。评定分在90分以上（含90分）的，可参加A类预算信用等级评定；评定分在76分至89分的，可参加B类预算信用等级评定；评定分在60分至75分的，可参加C类预算信用等级评定；评定分在59分以下（含59分）的，为D类预算信用单位。故意虚报预算，骗取财政资金的，单位人员严重违反财政纪律、财经法规，造成财政资金重大损失，或移交司法机关处理追究刑事责任的，将预算内资金转移到预算外或将财政性资金拆借给企事业单位或个人的，擅自减征、免征、缓征或者转移、截留、占用、挪用、坐支应上缴国库和财政专户的预算收入的，伪造、变造、隐匿或故意销毁按规定应当保存的预算管理资料的，私设小金库的，财务会计信用等级为D类。

6.3.7　山东省率先列出财政专项资金信用负面清单[①]

山东省财政厅印发《关于在财政专项资金管理领域实行信用负面清单制度的通知》（鲁财预〔2014〕15号）。据介绍，这是山东省在全国率先对财政专项资金实行信用负面清单制度，有关专家称这是财政资金管理制度的一项重大创新。

财政专项资金信用负面清单制度，就是对专项资金管理领域中弄虚作假、虚报冒领、骗取套取、截留挪用财政资金等失信、失范行为，在有关部门严格依法依规进行处理、处罚的基础上，由财政部门会同有关主管部门纳入信用负面清单，并根据情节轻重，对其以后年度申报所有的财政专项资金项目予以限制，以此引导专项资金申请人的行为趋于理性，保证财政资金使用效益得到有效发挥。

近年，随着全省财政收入规模的不断扩大，各级财政对转方式、调结构、惠民生等方面的专项资金投入快速增加，在推动全省经济社会稳定健康发展方面发挥了重要作用。但是，受社会诚信缺失等因素影响，在财政专项资金管理中，特别是竞争性领域专项，虚报冒领、截留挪用、损失浪

① 《山东省率先列出财政专项资金信用负面清单》，水母网，2014年7月14日。

费以及低效使用财政资金问题日益突出，亟待加以规范。省级公共财政、政府性基金、国有资本经营预算安排的用于支持全省经济社会发展、服务特定政策目标或工作任务、具有专门用途的资金，在其项目申报、资金使用各个环节，均实行信用负面清单制度。对中央下达山东省的专项转移支付资金，也一并纳入参照执行。

在省级专项资金项目申报及资金使用过程中，凡是经省级及以上审计和财政监督检查机构认定，存在弄虚作假、骗取冒领等失信、失范行为的，都将全部纳入诚信负面清单管理。七种失信失范行为被列入负面清单，具体包括：申报项目虚假或伪造、篡改项目立项以及土地、规划、环保、安全、节能等相关批复文件的；虚报项目投资额、贷款额、担保额等专项资金分配依据指标的；伪造项目单位财务状况及经济效益指标，粉饰会计报表并直接影响专项资金分配决策的；伪造、篡改相关合同文本、资金到账证明、单位资质文件以及虚报企业规模、技术工艺等指标，使之达到项目申报条件的；因主观原因导致项目建设期严重滞后、无法实施或擅自变更项目建设内容，影响资金使用效益的；截留、挤占、挪用财政专项资金的；因管理不善导致财政专项资金重大损失浪费的。另外，因不可抗力或其他不可预见因素导致项目实施时间、投资金额与项目申报材料不一致的，不认定为失信、失范行为。

一旦入围清单多年丧失资格。诚信负面清单制度明确了对失信、失范行为的诚信惩戒措施，规定：对纳入诚信负面清单管理的失信失范事项，在有关部门严格依法依规进行处理、处罚的基础上，将会同有关部门根据情节轻重，区分不同责任主体，对其申报省级专项资金项目予以限制。其中，企业或个人存在相关失信、失范行为的，两年内取消其省级所有专项资金申报资格；情节特别严重的，3～5年内取消其省内所有专项资金申报资格。也就是说，相关单位骗取了一次资金，今后一段时间内将失去所有专项资金的扶持机会。相关市县财政及主管部门因审核把关不严造成本地区违纪违规问题突出的，除在一定范围内通报外，还将调减该地区申报额度直至取消申报资格。省直相关主管部门因审核把关不严造成财政专项资金被骗取、冒领或出现重大损失浪费等违纪违规问题，经核实违纪违规比例达到30%及以上的，省财政厅将报请省政府批准暂停、减少直至取消该项资金。另外，对于为项目单位会计报表等资料出具虚假鉴证报告的相关社会鉴证中介机构，两年内取消其省级所有专项资金申报资料的鉴证资格。

建立"信用负面清单管理台账"。实行信用负面清单制度，将具体通过建立"信用负面清单管理台账"来实现。为此，省财政厅将建立财政专项资金"信用负面清单管理台账"，及时录入省级及以上审计、财政监督检查机构的审计（检查）报告、处理决定中认定的失信、失范行为，并抄送省级相关主管部门。省级主管部门自收到省财政厅相关负面清单信息之日起 10 个工作日内，就取消该项目单位专项资金申报期限问题提出具体意见，经省财政厅同意后，书面通知该单位及其所在地主管部门。省财政厅将最终处理意见一并记入"信用负面清单管理台账"，并根据管理需要与相关专项资金主管部门实现信息共享。"信用负面清单管理台账"建立后，将与省财政项目库管理系统紧密结合，实现新项目申报与台账的实时、无缝比对，让违规企业单位无所遁形，保证制度得到有效落实。

这项制度创新将起到"一石三鸟"作用。对财政专项资金实行信用负面清单制度，是财政资金管理的一项重大制度创新。它有助于审计及财政检查发现问题的整改落实，对提高财政资金使用效益、规范财经秩序、促进社会信用建设，具有重要推动作用。

6.3.8　深圳拟建公务员诚信档案

据 2012 年 3 月 14 日《京华时报》报道，深圳拟建公务人员个人诚信记录制度，针对公务行为将建立终身负责制。深圳市《关于廉洁城市创建中诚信建设若干问题的决定》（以下简称《决定》）已正式在官网上征求社会意见。

据了解，《决定》主要从机关、企业、社会组织、个人等四个层面来着手社会诚信体系的建设，共 29 条，涉及整治商业贿赂、企业诚信建设、打击商业欺诈、社会组织诚信建设、个人诚信建设、诚信档案的使用、守信激励、诚信信息共享机制等多方面。其中，国家机关（党政机关、立法机关、司法机关）将推进审批诚信、执法诚信、效率诚信和司法公信建设，并用三条规定专门对商业贿赂提出惩治措施。

（一）建立公务行为终身负责制

今后将完善行政过错责任追究制度和评议考核制度，制定公务人员诚信标准，建立公务人员个人诚信记录制度，同时建立“公务行为终身负责制度”，即在公务活动中推行责任到人、记录在案、问题倒查的公务行为终身负责制，健全公务活动过程的资料保存制度，其各个环节相对应的责任单位和人员均应详细记录并妥善保存。

公务行为出现过错的，责任的追究不因行为主体的职务变动、岗位调整而分离。公务员公务活动涉及本人或者本人配偶、直系血亲、三代以内旁系血亲以及近姻亲利害关系的，或者具有其他可能影响公正执行公务情形的，应当回避。各级政府定期对本级政府各职能部门和下级政府的诚信状况进行考核，并将诚信考核纳入各部门的工作考核体系。

（二）建立商业贿赂一票否决制

重点行业、重点领域的主管（监管）部门都要制定本行业商业贿赂信息记录与公布办法，完善市场主体商业贿赂不良行为信息的采集、记录和公布制度，及时、准确、完整地记录和公布市场主体在经济社会活动中的市场诚信情况。

《决定》特别强调，将建立商业贿赂一票否决制，即企业、社会组织和个人在参与公务活动中出现商业贿赂行为的，其因行贿所获取的不正当利益将立即取消或追回。尚未获得不正当利益的，取消其参与该次公务活动的资格。

（三）建立诚信黑名单制度

行政审批、资质认定、政府采购、招投标、大宗交易等行业主管（监管）部门应建立诚信“黑名单”制度。与国家机关及其公务人员公务活动发生关联的企业、社会组织和个人存在三次失信或一次严重失信行为的，将纳入本部门的“黑名单”。凡纳入“黑名单”的，在特定期间内，禁止其参与政府采购项目、政府招投标项目及其他财政资金扶持项目；对其申请行政审批事项给予限制。建立诚信信息公示制度，在确保国家安全、商业秘密和个人隐私的前提下，加大诚信信息的开放力度，实现国家机关、企业、社会组织诚信信息、“黑名单”信息的依法公开，接受社会监督。

6.3.9　辽宁省政府发文，高位推动会计诚信建设

2006 年 12 月 20 日，辽宁省人民政府办公厅转发省财政厅《关于加强会计诚信建设实施意见的通知》（辽政办发〔2006〕79 号），强调：强化内部控制机制建设，营造单位内部会计诚信环境；明确会计诚信建设的责任，规范会计基础工作，依法设账，不得伪造、变造会计凭证、会计账簿和其他会计资料，杜绝“账外账”等非法设置会计账簿行为的发生；强化政府监管职责，依法打击会计违法行为。

（1）建立单位财务会计信用等级评价制度。对全省各级各类企事业单位的会计诚信情况作出评价，并进行分级分类管理。评价结果将通过“信用辽宁”网站等媒体对外公布，作为政府给予投融资、贷款、贴息、担保等政策扶持的重要参考依据。将财务会计信用等级低的单位列入政府重点监督对象。

（2）建立会计人员诚信档案管理制度。通过会计人员诚信档案管理系统，记载会计人员的基本情况、守信和失信、提示、警示等信息，并实行动态管理和网上查询，为用人单位聘用、政府考核奖励、人才交流提供信息保障和服务。

（3）省政府建立会计诚信建设联席会议制度。由分管财政工作的副省长担任召集人，成员单位由省发改委、财政、审计、税务、国有资产管理、工商管理、银行监管、证券监管、保险监管等部门组成。省联席会议办公室设在省财政厅。

（4）建立健全单位负责人与会计诚信情况紧密相连的考核、评价、奖惩机制。凡是会计信息出现严重失实的单位，其主要负责人和会计机构负责人、有关直接会计人员不得提拔，不得晋升会计专业技术职称，不得评选先进。对实行年薪激励政策的单位，在其兑现年薪时，实行会计信息造假一票否决制。

（5）加强社会舆论监督，营造会计诚信社会环境。各级政府要从完善制度入手，营造诚信受尊重、获奖励，失信受谴责、受处罚的机制和社会氛围。广泛宣传会计诚信单位和个人的先进事迹，定期表彰奖励认真执行《会计法》、恪守会计诚信的会计人员。对勇于主持正义、不畏权势和压力、敢于揭露会计信息造假行为的突出人员，政府可授予荣誉称号。

第7章　我国财政诚信及其制度现状与问题

7.1　财政诚信面临的突出问题

7.1.1　预算编制约束不严

（一）预算编制不严肃

比如，不按照规定的财政收入预算级次、预算科目入库，擅自将预算收入转为预算外收入，违反规定编制、批复预算或者决算，违反规定调整预算或预算级次或预算收支种类，违反规定动用预算预备费或者挪用预算周转金，违反国家关于转移支付管理规定的行为等。据审计署网站披露，截至2012年10月底，各被审计单位通过上缴国库、归还原资金渠道、补征税款、收回贷（借）款、调整账目等方式整改问题金额1055.98亿元。50个中央部门及其所属单位违反财经制度问题金额为102.81亿元，整改76.21亿元，其中上缴中央财政6.86亿元，归还原资金渠道5.35亿元，通过加强管理、调整账目和决算报表等整改64亿元。2015年1月16日审计署发布第1号公告，详细公布了发改委、财政部等38个中央部门单位2013年度预算执行情况和其他财政收支情况审计发现问题的整改结果。截至2014年10月底，各被审计单位通过上缴国库、归还原资金渠道、补征税款、收回贷（借）款、调整账目等方式，整改问题金额1062.5亿元，挽回和避免损失33.9亿元。审计发现的案件线索及其他问题移送有关部门查处后，已有1454人被依法依纪处理。

（二）预算编制内容不完整

比如：应纳入预算管理的政府性基金、行政性收费收入等非税收收入及各项结余和收入未全部纳入预算；违反规定擅自改变财政收入项目的范围、标准、对象和期限；未将上级财政部门告知的转移支付预计数提前告知下级财政部门，下级财政部门未将上级财政部门告知的转移支付预计数列入本级预算；上级补助收入决算编报不完整，上级财政部门对本地区的税收返还及补助，未全额列入本级决算。据2009年7月18日《第一财经日报》报道，审计署抽查发现，2007年10个省本级、23个市本级和41个县，共有848.26亿元非税收收入未纳入一般预算和基金预算管理，占这些地区应纳入预算管理的非税收收入的22.63%，其中16个市、县超过50%。其中，848.26亿元非税收收入中，主要是土地出让收入626.42亿元和已收缴的国有资本经营收益44.56亿元未纳入。审计署于2008年8月27日公布，中央部门有376.87亿元资金未纳入预算管理。

（三）预算编制不准确

比如：基本支出与项目支出的界定不清，造成盲目填报和虚列项目支出，导致挤占现象频现；定员定额的编制项目不够细化，缺乏量化标准；项目预算未落实到具体执行单位和具体项目，项目具体使用单位以及所需资金未能在编制中详尽体现，客观上造成“部门伸手、领导批条、追加预算”等隐性分配或二次分配。据2008年9月7日《经济观察报》报道，长期以来社会不诚信的根源在政府，而政府最大的问题在于财政预算分配制度。按照过去做法，通常情况下，财政部门为了保证财政资金的支出人人有份，对各级政府上报的资金预算往往都是报100万元先砍掉50万元，结果便导致两方面的问题：一方面，很多工作由于资金无法满足而难以完全到位；另一方面，有的地方政府为了争取更多的财政资金而大量弄虚作假。例如，2002年时任广东省委副书记欧广源负责审批信息化工作，曾收到汕头市有关部门一份报告，报告称，为消除社会上少数人造假行为而引发的诚信危机，拟申请建设“汕头诚信网站”，提出预算资金为1.2亿元。随后，欧广源委托广东省信息产业厅相关专家计算得出结果，即使采用当时顶级的设备和最优秀的人才，组建这样一个网站费用也不过七八百万元，可见财政资金被冒列虚支的漏洞之大。据2015年7月22日新华网报道，山东省审计厅称，部分预算编制存在不准确等问题。在21日召开的山东省十二届人大常务委员会第十五次会议上，山东省审计厅厅长指出了预算编制存在的问题，有的部门预算编制不严格，30个部门日常公用经费中的其他支出高达50%以上。

7.1.2　预算执行随意性大

（一）预算收入方面

一是违规调节收入，即违反规定预征、应征未征税费；先征后返、变相减免税费和土地出让金，隐瞒应当上缴的财政收入；缓收、不收财政收入；延解占压应当上解的财政收入；虚增财政收入现象蔓延，列收列支，空转收入，高额回扣，甲税乙征，买税引税，争抢税源。审计署曾在2013年上半年对连云港国家级开发区2013年第一季度数据进行了审计，发现其经济总量和财政一般预算收入涉嫌虚增约40%。据2012年12月13日中国新闻网报道，审计署南京特派办获悉，江苏有的省辖市涉嫌虚报经济总量和财政一般预算收入，财政收入虚报率超过30%。二是滞留、截留、挪用财政收入，坐支财政收入。审计署2007年对北京、天津、上海、重庆、哈尔滨、合肥、济南、长沙、广州、南宁和成都11个市及其所辖28个县（区、市）2004～2006年国有土地使用权出让金的征收、管理、使用及相关政策执行情况进行审计调查，发现违规使用出让金83.73亿元。其中，挪用于建楼堂馆所和弥补经费等52.33亿元，出借和对外投资等31.40亿元。审计署审计长刘家义向十一届全国人大常委会第十五次会议作《2009年度中央预算执行和其他财政收支的审计工作报告》称，部分部门瞒报各项收入和资产近6亿元。三是提前征税、贷款缴税，应退未退。2009年7月17日，审计署公布了16个省（区、市）国税部门税收征管情况审计结果：有13个省的62个县级国税局为完成税收任务，违规向169户企业提前征税和多征税款共23.4亿元。审计抽查了11个省的214户申请缓缴税款、延期申报缴税以及缴税情况异常的企业，发现国税部门违规将71户企业的130.92亿元税款延期征收，占企业当期应缴税款的54%。

（二）预算支出方面

一是以虚报、冒领等手段骗取财政资金。据2013年6月21日《羊城晚报》记者帅鹏坤从审计署网站获悉，审计署对2011和2012年度中央财政拨发给天津、河北、上海、广东、四川等18个省、市的能源节约利用（21110款）、可再生能源（21112款）和资源综合利用（21113款）节能环保类三个款级科目资金（以下简称“三款科目”资金）进行了审计，发现包括行业龙头企业在内的348个项目单位挤占挪用、虚报冒领“三款科目”资金16.17亿元，专家称这仅是冰山一角。二是截留、挪用财政资金；滞留应当下拨的财政资金；违反规定扩大开支范围，提高开支标准；任意扩大支出范围；转移、套取财政资金；申报项目“报大数”、要项目“信口开河”；多报项目、多要财政扶助资金和转移支付资金、保贫困帽子的现象大量存在，甚至有的为了报项目要资金不惜行贿送礼；虚报项目、重复申报、多头申报，骗取财政资金及财政贴息等。据中广网2013年6月22日报道，销售节能产品能获得国家的补贴，然而，这却成了一些家电企业和汽车厂商的“摇钱树”。审计署最新发布的“5044个能源节约利用、可再生能源和资源综合利用项目审计结果”公告显示：8家家电企业骗取国家节能补贴9061.84万元。三是擅自调整项目规模，变更建设内容，套取中央补助，截留项目收入；擅自改变专项转移支付资金用途，甚至连受灾项目都不放过。据2013年6月11日《新京报》报道，北京市财政局日前发布2012年会计信息检查质量公告，有130多个单位存在超预算、超标准列支以及账务混乱等问题，涉及违规使用资金近15亿元。2013年6月24日，审计署公布了57个中央部门2012年度预算执行情况和其他财政收支情况审计结果，首次大范围披露了中央部门单位会议费和因公出国（境）费的管理使用情况。审计显示，这57个中央部门在预算执行以及其他财政收支方面，不符合财经制度规定的问题金额超过176亿元。

（三）预算资金管理方面

一是资金管理失序，收支不实严重。从审计部门披露报告分析，一些部门和单位普遍存在法制观念淡薄、财经纪律松弛、管理混乱、惩治不力等严重问题。据2008年11月12日新华网报道，审计署12日发布的2008年1～10月审计情况统计结果显示，全国审计机关共审计74121个单位，涉及金额227亿元、侵害人民群众利益问题金额25亿元、被审计单位损益或财政收支不实问题金额1128亿元。二是私设“小金库”，涉及金额惊人。据2012年1月6日《人民日报》报道，中央3年查处“小金库”6万个，涉及金额300多亿元。全国因设立“小金库”和使用“小金库”款项给予行政处罚2426人，组织处理4043人，党纪政纪处分3058人，移送司法机关处理902人。三是超概算投资或虚列投资完成额，骗取国家家电补贴现象突出。据青岛市审计局2008年第2~13号审计公告，仅青岛市广电局就查处问题资金3600多万元。2015年7月10日《大河报》报道，商家骗取村民身份信息，套取千万家电下乡补贴。从2012年到2015年6月，平顶山市检察院反渎局杨耀宏带领检察官，先后用3年时间，查清这个涉案人数达34人的特大家电下乡渎职案。之后，杨耀宏又在南阳、平顶山走访农户2000多户，摸清了以龚某为首的家电经销商涉嫌骗取国家家电下乡补贴资金1000多万元的事实。查处家电下乡渎职案涉案人员34人，已起诉18人，已判决13人，3人被判10年以上有期徒刑，挽回损失800余万元。四是钻国家能源补贴政策空子，套取国家巨额资金，令人触目惊心。2016年1月19日《第一财经日报》发表报道文章《政府300亿补贴养新能源车企　或被恶意套取10亿》。报道称：“昨天参加新能源车展和展商交流（广州举办的第六届全球新能源汽车大会），有一个品牌，就是采购的某汽车品牌物流车的壳（拼装上市），另外一家物流商用车，电池容量60kW，拿完国家12.8万元的补贴，再加上地方补贴10万元，经销商只要2万元就可以提车！”记者大致核算了一下，33万辆的市场销量，政府投入的补贴预估至少300亿元。如此高额的补贴不仅让国内新能源汽车产销表现出狂飙突进的增长，也滋生了很多灰色的现象。如同2009年家电下乡过程中不少企业借势违规套取补贴一样，恶意骗补的行为在新能源汽车行业也已经抬头。据国内知名媒体报道称，“2015年可能有高达十亿元的补贴资金被企业以各种方式‘套取’”。五是恶意套取国家能源巨额补贴现象继续发酵，有良知者持续发声，向有关方面提出警示。2016年1月20日，腾讯评论“今日话题”栏目第3410期责编刘文昭提出，“一个新能源汽车公司一年就能骗几个亿，四千亿补贴能不打水漂吗?”指出，最近新能源汽车这个不为人熟知的行业火了。一方面，不少新能源汽车厂家利用国家补贴政策漏洞，大肆“骗补”，俨然形成了一条隐秘的产业链；另一方面，有专家估计，2015年到2020年，我国对新能源汽车的补贴可能会超过

4000亿元。这些资金安全吗？除了“骗补”之外，我国的新能源补贴政策还有哪些缺陷？补贴政策不完善，让“骗补”成为新能源汽车生产“潜规则”。现在，一些企业如此积极的原因揭晓——为了拿国家的补贴。国家的补贴有多好拿呢？《经济观察报》报道的一个案例很能说明问题：某大型主机厂的两位员工辞职去了江苏某地级市开办电动车改装公司，一台车国家补贴十几万元，2015年一年就挣了几个亿。

7.1.3　财政监督、绩效评价不到位

第一，财政监督方面，超预算支出难监督。如有的上年度财政资金结余未纳入当年部门预算统筹安排而造成超预算支出；在下级配套资金不到位的情况下，仍然拨付财政专项转移支付资金；预算执行刚性不够，缺乏必要的监督和制约，造成追加过多，预算调整随意；财政资金运行信息滞后，有的地方大额专项项目资金在采取国库集中支付时多为授权支付，且多为一次性全额拨付，无法获知项目是否已实施、是否正常实施、是否全部真实等情况；财政专户管理不到位，一些地方专户设置过多且管理分散；有的地方采取“以拨代支”方式，将国库资金调入专户，虚列财政支出；个别地区，将国库资金调出国库用于预算之外的“政绩工程”“形象工程”；账务处理会计核算不规范。“收支两条线”制度执行不严格，收入未纳入本单位预算管理，通过多计支出、少计收入将财政资金放在法定账簿之外核算，存放账外现金，形成“小金库”；接受和使用虚假发票列支等。审计署审计长刘家义向十一届全国人大常委会第十五次会议提交的《2009年度中央预算执行和其他财政收支的审计工作报告》指出，中央部门用假发票套现1.42亿元，多领重建资金2.41亿元，违规发低保3.3亿元，各部门各单位通过整改，已追缴或归还资金941.16亿元。据审计署网站披露，2009年1月至11月，全国审计9.9万个单位，查出违规资金2347亿元，挽回损失163亿元，促进国家财政增收节支521亿元。2011年上半年，全国审计机关通过对48540个单位的审计，为国家增收节支189.8亿元，其中已上缴财政118.8亿元，减少财政拨款或补贴26.1亿元，归还原渠道资金44.9亿元；帮助被审计单位和有关单位挽回或避免损失73.8亿元，核减固定资产投资项目投资或结算额235.6亿元。截至

2011 年 9 月 23 日，全国累计查出“小金库”58225 个，涉及资金 266.54 亿元，给予行政处罚 1942 人，组织处理 3242 人，党纪政纪处分 1862 人，移交司法机关处理 623 人。第二，在绩效管理方面，尚未建立一套科学规范且将诚信管理纳入的财政绩效评价指标体系。评价结果单一，项目评价后，大部分停留在反映问题的层面，项目实施诚信度、绩效评价结果与资金安排脱节，无形中让具有不良记录的财政关联人不仅大行其道，而且得不到处罚，导致“为评价而评价”，使绩效评价工作流于形式，没有与完善预算编制、规范预算管理、加强财政监督和提高资金使用效益有机结合起来。

7.1.4 年年审计，屡审屡犯，积重难返

从历年审计公报可以看出，一些地方和单位年年审计，屡审屡犯，整改乏力，尤其是一些领导干部带头违纪严重。审计署称，2010 年度地方政府性债务涉违规资金 5308 亿元，有 2716 亿元未整改。其中，351 亿元债务资金被投向房地产等项目，211 亿元未整改；融资平台公司虚假出资 2441.5 亿元，有 1458 亿元未整改。截至 2011 年 10 月底，全国党政机关共发现违规车辆 17.95 万辆，且违规问题依然存在。2011 年 5 月 9 日《人民日报》报道，内蒙古自治区对 14 名盟市厅局级领导干部进行任期经济责任审计，查出各种违法违规资金 184.4 亿元，其中，领导干部应负主管责任的 57.2 亿元，应负领导责任的 101.4 亿元。2011 年 7 月 8 日，审计署审计长刘家义介绍，十几年来，通过审计，全国被免职、降职和撤职的干部有 1.6 万人，其中，有 7600 多名领导干部被移送纪检、监察和司法机关处理。浙江 30 年查处违规金额 2000 多亿元。据 2013 年 12 月 13 日《都市快报》报道，浙江审计机关成立 30 年以来，共审计 12.12 万个单位，查出违规资金 2105.85 亿元，向司法机关移送案件 1143 件，给予党纪政纪处分 977 人。据 2015 年 6 月 25 日审计署网站报道，审计署发布 2015 年第 4 号公告，公布了 18 个省（市）2012 年至 2014 年彩票资金审计结果：查出虚报套取、挤占挪用、违规采购、违规购建楼堂馆所和发放津贴补贴等违法违规问题金额 169.32 亿元，占抽查资金总额的 25.73%。据 2015 年 12 月 26 日全国人大网报道，《2014 年度中央预算执行和其他财政收支审计查出

问题整改情况报告》显示，截至 2015 年 10 月底，整改促进增收节支 5794.94 亿元，已有 5598 人被依法依纪处理。

7.2　财政诚信突出问题的原因分析

财经违纪和诚信缺失问题的大量存在，原因是多方面的，既有外因，也有内因，有着深刻的、复杂的社会背景，和管理方面等因素交织一起。

7.2.1　观念缺失

一是思想认识存在误区。当前社会诚信危机和道德滑坡对政府诚信带来严重影响。政府行为或者讲财政行为失范，根源在于政德和财德失守和职业道德底线的缺失，尤其是一些主要领导财政诚信观念淡薄，由此造成一些地方和部门在聚财、理财和用财方面正义失去、公平减少，唯利是图，弄虚作假，一心向钱看的现象蔓延。因为道德水准降低，诚信理念缺失，为了谋求地方或单位小团体的私利，一些单位和公职人员不惜损害国家利益，违反财经纪律、扰乱财政秩序，千方百计索取地方或单位的利益。据 2012 年 6 月 27 日新华网报道，审计署审计长刘家义 27 日在向十一届全国人大常委会二十七次会议作 2011 年度审计报告时指出，审计署共向有关部门移送重大违法违规问题和经济犯罪案件 112 起，涉及 300 多人，其中“一把手”的职务腐败问题比较突出，有 43 起，占犯罪案件总数的 38%。案件中大多为利用公权谋取私利、侵蚀公共资源、损害群众利益等问题，有向民生领域渗透的趋势。

二是政绩观扭曲，急功近利，好大喜功。有的地方热衷于搞“短、平、快”政绩，搞“形象工程”。有的弄虚作假，虚报浮夸，搞“数字政绩”“虚假政绩”，欺骗上级。有的不按客观规律办事，不顾客观条件，搞不切实际的高指标、瞎指挥，挪用财政资金或违规搞财政担保，造成严重失误和浪费。有的发展没有规划，举债搞基础设施建设；有的地方出于地方保护和既得利益考虑，认为只要能搞活地方经济，能实现利益的最大化，不管采取什么方法和手段，一概不加干涉，甚至暗地里鼓励。正是只见经济发展、财政增长，却不见财力增强。这样做，地方诚信代价沉重，危及地方发展的长远利益。据 2013 年 1 月 19 日《兰州晨报》报道，1 月 18 日从省审计厅获悉，2012 年，甘肃省审计机关审计调查项目 7212 个，查出违规资金 49.6 亿元，管理不规范资金 841.5 亿元，损失浪费资金 2199 万元，核减工程投资 10.3 亿元；向司法部门移送案件线索 17 件，移送处理 5 人；向有关部门移送事项 40 件。

三是安全意识薄弱。内控制度有漏洞，一些地方“重分配、轻管理”的传统观念依旧根深蒂固，预算的计划性、预见性不强，细化度和诚信度不高，许多项目支出未细化到具体项目。从思想上和行动上还没有真正重视财政资金的安全问题，财政资金安全意识淡薄，内部管理松懈，没有形成严格的资金管理制约机制。在资金管理的重点环节，如岗位人员管理、印鉴管理、拨款凭单传输管理、电脑密码管理等方面，还存在管理漏洞。据 2015 年 6 月 29 日《新京报》报道，6 月 28 日，审计署公布了 46 个中央部门、单位 2014 年度预算执行情况和其他财政收支情况审计结果，查出的“问题金额”超过 142 亿元。其中，超过七成单位“三公”经费存在问题。

7.2.2 制度缺失

一是体制障碍。我国仍处于市场经济初期阶段，新体制尚未发育成熟。政府职能转变不到位，行政行为与市场经济准则还有差距，“越位”“缺位”“错位”的现象较为突出，一些地方领导不恰当地介入或过分干预财政收入，严重透支政府诚信，有的公然违约，不守承诺，导致财政诚信缺失。行政管理体制不完善，使失信行为有可乘之机。在普遍且大量的财政违规失信行为面前，不少人认为是政府的钱，从右边口袋放到左边口袋，多多占用天经地义，对上不骗白不骗。同时，财政改革步履维艰，没有形成自我约束机制和外部制约机制。

二是制度不完善。诚信制度没有纳入财政制度范围。财政关联人大多缺乏财政诚信理念，且政府没有正确引导；国库收付诚信记录在信息化技术运用上缺失。诚信理念没有变成软件语言，过去软件所作的控制都是为了防止财政关联人的非法操作，出发点是约束财政关联人的违法行为，并不能让财政关联人主观履行诚信行为。目前还没有一套标准来衡量财政关联人的不诚信行为，迫切需要制定诚信标准和建立诚信数据库，以应用到各个业务系统中。

三是改革深化不够。国库集中收付管理制度，尚未上升到法律法规层面上加以明确，现行《预算法》《国家金库条例》《财政总预算会计制度》《银行账户管理办法》等相关的法律法规与国库改革不相适应，客观上影响了改革的推进。一些地方在推行国库集中收付制度改革过程中，没有认真落实改革要求，而是将国库集中收付资金“打捆”划入核算中心实有资金账户，再进行支付和清算，没有真正发挥国库集中收付制度在保证财政资金安全、提高资金运行效率方面的优势。

四是信息化建设滞后。财政各部门软件没有有机融合。虽然信息平台内多个部门都建立了各自的软件系统，但是相互之间信息不对称、不融合，缺少数据统一分析比对，造成了部门之间无法配合。从整体上看，警示与共享机制缺乏，无法了解财政运行过程中的资金状况，造成了大量违规失信风险的滋生蔓延。

7.2.3　监管缺失

一是违规成本低。当前，财政领域普遍存在违规失信现象，往往是因为守信者没有得到应有的收益，也没有得到相应的鼓励；违规失信者却得到了不应得到的收益，甚至是无本万利，而没有受到应有的谴责和处罚。目前社会上一定程度上存在分配不公等不良因素，造成地区、部门和个人之间互相攀比，一些单位和个人在物质利益驱使下公然违纪，为单位和职工“谋福利”，一些领导将其视为职工办“实事”的一种政绩，以此来稳定职工情绪，寻求平衡；有的认为滥发公家钱物，不同于贪污、盗窃，“法不责众”；有的明知财经法规的规定，但怀着投机取巧的心理，“查出来是你的，查不出来是我的”，任意违规犯纪；有的单位和个人甚至把改革开放、经济发展同监督检查、守法执法对立起来，视国家财经法规为“绊脚石”，自觉不自觉地采取变通办法，以谋求小团体和个人利益的最大化。2012年11月至2013年3月，审计署组织审计人员，对31个省（区、市）、5个计划单列市和新疆生产建设兵团2012年城镇保障性安居工程的投资、建设、分配、后续管理及相关政策执行情况进行了审计，延伸调查

2.64 万个相关单位和企业、1.92 万个街道办事处和居民委员会以及 24.85 万户家庭。审计结果显示，有关单位已取消不符合条件保障对象资格 5.27 万户，追回违规领取补贴 4431.15 万元，收回或清理被违规分配使用的保障性住房 1.98 万套，追回被挪用的资金 40.63 亿元，向相关部门移送违纪违规和经济犯罪案件线索 26 起，涉案金额 2487.17 万元，涉案人员 55 人。

二是监管不力。现行制度不完善、不规范、不配套，存在较多漏洞，没有形成严格的遏制不良行为的约束机制，对失信行为缺乏从严监管和惩治，对严重失信行为存在有法不依、执法不严、处罚不力的现象，达不到震慑违法者的目的，这在客观上助长了失信之风的滋长与泛滥。据 2015 年 5 月 12 日《江西日报》评论文章《李华波案追溯：57 人被追责　5 名厅级干部被问责》，轰动一时的江西鄱阳“2·11”案，从 2006 年至案发前，李华波与县农村信用联社城区分社主任徐德堂等人内外勾结，逃避财政部门划拨专项资金审批手续，采用伪造公章、私自开具支票、提供虚假对账单等手段，分 16 笔从财政局设在信用联社城区分社的专用账户中窃取了共 9400 万元的资金，这些资金主要是中央和省市划拨给鄱阳的基础设施建设资金及赈灾款项。

7.3 政府诚信缺失危害性分析

从某种意义上讲，财政诚信实质上是政府诚信，是政府诚信体系的核心和基础，如果财政诚信这个底线出了问题，那么，它对整个政府诚信体系乃至社会诚信体系所产生的负面影响无法估计。因此，有必要对财政诚信缺失危害性问题予以重视和研究。

首先，政府诚信缺失破坏社会诚信的基础。诚信作为一种契约，客观上要求当事双方共同遵守契约内容，从而确保契约正常执行。在我国经济体制的转轨时期，财政的特殊地位，决定了契约双方在行使权利和履行义务时常常出现不对等的现象，这种情况的产生也就形成了财政诚信缺失的前提条件。加之财政的特殊地位及其诚信缺失，必然为企业和个人失信提供了不良的参照系和错误的信息导向。财政缺乏诚信，也就意味着政府失信，企业和个人如何能诚实守信？

其次，财政诚信缺失严重阻碍了市场经济体制的建立。诚信缺失的广泛存在直接威胁着市场经济的运行基础。市场经济是法治经济、契约经济和诚信经济，没有诚信就没有市场经济，所以建立社会主义市场经济体制必须坚持诚信原则、契约精神和法治方针，放弃诚信原则，就等于放弃市场经济体制改革自身。在市场经济体制下，信守诺言，履行义务，对政府及财政来说是最起码的要求，它是市场经济必备的通行证。

最后，财政诚信缺失严重影响了财政的正常秩序。财政诚信缺失直接或间接造成和加大了财政乃至政府风险。诚信风险直接根源在于用款人不守诚信，使财政秩序和资金使用效益的良性循环遭到严重破坏。同时，财政诚信缺失及其不良后果客观上加大了政府成本。甚至由财政诚信缺失所引发的政府诚信和社会诚信缺失在一定程度上打破了正常的诚信循环，扭曲了财政资金主体之间的正常关系，使财政资金使用效果大打折扣。

7.4　诚信缺失成因与经济学分析①

财政诚信实质是政府诚信，财政诚信缺失在政府诚信失信中完全可以找到原型。下面针对政府诚信问题，用近代社会契约论、当代委托－代理契约理论、博弈论与寻租理论、政府职能发展理论、社会角色理论、信息不对称理论进行分析。

（一）近代社会契约论的解释

卢梭认为，国家和政府的产生都源于一个社会公约，并认为政府仅仅是执行人的角色，政府同一国人民之间的关系就是一种委托和雇用的关系，政府应该“保护人们实行他们所缔结的互利的协议，而且还往往促使他们订立那些协议，并强使他们同心合意地促进某种公共目的，借以求得他们自己的利益”。卢梭认为，在这种社会契约思想下，政府官员的意志便有了三重性：“第一，是他的个人意志，它只倾向于个人的特殊利益；第二，是全体行政长官的共同意志；第三，是人们的意志或主权者的意志。”只有当这种关系完全重合时政府发生诚信问题的可能性最小，而重

① 姚明龙：《信用成长环境研究》，浙江大学出版社，2005，第 81 页。

合度越小，发生潜在诚信问题可能性就越大。意志的三重性构成了政府发生诚信问题的一个前提。政府官员的行为受三种意志的支配，其行为方式的不可预期性决定了政府发生诚信问题的可能性。

（二）当代委托－代理契约理论的解释

委托－代理契约理论认为，公众与政府之间存在一个基于政治委托－代理关系的契约，公众与政府之间的关系是一种以行政权为中心的典型的委托－代理关系：公众将行政权委托给政府行使，同时，期望获得能维持其利益的政府产品，这实际上构成了政府的义务或职责，如维护和平与安全、保护产权、制定法律规范、提供公共设施和公共工程等。政府代理公众行使行政权，并通过履行职责获得相应的利益：政府作为一个组织，通过履行其职责得以继续存在和发展；政府官员作为真正的利益主体，获得工资、地位、荣誉及其他利益。公众与政府之间的这种政治委托－代理关系必然包含着信任关系。如果政府无法回应公众的期待和已有的信任，就会出现诚信危机。委托－代理契约理论认为，代理风险是政府发生诚信问题的直接原因。这种代理风险一方面来源于委托人和代理人之间信息不对称而导致的不完全契约：代理人利用其自身的垄断优势，屏蔽对自己不利的信息，安排对自己有利的条款。哈特（Hart）认为，在“不完全契约”中存在缺口和漏洞，可能不会提及某些情况下各方面的责任，而对另一些情况下的责任只能作出粗略或模棱两可的规定。

这种代理风险的另一个来源是政治代理人既是公职人员又是利益个体的双重角色。如果一种职业不是直接代表从业者的利益，而是代表着他人或共同利益时，便出现代理人与委托人之间的矛盾，因而存在代理人偏离甚至背弃委托人利益的危险。在自私基因的驱动下，政治代理人的道德风险不断转化为现实的“违约”事件。

（三）博弈论与寻租理论的解释

第一，博弈论的解释。在政府与公众的博弈中，虽然表面上看政府与公众之间的互动是无限次进行的，而实际上并非如此。因为一届政府的任期有限，所以具体到某届政府来说，它可能首先考虑的是短期所得，而不考虑长期诚信问题。另外，政府官员或公职人员的频繁调动和轮换也会带来这个问题。当博弈次数极其有限时，政府诚信就容易发生问题。

第二，寻租理论的解释。寻租是非生产性地追求经济利益的活动。政府（行政人）的寻租行为是运用外力不公平地介入市场资源配置，使得资源流动中的利益分配额外地流向政府（行政人）。分析寻租－行贿过程中双方的心理及行为取向，结合我国当前的实际情况，可以发现政府信任发生问题的部分原因。转型时期我国经济体制中有不少领域是新旧制度并存，许多新旧政策间差异的存在（如价格双轨制）或者说政策模糊区域的存在，客观上提供了寻租空间。长期以来法治意识薄弱，人治和封建官本位思想流行，民众行贿的思想还比较普遍（认为不请客送礼办不成事）。同时，在立法和司法两个层面对行贿、寻租行为的有效打击力度不够，导致腐败猖獗和普遍的公共失信活动。

（四）政府职能发展理论的解释

在经济发展的不同阶段，要求政府具有同经济状态相匹配的社会经济管理功能。人类经历了由自然经济到货币经济再到诚信经济的发展过程，相应的政府职能也经历了统治行政、管理行政、服务行政三个阶段。诚信经济时代要求政府为经济运行提供和维持充足的社会资本（普遍的信任关系），并向社会提供基于诚信交易的公共服务，政府职能进入服务行政阶段。

从理论上讲，政府职能应随经济时期的变迁而相应调整。但在现实中政府职能的惯性以及来自社会各方面的改革阻力，常常使政府职能的相应调整滞后于经济时期的变迁。于是在每个新的经济时期到来的初期，总有一段旧政府职能与新经济时期要求不匹配的时期，这个阶段就是政府信任发生问题的时期。目前，我国正处于向诚信经济时代过渡的历史时期，决定了我国的政府诚信缺失问题要经历一个“问题暴露—问题分析—问题改善—问题解决”的周期。

（五）社会角色理论的解释

社会角色理论认为，社会角色是“与人们的某种社会地位、身份相一致的整套权利、义务的规范与行为模式，它是人们对具有特定身份的人的行为期望，它构成社会群体或组织的基础”。社会角色概念所强调的是一整套权利、义务的规范与行为模式，而且更重要的是要符合社会的期望与要求。考察社会角色时更多的是站在整个社会的角度理解某个特定角色所应承担的职责和义务，是一种社会视角。

在社会与文化的迅速变迁时期，很多社会角色都在发生变化，“很多角色的行为规范都超出了他们对过去习以为常的那个范围”，由此带来的结果便是很多人对这些角色的行为规范究竟是什么样的“不得而知”。政府诚信是通过政府官员和公务员的行为体现出来的。当他们“角色不清”时就可能作出与社会规范和预期相悖的行为选择，政府诚信问题便产生了。

（六）信息不对称理论的解释

信息不对称理论认为，在市场经济中活动的各类人员，对有关信息的了解是有差异的。掌握信息比较充分的人员，往往处于比较有利的地位；而掌握信息贫乏的人员，则处于相对不利的地位。政府对其组织内部的运作、人员安排、利益倾向及资源配置等情况都有比较清晰的把握，而公众则很难获得关于这些情况的真实信息。信息不对称的程度越高，公众承担风险概率越高，则公众对政府的不信任倾向会越来越明显，政府诚信也因此下降或丧失。“只要政治代理人（即政府）是信息占优势者，即拥有一些为政治委托人所不知的信息，而政治代理人的本性中又包含有自私自利的成分，那么，理性的政治代理人就有可能利用其信息优势谋取私利。”

第8章 财政诚信建设总体思路、体系框架与实现路径

8.1 总体思路

以中央提出的“政府诚信建设”为指导，以财政改革为动力，以推进财政科学化、规范化、精细化、法治化管理为手段，增强财政诚信观念，营造财政诚信环境，构建以道德为支撑、诚信为基础、法律为保障的财政诚信“四大”体系框架，探索财政“五权”相对分离、相互协调和相互制衡的机制，坚持科学理财、诚信理财、法治理财，降低财政风险，堵塞资金漏洞，提高财政管理水平，提升政府公信力，确保财政资金更加安全和更加高效地服务于全面建成小康社会和实现中华民族伟大复兴的中国梦。

8.1.1 指导思想

以培育和践行社会主义核心价值观为根本，以加强财政诚信体系建设为基础，以褒扬诚信、惩戒失信为重点，以完善财政诚信制度为保障，建立完善财政诚信管理机制，努力营造讲诚信、守信用的舆论环境，构建与现代财政体制相适应的道德支撑体系，以提高全国财政系统和财政相对人的财政诚信意识和诚信水平，进而广泛形成守信光荣、失信可耻的浓厚氛围，使诚信成为人人都必须遵守的自觉行为规范。

8.1.2 总体目标

以国务院发布的《社会信用体系建设规划纲要（2014—2020年）》为

目标，用三年左右时间，即到2018年，以省级为区域单元，初步建立起比较完善的财政诚信体系。通过财政诚信管理，各级政府、企业、个人等财政相对人诚信档案普遍建立，交换共享机制进一步确立。通过建立诚信背书和审查比对制度，进一步规范财政相对人行为；通过建立诚信等级评价制度，将少数严重违规失信者纳入重点监控范围，从而达到管少、管好和管重点的目的；通过建立失信惩戒制度，加大财经违规者失信成本，使其“不敢、不想、不能”违规失信，从而保证党中央、国务院的财政方针政策得到贯彻，财政资金和干部“两个安全”落到实处。

到2020年，全国财政诚信体系建设与社会诚信体系建设同步推进，取得明显进展。财政诚信体系框架基本建成，基础性法规制度和规范标准体系基本建立，以交换共享为基础的覆盖全国财政系统的诚信信息系统基本建成，“诚信财政”网站服务功能完备，诚信产品使用普遍，诚信服务机构有序发展，守信激励和失信惩戒联动机制健全，跨区域诚信合作协调融洽，财政和政府公信力大幅度提高，诚信意识大幅度提高，财政经济诚信环境明显改善，基本形成诚实、自律、守信、互信的环境和氛围。

财政诚信“四大体系”架构如下。①诚信管理制度体系中的“诚信征集报告，诚信承诺保证，诚信审查比对，诚信提示警示，诚信激励约束，诚信等级评价，诚信查询、举报、质疑和公开、失信行为确认与问责等八项管理制度”；②诚信文化教育宣传体系；③组织管理体系；④信息化技术支撑体系。“四大体系”环环相扣，相互关联、相互配合、相互作用，构成相对协调和较为完整的架构体系。

财政诚信相关制度建议（范本）如下。①“关于推进财政诚信体系建设的实施意见”；②“财政诚信报告诚信承诺和诚信审查比对试行办法”；③“财政诚信分级分类管理试行办法”；④“财政相对人失信惩戒试行办法”；⑤“财政专项资金诚信负面清单管理试行办法”；⑥“财政诚信信息资源共享管理试行办法”。

8.1.3 框架特征

一是将诚信制度与信息化技术融合，全过程监控财政相对人收、支、分、管、用情况。从第一时间开始，就真实自动记录其财政资金原始运行状况，全过程介入财政资金在事前、事中和事后的活动，使财政相对人“家底”不管好歹全部记录在案。

二是设立诚信“门槛”，强化前置审查比对功能。财政诚信管理不是另起炉灶，而是与部门预算编制、国库集中收付、政府采购、绩效评价、财政内控、财政监督融为一体的管理制度。凡财政相对人向财政部门或主管部门申报资金和项目时，必须提交诚信承诺保障，并对其历史作前置审查比对，审查其过去在纵向及横向层面使用财政资金时是否存在违规失信记录，如有或积累到一定量，财政部门将告知不予支持。

三是以原始记录“论英雄”。对财政业务流程和运行各环节数据进行记录，使“真的跑不了、假的骗不了、想改违规失信记录改不了”，出现严重不良记录或累积一定量失信记录者，申报其他资金资格将受到影响，或被取消或被停止。这种惩戒措施，将迫使财政关联人处处自觉诚信，遵纪守法。

四是教育、文化与奖惩一体化。通过诚信教育、道德自律、诚信文化提升和诚信管理制度安排，以及查询、举报、质疑、公开等外部监督，从品与行两个方面推动财政关联人依法规范、诚信理财，由此形成“诚信走遍天下、失信寸步难行”的氛围。

五是成为财政“上乘管理软件”和“最佳卫士”，与金财工程镶嵌，将有效提升理财水平和资金使用效益。将诚信管理机制融入金财工程，可使财政人员从繁重的劳动和复杂的人情中解脱出来，面对浩如烟海的财政业务及其关联户信息和数据，在极短的时间里，应用信息技术进行比对、识别、归类、审核处理，将大大提高工作效率，节省成本，规避人情和财政风险。

8.2　财政诚信“四大体系”框架

8.2.1　诚信管理制度体系

(1) 诚信征集报告管理制度。实行一户一码一台账，即一个财政关联人终身一个编码、一个台账。财政关联人发生合并或撤销，其资产和台账并入接收单位。财政关联人诚信编码与法人登记编码相同，财政关联人中的公民个人诚信编码与身份证号码相同。财政关联人一旦与财政发生资金供需关系，即自动生成原始记录档案。

诚信征集报告内容分为两部分。一是财政关联人的基本情况和历史数据、资料（部门和省市县分开），如年度财政总收入、地方预算内外所有收入、财政供养人数、财力、预算内外总支出、全部固定资产情况及历史记录（如债权债务、财政担保、借款、债务偿还）等；二是诚信记录资料，指财政关联人与财政发生资金供需关系以来的全部记录资料。具体包括：基本支出、项目支出情况，专项资金申报及批复，资金使用报告，相关机构跟踪问效、绩效评价及审计监督结论；其他特别记录，主要是是否违反有关法规规章等记录；计算机自动生成的所有资料等。诚信记录保留期限：除列入重点监控户和未满处罚年限的黑名单户外，一般保存15～25年①，对到期前1年的数据，没有特殊情况和规定，经报批（总部数据库备存1份永久保管外），其余数据可以删除。

为便于查阅和进行历史比较，财政关联人第一次报告内容从“十五”期末最后一年起至诚信制度建立年度的上一年度止，此后年度数据为一年一报，日常数据发生一笔记录一笔。对报告内容和台账资料，财政关联人必须认真负责，实事求是地填报，不准弄虚作假、隐瞒虚报、假冒欺骗、多头重复。

（2）诚信承诺保证管理制度。凡与财政有资金往来关系的财政关联人，必须全面建立诚信承诺保证管理制度。

——所有财政关联人向财政部门登记报备材料、资料、数据和项目资金申报以及请款报告等，必须书面出具承诺保证书，保证提供的所有材料、资料、数据、申报的资金项目和请款报告内容等都是真实的，否则自愿接受停止或取消相应的财政资金供给处罚，并承担一切行政或法律责任。

---

① 参照会计档案保管期限。1. 会计凭证类（原始凭证15年，记账凭证15年，汇总凭证15年）；2. 会计账簿类（总账15年，包括日记总账，明细账15年，日记账15年，现金和银行存款日记账保管25年）；3. 财务报告类［汇总财务报告；年度财务报告（决算）永久保管，包括会计档案保管清册、会计档案销毁清册］。

——实行“一事一保证”和全面保证。对涉及财政关联人报备的某个材料、资料、数据、项目或单个请款报告或得到一笔资金时，一般实行“一事一保证”。对涉及多项或某个年度多项资金请款或使用的财政关联人，实行多项或全面保证。

——诚信承诺保证书由财政关联人主要负责人、分管领导、财会及有关人员本人署名共同作出。

（3）诚信审查比对管理制度。前台审查：可以是前一道程序，或下一级财政局计算机程序；后台审查：总部审查中心（相关机构和人员）。

——前台初步审查机制。财政关联人申报资金必须如实填写经特别设计的电子报告，并附相关凭证和证明（电子扫描件）。同时，另附纸质材料及证明原件备查。资金申报材料，如基本完整、真实，将自动进入统一和联网的计算机信息系统，随后就可以知道是否可行。如可行，将自动进入后台审查程序。申报材料如填写不实、出现逻辑矛盾或违反规定，计算机会自动告知并退回财政关联人，同时该财政关联人被自动列入重点监控对象。当不良记录积累到一定量时，或严重违规被列入严重失信的（指 D 级），一开始就进入不了计算机程序。

——后台技术审查比对机制。在数据库的支持下，财政关联人所有的申报材料（电子化数据）均被快速传至后台总部，总部审查中心将及时通过信息数据库，自动与该类资金和其他资金（曾经留底的相应资料）进行对比分析，进一步核实资料的真实性和财政关联人的诚信度。比如，财政关联人申报的是涉农专项资金，将自动审查比对该财政关联人申报资金的真实性和曾经留存的涉农资金底册，直至进入农口部门计算机系统，进一步查询是否存在多头重复申报或虚报假冒等不良行为，同时比对过去申报使用过的其他资金，如在行政、教科文等专项资金上有无不良记录。通过审查的，在规定的时间内可以得到资金。如不符合条件或有较严重的不良记录，将受到“株连”，即收到不予安排资金等信息反馈提示，对多头重复申报和存有虚报假冒嫌疑的，除电脑被锁定外，还将责成其说明原因，必要时进一步核查。

——非常规审查机制。在财政部门（或监督局内）设专门机构。每年按一定比例（3% ~5%）随机抽查财政关联人的遵纪守信情况。对违反有关法规规章屡次不改、群众举报较多、社会反映强烈和严重失信的重点地区或重点财政关联人要进行重点检查。冒领欺骗、挤占侵占、坐支挪用、超标赖账等违约失信户将被依规处理，并纳入不良记录和重点监控名单，在以后再次申报资金时，将受到更加严格的审查，直至被列入黑名单。

（4）建立诚信提示警示管理制度。根据财政关联人诚信等级、诚信记录、诚信情况和经办人的工作状态，计算机系统会自动显示多种不同颜色的闪烁标志。

——财政关联人诚信等级显示。AA 级，用绿色闪烁标志显示；A 级，用蓝色显示；B 级，用紫色显示；C 级，用黄色显示；D 级，用黑色显示。这些颜色标志在财政关联人的档案首页上闪烁。

——财政关联人违规情况显示。财政关联人出现某个违规失信行为时，根据违规性质的轻重程度，计算机自动出现淡红、橘红、大红、紫红等闪烁标志，分别表示一般警示、较强警示、特别警示和严重警告。对受到一般警示、较强警示的，只要当即纠错，红色警示将自动消失，可以进入下一个程序；对受到特别警示的，出现大红警示，进入程序自动锁闭状态，如需再次进入，财政关联人必须作出书面检查，报领导批准后，电脑程序员方可解开；受到两次以上严重警告的，出现紫色警示，进入程序自动锁闭状态并被列入黑名单，如需解开重新申报，须报政府特批，财政部门及电脑程序员凭特批件方可解锁（将解锁程序、停止资金安排权限交由政府特批，有利于财政部门超脱办事，摆脱复杂的人情纠葛，提高资金使用效率，保证资金安全，防范风险）。这些颜色标志在财政关联人名上闪烁。

当财政关联人资金（拨款）申请或项目资金申报顺利进入程序，或通过批准，或被拒绝（没有批准），或被退回（指逻辑错误、多头申报、虚假冒领、不符合规定等）时，分别用绿色、红色显示，以告知（回复）财政关联人。这些颜色标志在财政关联人申报的资金或项目文件名上闪烁。

——经办人[①]或处室负责人工作情况显示。审查财政关联人登记报告或有关事项时，如属于正常合规操作，显示绿色闪烁标志。如违规操作则

① 经办人是指财政部门负责资金审查的人员。

进入不了程序（自动锁闭），在计算机上出现红色闪烁标志；两次以上违规操作，迅即在分管领导（重大资金在主要领导）的计算机上同时出现红色特别提示标志。如需解锁程序，须由当事人作出书面检查，报领导批准后，电脑程序员方可解开。

年度资金分配或某专项资金安排被输入计算机系统，或者某项资金经批准已进入实施程序后，如拖延一周或两周或一个月及以上时间均未及时办理到位的，在经办人的计算机上会出现一个或两个或三个以上的橙色特别提示闪烁标志，并在分管领导（重大资金在主要领导）的计算机上同时出现特别提示性标志。如继续拖延占压资金，被连续警示三次以上的，该笔资金将被锁闭，甚至自动被退回拨款单位。

（5）诚信激励与失信惩戒管理制度。主要是奖励加分和惩戒减分，必要时通过网络通报或媒体公布，以鼓励诚信，约束失信，提高失信者成本。加减分实行积分制，可以跨年度。加分不封顶、减分不保底。

——诚信奖励积分机制。对下列情况应予加分和积分。对列入 AA、A、B、C 诚信等级的财政关联人，积到若干分后，自动为升一个诚信等级积累基础数据；连续两年列入 A 级以上的，可以加若干分；连续 4 年保持 A 级和连续两年保持 AA 级的，可以双倍加分；资金使用有良好记录的，可以按项加分；社会影响大、经济效果好、社会评价高的，可以双倍或多倍加分；对每年加分排位靠前的，实行专项资金奖励；对 A 级以上的，可以奖励安排更多的资金；对 AA 级财政关联人，财政资金给予特别倾斜。

——失信减分机制。对有不良记录的，按规定减分。对列入 AA、A、B、C 诚信等级的财政关联人，如被减若干分，自动为降一个诚信等级积累基础数据；连续两年下降等级的，视主客观因素，少安排或停止安排专项资金；资金使用有不良记录的，按项减分；社会负面影响大、经济效益低和社会反响差、群众举报强烈并被核实的，按双倍或多倍减分；减分到规定分数以下的，将减少资金支持，并责成其提交自查自纠报告和诚信保证书。

——黑名单处罚机制（期限为 3～6 年）。总的原则是，对黑名单财政关联人只保吃饭保应急，不给“锦上添花”的钱；进行公开通报；取消和停止安排专项资金，违纪严重的还须接受相关处理。处罚主要根据其诚信情况和认识态度，给予3~6年取消或停止多项或全部资金的支持（民生、救灾抢险、突发事件和基本支出除外）。对处以3年期限的，可以通过诚信加分，减少年限，但最低不少于2年。对处以4~6年的，通过加分，可以减少年限，但最低不少于3年。对诚信差、风险大、债务重、多次严重失信和造成严重资金损失的黑名单户，将严格限制其某些项目的支出，如禁止购买或更换小汽车，不准领导干部出国、新建或装修办公楼、批量更新大型办公用具、进行高档娱乐消费等，同时在媒体公开曝光。

（6）诚信等级评价管理制度。主要从合规性、效益性、准确性和可行性四个层面展开。依据是遵守国家和省有关法律法规及规章制度，执行财政资金管理办法和财务会计制度，平时财政诚信记录，使用资金产生的经济社会效益和绩效评价情况，审计和财政监督报告及结论等，由此设置不同的评价内容和指标，赋予不同的分值进行量化，建立诚信评分体系，根据评价总分情况划分诚信等级。评定诚信等级不搞终身制。诚信等级采用千分制，财政关联人诚信等级从高到低依次评定为“最佳诚信、良好诚信、基本守信、失信和严重失信单位”五类，分别用AA、A、B、C、D五级诚信度表示，实施分类监管。

AA类：两年内无任何违反财经制度的不良记录，财政资金绩效评价优秀，实行激励机制，优先给予财政支持和专项资金扶助，并予以较大倾斜。两年内免除日常和专项检查（除国家专项检查外）。

A类：两年内基本没有不良记录，财政资金绩效评价良好，实行激励机制，较优先给予财政支持和专项资金扶助，并予以一定倾斜。两年内一般不进行日常检查和专项检查（除国家专项检查外）。

B类：两年内有轻微的不良记录，财政资金绩效评价尚好，实行定期管理和预警机制。在继续给予常规性的财政和项目资金支持的同时，责成其提交有关方面的自查自纠报告和诚信保证书，加强诚信教育，搞好定期检查，发现问题，及时警告、约谈并处理。

C类：两年内有比较严重的不良记录，财政资金绩效评价一般，财政和项目资金安排受到限制。责成其提交一定范围的自查自纠报告和诚信保证书，必要时对当年财政（包括项目）资金作全面检查，同时加强诚信教育，每年进行定期检查。

D 类：两年内出现多次严重不良记录，财政绩效评价不合格，列入黑名单管理。实行重点检查，包括对其近 3 年的财政专项资金使用情况进行全面检查，并责成其负责人和主办会计自费参加培训班，提交自查自纠报告和诚信保证书，在媒体和网上公布。同时，根据情节程度和认识态度，对若干专项资金或所有专项资金，给予 3～6 年停止或取消安排（申报）的处罚，触犯财经纪律的，还将受到行政处分或法律追究。

为了简化手续和便于操作，在开始阶段，所有财政关联人的诚信报告经审核通过后，作为 A 类（良好诚信单位）确认等级。对于财政预备费安排，可根据具体情况列入或不列入诚信等级范围。

（7）诚信查询、举报、质疑和公开管理制度。建立群众查询、举报平台和奖励基金，设立财政专项资金执行情况监督点和建立明察暗访制度，向社会公开竞聘监督员。经法定批准的财政项目或资金安排应及时上网公布，任何组织和个人不得阻止和干扰。发现有异议的，允许查询、举报和提出质疑，有关部门应及时解答和回应。对严重违反诚信规定及国家有关法律法规的关联户，经查实，其违规失信事实全部公布于众，要通过群众举报、质疑、上访，以及审计等部门开展的执法检查、报刊媒体评论和曝光等途径，加大公开力度，规范财政资金正常运行，接受社会监督。

（8）失信行为确认与问责管理制度。凡违反国家有关法律、法规和行政规章的行为都是失信行为。出现下列行为之一的，计算机将自动识别和确认。当财政关联人申报资金时，计算机会自动提示、警示或锁闭。计算机需解锁的应按有关规定，报经领导批准同意，程序管理员方可解开。

——违反《预算法》《审计法》《会计法》等法律及有关法规、规章规定的行为。如：隐瞒、滞留、截留、挪用、坐支应当上缴的财政收入（包括预算内外所有收入，下同）；延解、占压应当上解的财政收入；以虚报、冒领的手段骗取财政资金；截留、挪用财政资金或截留应当下拨的财政资金；虚增、虚减财政收入或者财政支出；擅自占有、使用、处置国有资产；截留、挪用国家建设资金；以虚报、冒领、关联交易等手段骗取国家建设资金；违反规定超概算投资、虚列投资完成额；挤占侵占、坐支挪用财政专项资金；将预算内资金转移到预算外或将财政性资金拆借给企事业单位或个人；以虚报、冒领的手段骗取（截留、挪用）政府承贷或者担保的外国政府贷款、国际金融组织贷款；违反规定担保、超标违规赖账、背离职责、滥用财权等行为。

——其他违规失信行为。如：单位人员严重违反财政纪律、财经法规，造成财政资金重大损失，或移交司法机关处理追究刑事责任；伪造、变造、隐匿或故意销毁按规定应当保存的预算管理资料；不及时上报有关财政报表、资料；无故拖延或耽误资金审批和拨付及财务处理；违反规定程序，擅自越权审批或拨付资金；有关报表虚假不实、严重违反逻辑、私设小金库等行为。

——被审计、监察、财监专员办、财政监督部门查处的行为。建立诚信领导负责制、单位责任制、个人责任制、问责制和失信责任追究制。所有重大项目申报及资金安排、使用和到户情况必须在媒体和网上公布，接受社会各界监督。与其他财经制度检查一道，采取定期和不定期检查，发现问题，及时处理。对确认存在违规行为的，实行问责和责任追究。

8.2.2 诚信文化教育宣传体系

财政诚信文化宣传教育应坚持“舆论先行，教育为本，广泛参与，与《公民道德建设实施纲要》和普法教育相结合”的原则，采取多种行之有效的方式进行。

(1) 大力培育财政诚信理念。开展以诚信为核心的企业文化建设，树立诚信经营理念。要树立“诚信即责任，诚信即品质”的理念，把“讲诚信、守规矩、重责任，言必信、行必果”作为履职义务。树立财政诚信理念是财政工作之本，培育诚信优良品质，打造诚信财政，确保财政资金安全。要树立“立党为公，财政为民”的理念。诚信理念的核心是正确的义利观，坚持“一切为了人民”，讲诚信才能从一种外在的要求变成广大财政干部的自觉行动。要树立自律和他律统一的理念。从自律的角度看，关键是加强财政干部的诚信道德修养；从他律的角度看，财政诚信的建构需要强化财政诚信制度建设。要树立领导带头诚信的理念。财政诚信能否到位，领导是根本。

(2) 大力开展诚信舆论宣传。发挥广播、电视、报刊、网络等媒体的宣传导向功能，利用一切思想文化阵地，通过专题、专栏、专版，利用电视公益广告、知识竞赛、文艺晚会等形式，大力宣传诚信品德，批评和鞭挞各种不诚信的行为和观念，营造诚实守信的社会氛围。在财政系统评选文明行业、文明单位、人民满意公务员等活动中，要突出财政诚信建设的内容。要大力开展以财政诚信为主题、财政诚信制度建设为核心的宣传教育，让财政诚信真正做到家喻户晓、人人皆知。开展诚信培训，加快建设一支具有良好职业操守和实践能力的诚信管理队伍。发挥政府的引导作用，加大舆论宣传力度，努力在全社会推进诚信文化道德建设。

(3) 大力宣传诚信先进典型。大力发掘、宣传诚信人物、诚信单位，发挥先进典型的示范作用，引导人们见贤思齐。既要持续宣传讲诚信的感人事迹，也要及时宣扬守规矩的高尚行为；既要在财政系统和财政相关人中推出具有重大影响的诚信人物，也要在各地各部门和基层单位推出“一诺千金”的诚信典型；既要宣传干部个人守信践诺之举，也要推广预算单位以诚信创一流的先进经验，塑造诚信政府新形象。及时总结和推广讲诚信的好经验，推广讲诚信的好做法，积极宣传和表彰财政诚信典型，营造“以讲诚信为荣，以不讲诚信为耻”的良好氛围。

(4) 坚决鞭挞失信行为。充分发挥舆论监督作用，对违规失信行为进行批评揭露，使违规失信者成为“过街老鼠”。要区分性质、把握适度，对尚未造成严重危害的弄虚作假现象，在系统和单位内部通报批评、责令整改；对影响恶劣的重大违法失信案例，要进行公开曝光、有力鞭挞，形成强大舆论压力。加强对失信行为处罚结果的跟踪报道，以反面典型为教材进行德法释义，警示人们守住诚信做人“底线”、敬畏法律“高压线”。发动群众参与道德评议，组织大讨论等活动，形成民间舆论场，引导人们加强自我约束。

(5) 着力弘扬诚信文化。汲取中华优秀传统文化的思想精华和道德精髓，阐发蕴涵其中的讲诚信、重践诺的宝贵品格和时代价值，引导人们诚意正心。构建适应社会主义市场经济发展的诚信文化，引导人们正确处理经济利益与道德追求的关系，深刻认识市场经济既是契约经济、诚信经济，又是法治经济、道德经济，在追逐物质利益的过程中享有精神收益。运用公益性文化单位、文化服务中心等阵地，通过经典诵读、道德讲堂、论坛讲座、展览展示等形式，培育诚信文化。创作弘扬诚信的影视剧、小说和戏曲等文艺作品，做好展演展示，用文化传播和滋养诚信价值理念。在全系统和与财政有关联的单位培养诚信责任感和荣誉感，弘扬讲诚信、守规矩的团队精神。

（6）全面开展财政诚信教育。加强财政诚信教育和文化建设，是在市场经济条件下，用以支配和调节财政预算部门之间、财政与社会各经济单元之间诚信关系和诚信行为的一种基本理念和规范。构建具有中国特色的财政诚信文化，是现实生活的需要，也是市场经济发展的客观要求。以《公民道德建设实施纲要》颁布实施为契机，提升各级干部的诚信素质，武装他们的头脑，做到有法可依，诚实守信，进而把诚信理念自觉融入财政行为中。坚持利益引导与诚信教育相结合，建立有效的利益调节机制，努力营造有利于诚信生长的利益环境和氛围，完善诚信监督机制，建立公务员及财政相对人诚信档案。

（7）积极完善诚信建章立法。财政违规失信侵犯了纳税人的利益，危害了国家利益，危及社会道德底线。切实把财政诚信上升到法律高度认识，真正从维护道德底线、捍卫纳税人权益和国家神圣职责的高度，加快推进财政诚信建章立法，突出政府诚信和财政诚信的主导作用，为财政诚信体系建设提供法律保障。建立诚信奖惩制度，对守信者除精神鼓励外，在财政政策和资金支持上要让他们得到更多的利益。建立举报、质疑、查询和公开制度，对不讲诚信者要约束规范，公开曝光，严格惩处。建立道德诚信监督监测制度，加强对重点部门、重点领域和重点人员的诚信监管。推进干部制度改革，使各级干部尤其是领导干部成为率先履行诚信义务的表率。从制度层面上保证任用那些全心全意服务群众、实事求是、诚实守信的干部。对舞弊浮夸、欺下瞒上、弄虚作假的干部要依规坚决调处，触犯法律的要追究法律责任。

8.2.3 组织管理及实施体系

财政诚信管理是一个巨大的系统工程，涉及面广，关系各地各部门各方面的切身利益，情况非常复杂。因此，必须通过构建有效的组织管理体系加以推进。

（一）指导思想

以培育和践行社会主义核心价值观为根本，以加强财政诚信体系建设为基础，以褒扬诚信、惩戒失信为重点，以完善财政诚信制度为保障，建立完善财政诚信管理机制，努力营造讲诚信、守诚信的舆论环境和财政法治氛围，为构建现代财政体制提供有力的道德支撑。

（二）基本原则

①坚持教育为先，把培育诚信价值观念作为长期任务；②坚持制度保障、规范约束，把推进财政诚信体系建设作为重要基础；③坚持德法并举，把诚信道德教育与依法依规制裁失信违规行为作为有效手段；④坚持政府高位推动，发挥政府的组织、引导、推动和示范作用；⑤坚持诚信规划先导，健全法规和标准，有计划、分步骤地组织实施；⑥坚持部门主动作为，把各方面力量汇集于推进财政诚信建设各环节；⑦坚持问题导向、集中治理，把不断取得阶段性成果作为重要标志；⑧坚持典型示范，力求在治理财政重点领域、解决突出失信问题上有突破，在激励守信、惩戒失信上见实效，使各级各部门各方面的财政诚信意识普遍增强，诚实守信、依法理财的风尚日益形成，财政诚信制度愈益健全，政府公信力明显提升。

（三）主要任务

（1）积极推进财政诚信文化建设。采取多种行之有效的方式，加强财政诚信文化宣传教育，弘扬诚信传统美德，树立诚信典型，增强诚信法治意识、责任意识、诚信意识，逐步形成以守法、履责、诚信、绩效为核心的财政诚信文化。在财政工作各环节建立与各财政业务相衔接配套的诚信管理流程。开展财政诚信主题活动和重点部门、行业领域财政诚信问题专项治理，在全省形成“诚信光荣、失信可耻”的良好风尚。

（2）加快建立财政诚信管理体系。依据法律法规和诚信原则，完善财政诚信目标，结合现有的财政各业务管理体系的实施，建立健全财政诚信采集与报告、财政诚信承诺保证、财政诚信审查比对、财政诚信应用、财政信息共享等管理制度，通过自查自纠自律，建立完善相关机制，确保财政诚信信息安全，不断提升财政诚信能力和管理水平。在申报资金一开始就提前介入诚信审查比对，等级低、不良记录多、风险大、不讲诚信的就可以减少乃至停止支持，并给予处罚，将其列入黑名单。

（3）建立财政诚信评价体系。诚信等级评价是财政诚信体系建设的核心。只有将财政相对人的诚信等级界定明确，财政相对人才会关注自身信誉，珍惜财政资金和管控财政风险。因此，在建立财政诚信评价制度时，必须科学制定财政诚信评价指标、评价原则、评价方法，结合不同单位、地方和各主管部门的工作特点制定分业评价标准。组织和督促地方政府和部门参与诚信评价活动，探索第三方机构开展诚信评价，建立查询、举报、异议、复核、问责和公开披露机制。

（4）坚持褒扬诚信的政策导向。以奖惩制度建设为重点，建立和完善财政诚信标准，通过“诚信背书（承诺保证）、诚信提醒、警示、约谈、不良记录、失信惩戒和黑名单”等管理手段进行综合治理。实行诚信加分、“绿色通道”和优先支持等激励政策，鼓励自律，奖励他律，尤其对诚信者要加大激励权重；实行“黑色禁区”，对失信主体加强监管，加大约束和惩戒，甚至让其付出高昂代价。

（四）组织保障措施

（1）加强组织领导，做好统筹安排。把财政诚信建设工作列入重要议事日程。按照国务院发布的规划要求和相关财政诚信规定，组织制定贯彻落实实施方案。方案内容包括目标任务、工作步骤、责任单位及人员分工、保障措施、进度安排等。要建立统一、高效的协调机构，政府主要领导要亲自挂帅。由财政部门牵头，开展诚信试点，集中整治失信行为。整体联动，密切配合，抓好工作落实，齐心协力，确保有序开展。

（2）加强制度建设，做好宣传教育。结合现行的财政有关规定，加强财政诚信管理基础制度建设，科学界定守信失信行为及衡量标准，指导完善诚信分类分级、评价标准、披露公开及监管措施。整合和完善各种信用信息资源，统一信息选项、编码格式、数据结构、网络接口、诚信身份识别码等。建立分类数据库，避免资源的浪费和重复建设。大力宣传中央诚信建设的方针政策，宣传财政诚信建设的重要意义，提高全体干部对财政诚信建设重要性和紧迫性的认识，营造财政诚信建设的良好氛围。

（3）突出示范引领，加强绩效考核。各级各部门要把开展“财政诚信建设年”活动与强化诚信理念、完善财政管理的规章制度结合起来。要发现和培养一批财政诚信建设先进单位，宣传和推广其先进经验，以鼓励先进，发挥其示范带动作用。要根据制定的工作目标，对财政诚信建设工作进行考核。对未完成工作任务或未达到预期工作目标的单位，督促其整改。对诚信建设工作积极、成效突出的单位予以鼓励。同时，及时总结报送相关工作进展情况、发现的问题及经验做法、案例事迹。

8.2.4 信息化技术支撑体系

（一）巩固成果，共享资源

当前，各地金财工程建设步伐加快，财政信息化网络建设有了重大进展。纵向实现了中央、省市县财政联网，横向实现了财政部门与各预算单位、人民银行、代理银行的联网。财政各项业务软件平稳运行，通过基础数据库之间的数据相互连接，初步实现了财政数据的集中统一管理，部分信息资源实现了共享。财政诚信体系的建立，应充分利用信息化建设成果，加大信息共享力度，尽快建立与诚信信息共享的信息化平台。

（二）加强融合，形成合力

彻底打破信息部门、处室、单位“所有制”，加大财政各项业务和各预算单位信息整合与融合的力度；财政诚信管理平台与信息化技术支撑体系设计必须与金财工程建设成果紧密结合，并且与财政预算、国库集中收付、收支两条线、政府采购、财政监督、财政内控、绩效评价和金财工程建设紧密融合，构成“六位一体”的有机整体，形成“你中有我、我中有你，彼此相依、相互促进，一体联动、全盘皆活”的机制，如图 8－1 所示。同时，诚信信息要结合金财工程要求，加快与财、库、行等相关网络连接，真正达到奖优罚劣、严密监管、共享资源、提高水平的目的。

（三）加强研发，搞好服务

建立研发、维护、技术支持服务队伍；建立信息化技术支持服务（金财工程）机构和各级联动机制；加强技术支持服务评估考核、技术支持能力资格认定工作；运用现代化手段，加强信息化设备应用全过程管理；建立信息化设备运行维护保障机制；加大金财工程建设力度，做好相关软件改造、升级和互通对接；实现财政诚信与财政各项管理融为一体，构筑一道严密且有记录、可追溯、不可更改的“防火墙”。

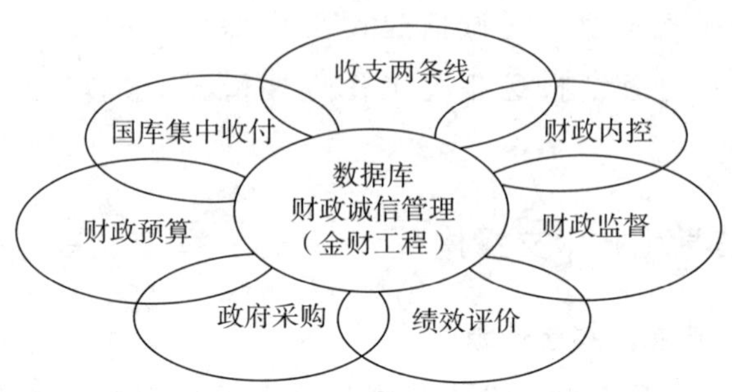

图 8－1　诚信管理融入财政各项业务，构成“六位一体”的有机整体

（四）统筹规划，突出重点

在具体操作上，按照“统筹规划，突出重点”的原则，构建信息化技术支撑体系与诚信管理体系。首先，坚持与现有资源整合与融合，建立共享数据库。利用部门预算、国库集中收付等数据库，构建大集成模块、大系统；软件开发应与金财工程同步设计、同步施工、相容匹配、促进融合，并与财政各业务软件及政府采购、财政监督、绩效评价系统相容匹配，以节约建设成本，发挥整体效益。其次，明确重点。建议将中央和省级政府关注的重大扶持资金，重大项目建设资金，必须确保资金，农业综合（扶贫）开发资金，教育、卫生和社会保障等民生资金，以及大宗请款等资金列入诚信绩效监控重点。对一般性、常规性的财政支出，只作诚信记录，待制度运行成熟后再逐步推进。

8.3　财政诚信管理的实现路径

8.3.1　建立“五权相对分离”制衡机制

根据“四权分离”（决策、执行、监督、评价分离）制衡理论，借鉴浙江财政“三位一体”（预算编制局、预算执行局、财政监督局）和焦作财政“四权分离”（编制、执行、评价、监督分离）的做法，建立决策、编制、执行、监督、评价五权相对分离的制衡机制。按照“五权相对分离”制衡机制的要求，在财政内部对应设置综合、预算、执行、监督、评价等五个口，如图 8 – 2 所示。其中，综合口主要负责宏观分析、政策研究、规范性文件起草、条法规章审核和诚信等级评价。预算口主要负责预算编制安排和调整。执行口主要负责预算的执行。监督口主要负责事前、事中、事后及各项业务的监督检查。评价口主要负责预算绩效评审和重点项目绩效评价。这样，各口在自行履职的基础上，建立分工明确、权责清晰、各司其职的分权制衡体系，形成重大事项联审机制、协作配合机制和监督评价反馈机制，构成一条既有机联系又相互制约的业务循环链。

8.3.2　建立诚信指标体系和诚信监控点

在具体操作上，按照上述五个口职责和各自业务内控的要求，建立业务诚信监控点，在不同的监控点上设置若干定性与定量指标，且赋予不同的权重进行全过程的监控，并通过金财工程平台相互连接，构成分工科学、权责分明、相互制衡、协调有序、良性互动、资源共享的财政诚信动态监管机制。

（一）综合环节

（1）建立三个诚信监控点

——财政制度设计监控点。由于综合口处于第三方，相对宏观超脱，没有自身利益，且远离财政关联人，没有直接的工作联系和资金分配往来，可以根据国家财政方针和地方实际，从经济、效率和公平合理的角度，通过调研及专家论证，公正地提出政策目标和具体的设计方案以及实施路径。

——条法规章审查、把关、起草监控点。将综合、条法规章制度、政策研究（科研）部门的职能划入。对其他业务部门提出的政策建议，依据法律法规进行审查把关。条法规章审查拟定之前，一般应进行政策调研，同时借助专家外脑、社会公众智慧、听证会和网络征求意见。

——诚信管理及等级评价监控点。通过财政诚信十项制度的推进，加强各关联户的诚信理念和文化宣传工作。通过财政内部各部门以及外部各关联户的诚信行为和数据库自动形成的数据、记录，开展财政诚信等级评价活动。同时，监控关联户相关报告的承诺保证履行情况，进行不良记录比对。

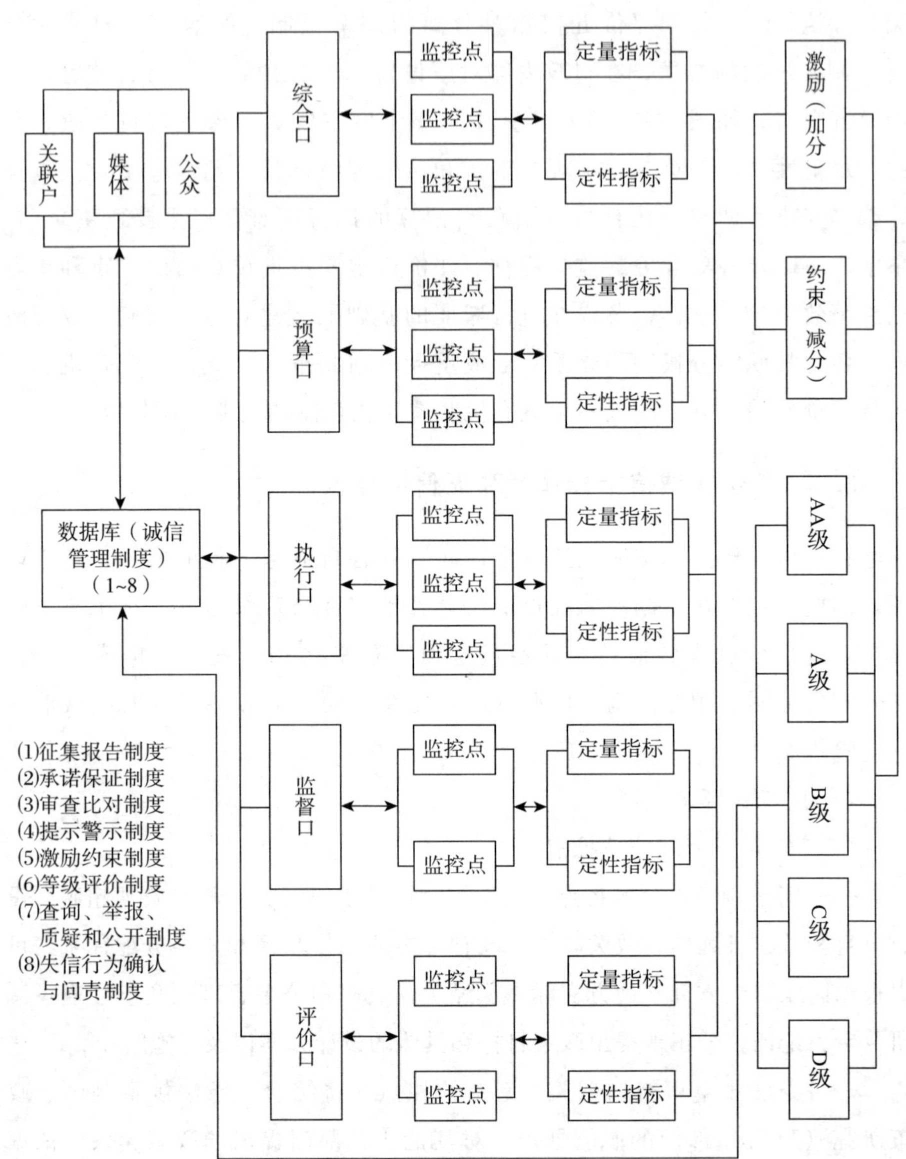

图 8-2 诚信管理对应“五权相对分离”框架及工作流程

（2）指标设置及各自权重（100 分）

宣传教育（权重 20%）：国家法律法规、财政规章制度、政策文件的学习贯彻和诚信教育是否开展，宣传工作是否做到人人皆知。

基础资料（权重 40%）：各项财经制度是否建立并组织实施，财政基础资料（包括申报项目和资金记录）是否真实、合规、完整，数据是否准确。

诚信行为（权重 40%）：是否认真执行国家财经法律法规和财政各项制度规定，是否严格遵守财经纪律，做到廉洁自律、依法理财、依规办事，是否认真受理群众查询、举报和质疑，是否认真查处违规失信行为。

（3）工作流程路径（如图 8－3 所示）

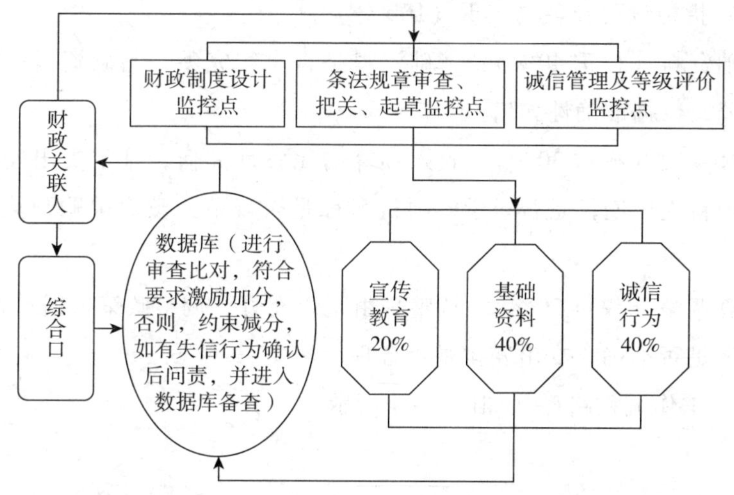

图 8－3　综合环节：诚信管理循环监控流程

（二）预算编制环节

（1）建立三个诚信监控点

——基础资料审核监控点。主要审核单位报送基础资料（包括项目申报）的真实性、合规性和完整性，以及基础资料政策依据的充分性、数据的准确性等。

——预算草案审核监控点。主要审核：①收入预算的完整性，如所有收入（包括上年的结余结转资金）是否全部纳入预算管理，是否存在虚报、漏报、瞒报、错报等问题；②基本支出安排的准确性，如单位人员经费是否按照规定的标准核算，公用经费是否按照规定；③项目支出安排的科学性，如项目名称是否规范，支出经济分类科目应用是否准确，固定项目经费是否列入部门预算；④政府采购预算的合理性，如预算单位是否编制了政府采购预算，采购方式是否合理，资金来源是否明确；⑤其他方面，如功能科目的运用是否准确，单位预算草案编制说明和项目文本是否规范。

——预算调整审核监控点。主要审核调整理由的充分性、政策依据的可行性、调整数据的准确性和支出安排的合理性和必要性。

同时，监控关联户相关报告的承诺保证履行情况，进行不良记录比对。

（2）指标设置及各自权重（100分）

基础资料（权重40%）：基础资料是否真实完整，基础资料政策依据是否充分，数据准确性如何。

预算草案（权重30%）：收入预算的完整性如何，基本支出安排是否准确，项目支出安排是否科学，项目名称是否规范，政府采购预算的合理性如何。

预算调整（权重30%）：调整理由是否充分，调整政策依据是否可行，调整数据是否准确，支出安排是否合理。

（3）工作流程路径（如图8－4所示）

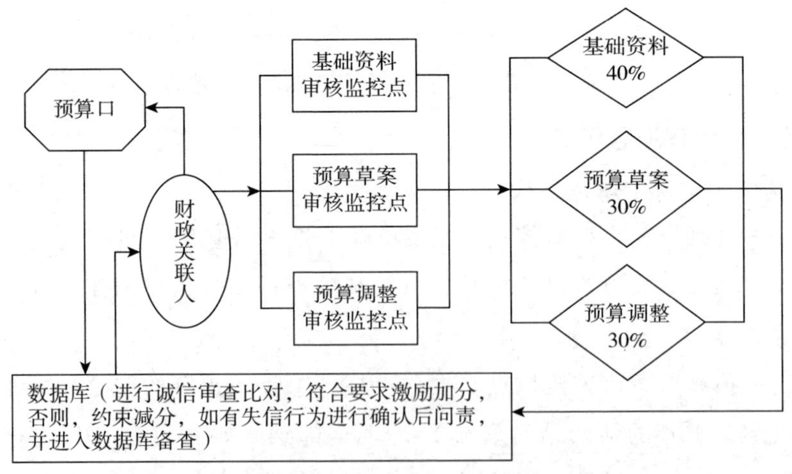

图8－4　预算编制环节：诚信管理循环监控流程

（三）预算执行环节

（1）建立三个诚信监控点

——指标监控点。财政预算部门将年初预算收入支出（或预算控制数）从指标管理系统导入国库集中支付系统，用于掌握收入进度，控制用款计划的审批，达到宏观调控和预算控制的目的。

——计划监控点。财政国库管理部门对各地各部门的预算收入和预算单位提交的用款计划进行审核。审查预算收入进度及真实性，审查预算单位用款是否符合预算指标、科目和支付方式及范围，是否均衡编制。

——支付监控点。财政国库支付部门对预算单位提交的直接支付申请进行审核。审查支出是否超额度、是否真实准确，大额支付是否报批，支付账号是否合规。

同时，监控关联户相关报告的承诺保证履行情况，进行不良记录比对。

（2）指标设置及各自权重（100 分）

收入情况（权重 30%）：根据财政收入入库情况进行。审查是否均衡入库，是否虚报隐瞒，是否有延解、占压等违规行为。

支付类型（权重 30%）：区分直接支付、授权支付，判断用款计划是否超预算指标，是否均衡或按项目进度编制；判断预算科目、支付方式及支付范围使用是否正确。

支付比重（权重 20%）：判断项目支出中直接支付比例是否符合规定（省本级不得超过 70%）。

禁转账户（权重 20%）：判断账户是否报经财政部门审批，是否违规在系统内划转资金，是否向基本账户或基建账户划转资金。

（3）工作流程路径（如图 8－5 所示）

（四）财政监督环节（指专职监督检查）

（1）建立两个诚信监控点

——项目申报监控点。根据部门上报的项目资料的真实性、合法性进行审核。

——项目实施情况跟踪监控点。根据项目实施进度与资金的拨付情况

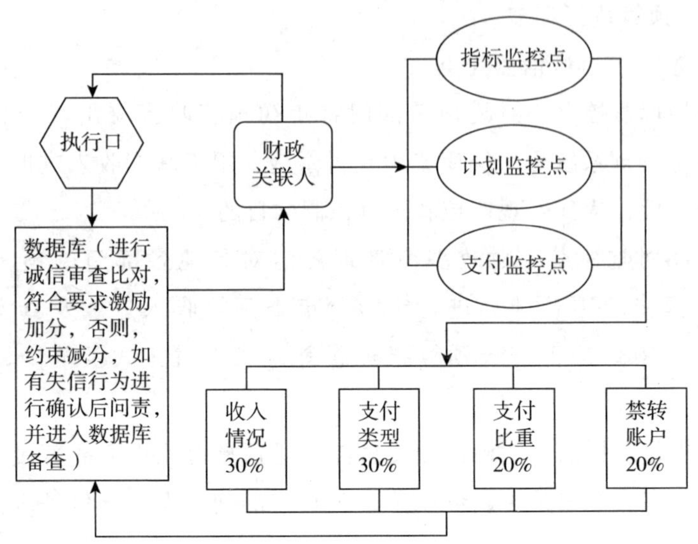

图 8－5 预算执行环节：诚信管理循环监控流程

进行跟踪监督，及时纠正和查处项目实施中的违纪违规问题，以保障资金安全规范运行。

同时，监控关联户相关报告承诺保证的履行情况，进行不良记录比对。

（2）指标设置及各自权重

项目立项监督（权重 20%）：项目是否具备立项条件。如编报项目是否真实，项目单位自筹资金是否落实，用款单位经营状况、财务状况等基础信息是否真实。

分配拨付监督（权重 20%）：资金分配是否有明确合理的依据、是否按项目进度审核拨款、是否及时拨付。

资金使用监督（权重 40%）：是否专款专用、是否合理使用、有无随意改变资金用途、是否达到预期效益、有无资金损失浪费、是否按规定安排配套资金。

财务监督（权重 20%）：资金核算是否符合国家相关法律法规和制度、资金使用单位的会计核算是否符合有关会计准则和会计制度的要求、会计信息是否真实准确完整、资金使用是否依法设立会计账簿、会计资料是否真实完整、是否建立严密的内控制度和会计档案管理制度。

（3）工作流程路径（如图 8－6 所示）

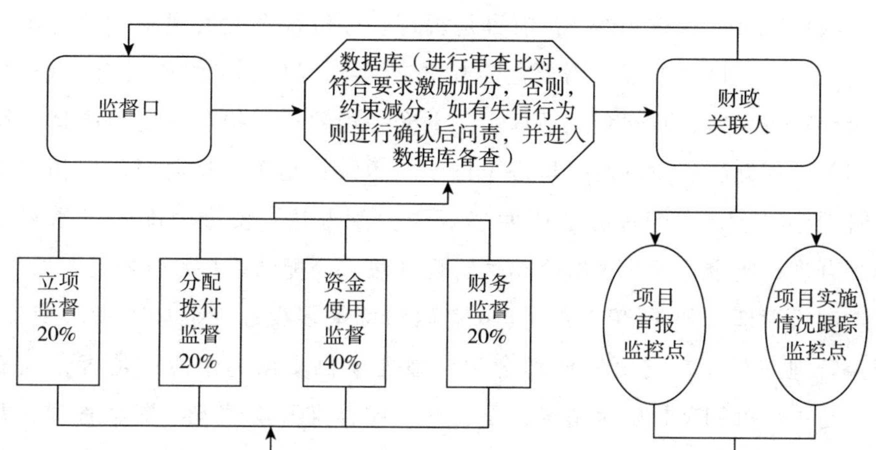

图 8－6 财政监督环节：诚信管理循环监控流程

（五）绩效评价环节

（1）建立两个诚信监控点

——预算评审监控点。绩效目标填报应做到“指向明确、具体细化、合理可行”，预算评审主要针对试点项目申报，选择一些社会关注度高、影响力大的民生项目和重点项目进行。

——评价和再评价监控点。预算执行结束后，要及时对预算资金的产出和结果进行绩效评价，重点评价产出和结果的经济性、效率性和效益性。财政部门根据需要，对部门绩效评价实施再评价。

同时，监控关联户相关报告承诺保证的履行情况，进行不良记录比对。

（2）指标设置及各自权重（100 分）

①绩效目标申报

长期绩效指标（权重 60%）：项目总的产出数量、质量、时效、成本如何，项目的经济效益、社会效益、环境效益、可持续影响如何，服务对象满意度如何。

年度绩效指标（权重 40%）：本年度项目产出数量、质量、时效、成本如何，项目的经济效益、社会效益、环境效益、可持续影响如何，服务对象满意度如何。

②支出绩效评价

项目决策（权重40%）：项目是否符合经济社会发展规划和部门年度工作计划；项目是否根据需要制定中长期实施规划，申报是否符合条件，是否存在报大数、假配套、不真实、不准确现象；申报、批复程序是否符合相关管理办法；项目调整是否履行相应手续；是否根据需要制定相关资金管理办法，并在管理办法中明确资金分配办法；资金分配因素是否全面、合理；资金分配是否符合相关管理办法；分配结果是否合理。

项目管理（权重30%）：资金实际到位率多少；资金是否及时到位；资金管理是否存在支出依据不合规、虚列项目支出的情况；是否存在截留、挤占、挪用项目资金情况；是否存在超标准开支情况；资金管理、费用支出等制度是否健全，是否严格执行；会计核算是否规范；组织实施机构是否健全，分工是否明确；是否建立健全项目管理制度；是否严格执行相关项目管理制度。

项目绩效（权重30%）：项目产出数量、质量、时效是否达到绩效目标，产出成本是否按绩效目标控制，项目实施是否产生直接或间接经济、社会综合效益，项目实施是否对环境产生积极或消极影响，是否对人、自然、资源带来可持续影响，项目预期服务对象对项目实施的满意程度。

（3）工作流程路径（如图8－7所示）

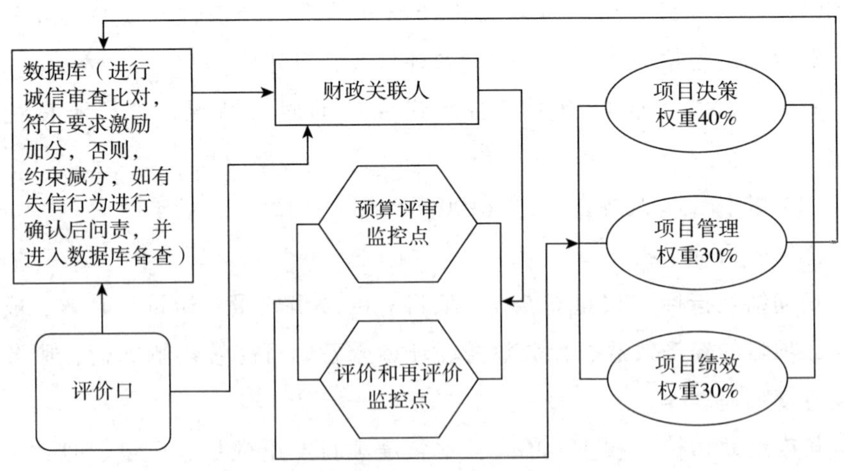

图8－7 绩效评价环节：诚信管理循环监控流程

第 9 章　财政诚信制度设计

9.1　财政诚信报告、诚信承诺和诚信审查比对制度

9.1.1　适用范围

适用于各级财政部门分配专项资金以及预算单位在提交部门预算、申报财政资金（项目）、组织政府采购、开展招投标等公共资源分配过程中的各项管理活动。财政相对人为各级国家机关、企事业单位、社会团体和自然人。执行主体为各级财政部门。财政诚信管理机构为各级财政绩效（诚信）评价机构和第三方诚信评级机构。

9.1.2　诚信报告

财政相对人向财政部门提交部门预算、申报资金（项目）时，必须首先出具诚信报告，或由财政诚信管理机构对其出具诚信评价或评级报告，也可以委托第三方诚信评级机构出具诚信评价或评级报告。

诚信报告实行一户一码一台账，即一个财政相对人终身一个编码、一个台账。财政相对人发生合并或撤销，其资产和台账并入接收单位。财政相对人诚信编码与法人登记编码相同，财政相对人中的自然人诚信编码与身份证号码相同。财政相对人一旦与财政发生资金供需关系，即自动生成原始诚信记录档案。

诚信报告的主要内容一般包括财政相对人的基本情况信息、职能职责信息、主要财务数据与指标、财政资金（项目）实施绩效、银行诚信记

录、合同履约信息、相关部门监督检查信息、违法违规记录、投诉举报信息、司法诚信信息及表彰奖励信息、财政部门需要的其他相关信息，以及诚信等级和风险提示的综合评价。

（1）财政相对人的基本情况和历史数据、资料，如分年度财政总收入、预算收入、财政供养人数、财力、预算支出，全部固定资产情况及历史记录（如债权债务、财政担保、借款、债务偿还）等等。对其诚信能力进行分析说明，存在风险的应当作出风险及等级提示。

（2）诚信记录资料，指财政相对人与财政发生资金供需关系以来的全部记录资料。具体包括：部门预算（基本支出、项目支出）情况；专项资金申报及批复；资金使用报告；相关机构跟踪问效、绩效评价及审计（财监、专员办）检查结论；其他特别记录，主要是违反有关法规规章等记录；计算机自动生成的所有资料等。

（3）对诚信报告内容和台账资料，财政相对人必须认真负责、实事求是地填报，不准弄虚作假、隐瞒虚报、假冒欺骗、故意多头重复提交。委托第三方出具诚信报告的要求提供的书面材料必须客观、真实、公正、合法，存在法定回避情形的应当回避，对相关内容保密，不得私下接触利害关系人，不得收受财物或者其他好处；对提出的诚信报告要承担法律责任。

（4）诚信报告记录保留期限依照有关规定执行。

诚信报告的使用领域有：①申请政府公共资源分配、部门预算、财政性资金（项目）安排、财政借款或对外借款、财政担保等项目；②参与政府采购的招标，以及财政资金建设项目的招投标；③国有资产产权交易；④其他需要出具诚信报告的财政管理领域。

9.1.3 诚信承诺保证

财政相对人在提交预算报告和申报资金（项目）时，应根据财政部门的要求和诚实守信原则，对自身的诚信状况、申报材料的真实性作出承诺，即保证严格遵守国家的法律、法规和规章，全面履行应尽的责任和义务，并接受财政部门的监督管理，如违背承诺愿意承担违约责任，并依法承担相应的法律责任。

（1）所有财政相对人向财政部门报告报备材料、资料、数据和部门预算、资金（项目）申报或请款报告等，必须书面出具诚信承诺书，保证提供的所有材料、资料、数据等内容真实可信，同时保证严格按照规定使用资金或实施项目。否则，愿意接受停止或取消相应的财政资金（项目）安排的处罚，并承担一切行政或法律责任。

（2）实行“一事一保证”和全面保证。涉及财政相对人报告报备的某个材料、资料、数据、项目或单个申报资金或借款等报告时，一般实行“一事一保证”。对涉及多项或某个年度多项资金申报或使用的财政相对人，实行多项或全面保证。年度预算或三年滚动预算按财政部门要求作出诚信保证。

（3）诚信承诺保证书由财政相对人主要领导、分管领导、财会及有关人员本人署名共同作出。上级单位要切实履行职责，认真做好申报材料和相关证明材料的审核工作，确保齐备、有效、真实、准确。经审核无误后，须填写申报材料审核真实性保证书。

凡财政相对人未签署诚信承诺书和上级单位未填写申报材料审核真实性保证书的申报材料，其主管部门和财政部门一律不予受理。

9.1.4　诚信审查比对

财政部门对财政相对人提交的报告、资料、数据等与留存的诚信信息记录进行诚信状况及纵横向审查比对。其主要用于财政相对人申报财政资金（项目）、财政借款或对外借款以及其他公共资源分配活动，为财政审批和财政管理提供依据。

（1）前台初步审查比对。财政相对人申报资金必须如实填写经特别设计的电子报告，并附相关凭证和证明（电子扫描件）。同时，另附纸质材料及证明原件备查。资金申报材料，如资料完整、真实、合规，将自动进入统一和联网的计算机信息系统。如可行，将自动进入后台审查程序。申报资料如填写不实、出现逻辑矛盾或违反规定，计算机会自动告知并退回财政相对人，同时该财政相对人被自动列入重点监控对象。当不良记录积累到一定量时，或严重违规被列入严重失信单位的（指 D 级），一开始就进入不了计算机程序。

(2) 后台审查比对。在数据库和信息技术的支持下，财政相对人所有的申报材料（电子化数据）均被快速传至后台，后台审查将通过数据库，自动与某个财政相对人及申报资金和其他横纵向资金（曾经留底的相关资料）进行对比分析，进一步核实申报资料的真实性和财政相对人的诚信度。如不符合条件或有较严重的不良记录，将受到“株连”，即收到不予安排资金或退回等信息反馈提示，对多头重复申报和有虚报假冒嫌疑的，除计算机被锁定外，还将责成其说明原因，必要时进一步核查。

(3) 非常规审查比对。在财政部门设专门机构，每年按一定比例（10% ~20%）随机抽查财政相对人的财政诚信情况。对违反有关法律法规和规章且屡次不改、群众举报较多、社会反映强烈和严重失信的重点财政相对人要进行重点检查。冒领欺骗、挤占侵占、坐支挪用、超标赖账等严重失信户将被依规处理，纳入不良记录和重点监控名单，在以后再次申报资金时，将受到更加严格的审查，直至列入黑名单。

诚信审查比对报告由财政诚信信息化机构负责。财政诚信信息化机构接到诚信审查比对申请后，在5个工作日内将审查结果反馈申请审查的财政相对人或相关财政部门或其内设机构。

9.1.5 失信责任追究

(1) 资金（项目）申报审查或评审实行“谁审核、谁签名、谁负责”原则，财政相对人须对自身提供的申报材料的真实、准确、完整性负责；上级单位须对财政相对人的基本情况、诚信能力、有关材料的真实性和审签程序负责；主管部门和财政有关业务机构须对申报材料接收、资格审查负责；主办机构需要提交评委会评审的，须对政策把握、组织评审负责；评委会委员须对主审材料和评议意见负责；评委会须对标准条件、工作程序、评审质量负责。

(2) 对违背申报资金（项目）诚信承诺、弄虚作假的财政相对人实行“一票否决”，取消其申报资格。审查或评审通过的，审查或评审结果无效。同时给予通报并记入诚信档案，列入黄名单管理，3年内取消其申报资格。情节严重的，列入黑名单管理，7年内取消其申报资格，并按有关规定追究相应责任。

（3）对不审查财政相对人诚信状况，或审查把关不严、违反规定，为财政相对人提供虚假证明材料的单位和个人，一经查实给予通报，并视其情节轻重，追究相关责任人责任。由此导致决策或者工作失误并造成严重后果的，要依法追究相关单位负责人的责任。

（4）对违反资金（项目）审查和评审工作纪律，利用工作之便谋取不当利益的审查人员（评委或评委会），按审批权限撤销其审查员（评委或评委会）资格，禁止其再参加资金（项目）审查或评审工作，情节严重的，按有关规定追究相关责任人的责任。

9.1.6　异议处理

（1）财政相对人对涉及本单位或自然人的财政诚信信息有异议的，可以向财政诚信管理机构提出书面更正申请。财政诚信管理机构应当及时核实，在 10 个工作日内作出书面答复；确有错误的或者不利于保守其秘密的，应当立即更正。

（2）在财政相对人要求更正财政诚信信息期间，财政诚信管理机构和财政信息中心不得对外发布该条信息。

（3）经过核查，无法确认异议信息存在错误的，财政诚信管理机构不得按照异议申请人要求更改相关诚信信息。

9.1.7　保障措施

（1）各级财政部门负责对财政相对人诚信报告、诚信承诺、信息审查比对工作的推进、实施、指导和监督管理。

（2）财政部门要加强对诚信服务机构的监督管理，建立从业人员诚信档案。诚信服务机构要加强自身诚信建设，严格管理其从业人员。

（3）财政部门要加强对同级财政诚信管理机构和下级财政部门的指导、管理和考核工作。各级财政诚信管理机构应制定相应的具体实施办法并向同级和上级财政部门备案。

涉及民生福利、自然灾害资金（项目）使用违规失信的，今后资金（项目）的安排问题另行规定，对相关责任人仍须依法依规追究责任。

9.2 财政诚信分级分类管理制度

9.2.1 适用对象

凡具有法人资格、独立核算并与财政管理有关联的单位应申报财政诚信等级评定，具体包括：①国家机关；②事业单位、社会团体；③财政专项资金扶持单位和政策性补贴单位；④其他单位。

9.2.2 分类评级

（1）财政诚信等级按照公开、公平、公正原则进行评定。公开评定程序、评定办法，公平对待评定对象，公正运用评定依据、评定标准。

（2）财政诚信等级实行分类管理。对财政诚信良好的单位，给予相应的鼓励；对财政诚信较差的单位，采取必要的监管和惩戒措施，促进其提高预算管理水平，维护财政预算的严肃性。

（3）财政诚信等级评定以财务会计诚信等级评定、财政绩效评价、其他有关财政管理数据和审计、财监、专员办等部门检查报告为基础。

（4）评定机构依据申请单位财务会计诚信等级及预算编制、执行的合规性、准确性、真实性、完整性等情况，对其财政诚信进行评定，分为 A、B、C、D 四个等级。

（5）财政诚信评定采取单位自评、主管部门考核与财政部门组织审查评定相结合的办法。

（6）财政诚信等级实行升降级管理，评定机构可根据单位财政管理情况调整其财政诚信等级。

9.2.3 评定机构

财政部门负责制定财政诚信等级评定标准、诚信分类监管、诚信档案管理措施，负责指导全省财政诚信分级分类管理工作的开展，并具体负责本级部门预算单位、下级财政诚信等级评定。

区域财政局负责本区域内县（区、市）及市本级部门预算单位财政诚信等级评定、诚信分类监管及诚信档案管理工作。

财政绩效局（或财政综合单位）为诚信管理评定机构，具体负责财政诚信等级评定和管理工作。评定机构在财政诚信等级评定过程中，根据需要，可以采用政府购买服务等方式，聘请中介机构参与部分具体工作。

9.2.4　评级内容

评定机构依据申请单位上一财政年度的下列情况，分析、评估和确定单位的财政诚信等级：

（1）管理者对财政管理工作的重视情况（权重 3%）；

（2）机构设置、制度建立情况（权重 5%）；

（3）预算编制、执行及决算情况（权重 20%）；

（4）银行账户及财政收支管理情况（权重 20%）；

（5）预算、国库、监督、非税、票据、内控、绩效等财政业务管理情况（权重 15%）；

（6）财务会计诚信等级及绩效评价评审情况（权重 10%）；

（7）执行国家财政法律、法规和规章制度情况（权重 25%）；

（8）其他有关情况（权重 2%）。

9.2.5　诚信等级评定

（1）财政诚信等级分为四级：守信（以下简称 A 级），标识为绿色；基本守信（以下简称 B 级），标识为蓝色；失信（以下简称 C 级），标识为黄色；严重失信（以下简称 D 级），标识为黑色。

（2）财政诚信等级评定实行千分制。A 级：评定分在 900 分以上；B 级：评定分在 700 分至 899 分；C 级：评定分在 500 分至 699 分；D 级：评定分在 499 分以下。

A 级，即严格遵守财经法律法规和诚实守信原则，具有很好财政诚信，在评定年度内同时满足下列条件之一的：①未向财政部门提供虚假材料或隐瞒事实；②在审计、财监、专员办等部门开展的检查中，各次评定结果均为优良及以上；③在财政各项管理、财务会计诚信等级、财政绩效评审（评价）工作中无违规行为，有关评价为 A 级的；④无因违法违规行为受到有关部门处罚的记录，或无因涉嫌违法违规行为被移送相关部门处理的记录，有多级预算的主管单位，其下属单位财政诚信等级在B级及以上的比例在80%以上；⑤下属单位财政诚信等级为C级的比例不超过15%；⑥下属单位财政诚信等级为D级的比例不超过5%。

B级，即基本遵守法律法规和诚实诚信原则，在评定年度内同时满足下列条件的：①未向财政部门提供虚假材料或隐瞒事实；②在审计、财监、专员办等有关部门开展的检查中，各次评定结果为较好及以上；③有轻微违规情节且数额较小，被财政等有关部门处以提醒或警示记录累计不超过2次；④财务会计诚信等级、财政绩效评价及有关评价为B级的；⑤属于“××省财政相对人失信惩戒试行办法”规定的一般失信行为的。

C级，即在评定年度内有下列情形之一的：①向财政部门提供较重虚假材料或隐瞒违法事实；②在审计、财监、专员办等有关部门开展的监督检查中，评定结果为较差的；③违法违规情节较重且数额较大，被财政等有关部门处以诚信约谈和诚信特别警示记录累计不超过3次；④违法违规行为受到财政等有关部门较重处罚的；⑤财务会计诚信等级、财政绩效评价及有关评价为C级的；⑥属于财政相对人失信惩戒制度规定的较重失信行为的。

D级，即在评定年度内有下列情形之一的：①向财政部门提供严重虚假证明材料或者隐瞒事实；②在财政等有关部门检查时，无正当理由拒绝接受监督检查；③违法违规情节较重且数额较大，受到财政等有关部门处以诚信约谈和诚信严重警示记录累计不超过4次；④单位负责人及有关人员严重违反财政纪律、财经法规，造成财政资金重大损失，或移交司法机关处理追究刑事责任的；⑤擅自将预算内资金转移到预算外或将财政性资金拆借给企事业单位或个人的；⑥擅自减征、免征、缓征或者转移、截留、占用、挪用、坐支应上缴国库和财政专户的预算收入的；⑦伪造、变造、隐匿或故意销毁按规定应当保存的财政管理资料的；⑧私设小金库的；⑨财务会计诚信等级、财政绩效评价及有关评价为D级的；⑩属于财政相对人失信惩戒制度规定的严重失信行为的。

（3）财政诚信等级评定从本年度12月31日起往前追溯1年为一个评定年度。新设立的单位不满1年的，当年不予评定诚信等级，在此期间的诚信信息记入下一评定年度。财政诚信等级评定依托系统，由系统软件自动评定诚信等级，有的指标则通过人工输入系统和专家评审或第三方机构评分与系统内指标合成评定。

——财政诚信信息录入。各级财政部门按照各自职责，在诚信信息产生之日起 10 个工作日内将相关信息录入系统。此后，每天、每周或每月进行数据更新；遇特殊情况应当至少每季度第一个月的前 10 日内更新一次。

——财政诚信等级评定。财政诚信等级每年评定一次，于次年 1 月份通过系统对年度单位财政诚信等级进行评定，由系统按照诚信分级评定标准，依据录入的诚信信息，自动生成评价结果和评价报告。

——诚信等级公示。各级财政部门在内网公示拟评定的诚信等级，公示时间为 7 个工作日。对拟评定结果有异议的，应向财政部门提出意见，财政部门应认真进行核实。

——诚信异议核实。对评定意见有异议，如用于评价的诚信数据无差错的，不予重新评定；如用于评价的诚信数据有差错的，且非所在单位责任造成的，可以重新提供同期、有效的诚信数据，财政部门审核其真实性、准确性后，在 7 个工作日内进行重新评定。在规定期限内，对拟评定结果未提出异议的，视为放弃重新评定权利。

——诚信等级公告。公示、核实后，财政部门应对各个诚信等级的单位进行归档备案，诚信等级评定结果应在财政部门网上公告。诚信等级为 D 级的，由财政部门将有关诚信信息向相关部门通报，实施跨部门联合惩戒；诚信等级为 A 级的，作为诚信示范创建单位，予以重点宣传推荐。

（4）在诚信等级评定年度内，发现单位存在重大违法违规情况，尚未完成实施处罚的，财政部门应暂缓评定其诚信等级。

9.2.6　评级程序

通常分为七个阶段：①前期准备阶段；②收集信息阶段；③信息处理阶段；④初步评级阶段；⑤确定等级阶段；⑥公布等级阶段；⑦跟踪评级阶段。

（1）申报单位根据评定标准自评后，提出财政诚信等级评定申请，将下列资料上报主管部门，主管部门经考核后提出意见，报省财政厅主管评定机构。无主管部门的单位，自评材料直接报主管评定机构。材料有：①财政诚信等级申请评定表；②财政诚信自我评估报告；③上年度预算执行及有关财政业务管理情况分析；④单位主要负责人、分管财务负责人及经办（会计）人员职务职称证明原件及复印件；⑤财务会计诚信等级、绩效评价证明资料原件及复印件；⑥审计、财监、专员办、监察等部门专项检查报告。

（2）评定机构在遵循评定原则的基础上，采用公平、公正、公开、科学、合理的计评方法，对单位的预算管理情况进行审核、综合评定。评定过程中，评定机构充分听取参评单位主管部门及人大、监察、法制办、审计厅等部门的意见。财政诚信等级评定后，评定机构填制财政诚信类别通知书，将评定结果通知单位及其主管部门。

9.2.7 诚信分类监管

（1）财政部门对 A 类财政诚信单位采取以下管理措施：①通过媒体公布，颁发 A 类财政诚信等级通知书，给予通报表彰，注明绿色标识，保留期限为 3 年；②在 3 年内免除日常检查和专项检查（财政部及省政府安排的专项检查除外）；③单位负责人、财务负责人参加高级职称评定的，建议有关部门优先考虑，并建议有关部门将其列入干部任职使用档案；④建议有关部门和上级政府给予表彰；⑤在资金安排、政策扶持和财政工作奖励方面给予一定倾斜。

（2）财政部门对 B 类财政诚信单位采取以下管理措施：①财政部门根据 B 类财政诚信等级通知书进行诚信提醒或诚信警示，并通知其作出诚信整改承诺，规定时间完成整改；②在 B 类诚信单位户头上注明蓝色标识，保留期限为 3 年；③在 2 年内免除日常检查和专项检查（财政部及省政府安排的专项检查除外）；④在资金安排、政策扶持和财政工作奖励方面给予适当倾斜。

（3）财政部门对 C 类财政诚信单位采取以下管理措施：①财政部门根据 C 类财政诚信等级通知书进行诚信提醒和诚信重点警示，并通知其作出诚信整改承诺，规定在 1 个月内完成整改；②在 C 类诚信单位户头上注明黄色标识，保留期限为 5 年；③每年财政部门对其实行定期检查，并建议审计等部门加强审计；④在资金安排、政策扶持等方面从严对待（除民生福利、自然灾害援助资金外）。

（4）财政部门对 D 类财政诚信单位采取以下管理措施：①进行诚信约谈和诚信特别警示，实行诚信惩戒管理；②在 D 类诚信单位户头上注明黑色标识，保留期限为 7 年；③在收到 D 类财政诚信等级通知书 1 个月内，针对财政管理中存在的问题，作出书面诚信整改承诺，并在 3 个月内完成整改；④单位自收到 D 类财政诚信等级通知书次月起，凡与财政有关的资金用款申请必须逐项提出，按月上报财政资金使用情况，每季度上报本单位财政管理情况报告；⑤财政部门对其实行不定期检查，并建议审计等有关部门加大对其进行全面审计、检查；⑥对直接调整为 D 类财政诚信等级的单位，建议其主管部门在系统内通报和按规定追究有关人员责任；⑦对负有责任的负责人及当事人，建议有关部门对其暂缓评审任职资格、暂缓认定财务任职资格、暂缓提升有关职务并记入本人档案；⑧停止相关资金安排、政策扶持等（除民生福利、自然灾害援助资金外）。

9.2.8　升降级管理

（1）A 类为初始等级，即财政相对人第一次申报或列入财政分类分级管理时，视同 A 类等级。一年内未发现失信情况，等级保留，并给予加分。发现失信情况，根据情节严重程度给予减分，甚至作降级处理。

（2）对财政诚信等级实行动态管理，在诚信等级有效期内单位出现违法违规行为的，视违法违规行为情节的严重程度，降到相应的诚信等级。被降级单位，在诚信等级有效期内，不得再上调诚信等级。

（3）对已经评定财政诚信等级的单位实行年度鉴定制度，根据单位财政管理状况，重新确定其诚信等级。非经年度鉴定不得向上调整。

（4）诚信等级可以越级下降。不经过重新评定，不得上调诚信等级。原则上诚信等级上调不能越级提升。

（5）除首次评定外，财政诚信等级连续两年为 B 类的，方可申请评定 A 类财政诚信等级；连续 3 年为 C 类的，方可申请评定 B 类财政诚信等级；连续 4 年为 D 类的，方可申请评定 C 类财政诚信等级。

（6）财政诚信等级评定后，单位财务会计诚信等级、绩效评价及有关财政管理考评向下调整的，对财政诚信等级高于财务会计诚信等级、绩效评价的单位，评定机构应相应调整其财政诚信等级。

（7）财政诚信等级评定后，单位发生财经违法违规情况，与已评定的财政诚信等级不符的，评定机构应向下调整其诚信等级。对直接调整为D类财政诚信等级的单位。其D级评价保留7年，第8年财政诚信不得评价为A级。

（8）单位对评定结果不服的，可依据规定向财政评定机构提出对评定结果的复核申请，复核申请必须书面写明申请事项、事实、理由及依据。涉及民生福利、自然灾害资金（项目）使用违规失信的，今后资金（项目）的安排问题另行规定，但对相关责任人仍须依法依规追究责任。

9.3 财政相对人失信惩戒管理制度

9.3.1 适用范围

（1）财政相对人，是指向财政部门提出部门预算，申请各类资金（项目）、财政借款或对外借款、财政担保，参与政府采购、国有资产产权交易，以及其他公共资源分配活动的省内各级国家机关、企事业单位、社会团体和自然人。

（2）实施惩戒的财政相对人失信信息，以预算执行、项目资金使用、财政监督、财政绩效评价及审计部门、财政专员办等诚信记录为重点。财政相对人对其失信信息享有知情权、提出异议权。财政部门诚信管理机构负责组织实施。

9.3.2 失信行为

财政相对人失信行为，是指财政相对人违反财政法律法规和政策规定的行为。主要包括以下行为。

（1）违反国家财政收入管理规定的：违反规定设立财政收入项目；违反规定擅自改变财政收入项目的范围、标准、对象和期限；对已明令取消、暂停执行或者降低标准的财政收入项目，仍然依照原定项目、标准征收或者变换名称征收；缓收、不收财政收入；擅自将预算收入转为预算外收入；其他违反国家财政收入管理规定的行为。

（2）违反国家财政收入上缴规定的：隐瞒应当上缴的财政收入；滞留、截留、挪用应当上缴的财政收入；坐支应当上缴的财政收入；不依照规定的财政收入预算级次、预算科目入库；违反规定退付国库库款或者财政专户资金；其他违反国家财政收入上缴规定的行为。

（3）违反国家有关上解、下拨财政资金规定的：延解、占压应当上解的财政收入；不依照预算或者用款计划核拨财政资金；违反规定收纳、划分、留解、退付国库库款或者财政专户资金；将应当纳入国库核算的财政收入放在财政专户核算；擅自动用国库库款或者财政专户资金；其他违反国家有关上解、下拨财政资金规定的行为。

（4）违反规定使用、骗取财政资金的：以虚报、冒领等手段骗取财政资金；截留、挪用财政资金；滞留应当下拨的财政资金；违反规定扩大开支范围，提高开支标准；其他违反规定使用、骗取财政资金的行为。

（5）违反国家有关预算管理规定的：虚增、虚减财政收入或者财政支出；违反规定编制、批复预算或者决算；违反规定调整预算；违反规定调整预算级次或者预算收支种类；违反规定动用预算预备费或者挪用预算周转金；违反国家关于转移支付管理规定的行为；其他违反国家有关预算管理规定的行为。

（6）违反国家有关投资建设项目规定的：截留、挪用国家建设资金；以虚报、冒领、关联交易等手段骗取国家建设资金；违反规定超概算投资；虚列投资完成额；其他违反国家投资建设项目有关规定的行为。

（7）违反财政收入票据管理规定的：违反规定印制财政收入票据；转借、串用、代开财政收入票据；伪造、变造、买卖、擅自销毁财政收入票据；伪造、使用伪造的财政收入票据监（印）制章；其他违反财政收入票据管理规定的行为。

（8）伪造、变造、隐匿或故意销毁按规定应当保存的预算管理资料的；严重违反财政纪律、财经法规，造成财政资金重大损失，或移交司法机关处理追究刑事责任的。[①]

(9) 违反《预算法》第 92 条至第 95 条规定，以及其他财政法律法规规定的行为。

9.3.3 认定和惩戒

财政相对人失信行为按照严重程度从低到高划分为三个等级，分别是一般失信行为、较重失信行为和严重失信行为。

(1) 一般失信行为包括：①有以上失信行为，情节轻微的；②违规 2 次（件）以内且数额较小；③经审计、财监、财政专员办等部门检查未作出处罚的。

对一般失信行为，采取以下方式予以惩戒。①对财政相对人的一般失信行为，有关部门或者机构应当督促其停止失信行为，并限期在 1 个月内完成整改。②诚信提醒。财政部门将失信通知书（含审计、财监等部门作出的违规处理通知书）给财政相对人，提醒其纠正和规范相关行为。③诚信警示。由财政部门作出，敦促其学习和对照相关法律、法规、规章和政策，在今后的财政管理中严格自律、诚信守法。④列入蓝名单管理，保留 3 年，第 4 年不得评为 A 类诚信等级。

(2) 较重失信行为包括：①未通过部分专项或者定期检验的；②被处以较重处罚的（以审计、财监、专员办等有关部门作出的处理决定书为依据）；③一年内发生 2 次及以上的一般失信行为，或者一年内一般失信行为达 3 次以上的；④违规情形情节较重的；⑤法律、法规、规章和省财政诚信机构规定的其他较重失信行为。

对较重失信行为，采取以下方式予以惩戒。①诚信约谈。财政部门对财政相对人的分管负责人或者直接责任人进行约谈，宣传相关法律、法规、规章和政策，敦促其在今后的财政管理中严格自律、诚信守法。②诚信重点警示。由财政部门作出，敦促其学习和对照相关法律、法规、规章和政策，在今后的财政管理中严格自律、诚信守法。③作为日常监督检查或者抽查的重点。④减少优惠政策和降低资金扶持力度。⑤书面告知和有限范围的

① 以上内容摘自国务院令第 427 号《财政违法行为处罚处分条例》。

公示。⑥限制财政借款等。⑦取消个别项目的财政资金补贴（助）。⑧限制有关财政资金（项目）审批。⑨用因素法安排财政资金时按比例扣分。⑩法律、法规、规章规定的其他惩戒方式。⑪列入黄名单管理，保留 5 年，第 6 年不得评为 A 类诚信等级。

（3）严重失信行为包括：①被处以严重处罚的（以审计、财监、专员办等有关部门作出的处理决定书为依据）；②法定代表人或者分管负责人因违反财政法律法规及规章被追究行政责任或刑事责任的；③一年内发生 2 次以上同类较重失信行为或者一年内较重失信行为达 3 次以上的；④失信行为所列情形情节严重的；⑤法律、法规、规章和省财政诚信机构规定的其他严重失信行为。

对严重失信行为，采取以下方式予以惩戒。①诚信约谈。财政部门对财政相对人的主要负责人、分管负责人或者直接责任人进行约谈，宣传相关法律、法规、规章和政策，敦促其在今后的财政管理中严格自律、诚信守法。②诚信严重警示。由财政部门作出，敦促其学习和对照相关法律、法规、规章和政策，在今后的财政管理中严格自律、诚信守法。③列入重点监控对象，提高监督检查频次，发现失信违法违规行为的，不得适用规定处罚幅度内的最低标准。④向社会公开失信信息。⑤撤销或者降低财政诚信等级。⑥限制或暂停发行债券和财政借款等。⑦取消有关项目的财政资金补贴（助）。⑧限制或取消有关财政资金（项目）审批等。⑨严格限制购置公务车、办公楼装修及新建等。⑩用因素法和公式法安排财政资金时按较大比例扣分。⑪法律、法规、规章规定的其他惩戒方式。⑫列入黑名单管理，保留 7 年，第 8 年不得评为 A 类诚信等级。

（4）财政部门对诚信提醒和诚信警示进行登记，详细记载提醒和警示对象、时间、方式以及内容。①财政相对人接到诚信提醒和警示后无故不纠正相关失信行为，或者无故不参加约谈，或对约谈事项不落实，经督促后仍不履行的，上升为上一等次失信行为予以惩戒；②县级以上财政部门应当将财政相对人失信信息及时、准确、完整地录入诚信信息管理系统，并依照有关规定确定其失信等级；③各级财政诚信管理机构负责归集整合财政相对人失信行为信息，与各级财政部门和财政内部各有关职能机构共享，必要时依照规定与有关部门、公用事业单位、行业服务机构等共享，为失信行为的联合惩戒提供信息服务。

9.3.4 教育与修复

（1）财政部门及诚信管理机构，应当制定财政相对人黑名单和黄名单管理办法，明确黑名单、黄名单审查、解除的条件和程序，并根据财政相对人诚信情况对黑名单、黄名单及时进行调整。在实施诚信惩戒时，应当督促财政相对人建立完善诚信管理制度，通过教育提醒、约谈、警示、培训、强化指导等手段，帮助财政相对人重塑诚信记录。对存在轻微失信行为或者初次发生失信行为的，应当以教育引导为主，减轻或者不予惩戒。

（2）财政相对人可以到财政诚信管理机构查询其诚信记录。诚信管理机构应当提供相应服务。相关利害关系人需要查询财政相对人失信信息的，按照有关规定执行。财政相对人对失信行为认定有异议的，可以向财政诚信管理机构提交异议申请，也可以依法申请行政复议。诚信管理机构或者认定其失信行为的单位，应当自收到异议申请之日起30日内对财政相对人予以回复并说明理由。异议处理期间，不影响失信行为记录的公示与处理。

（3）财政相对人非因主观故意发生失信行为的，可以按照一定条件和程序实施诚信修复。诚信修复由财政相对人向财政诚信管理机构等提出诚信修复申请，该单位认为财政相对人已经整改到位，符合管理要求的，可以决定允许诚信修复，并将诚信修复信息纳入本单位信息系统。对经诚信修复的财政相对人，减轻或免予相关惩戒，并在相关名单上予以注明。

9.3.5 管理和保障

（1）财政部门应当建设和完善财政相对人诚信基础数据库和服务平台，归集各相关部门的财政相对人诚信信息，强化信息应用和服务；应当建立财政相对人失信行为投诉举报制度，接受公民、法人或者其他组织的投诉举报，并负责投诉举报的受理、调查和反馈。对经核实无误的失信行为，录入信息系统。

（2）财政部门应当定期督察、考评相关部门和机构执行制度的情况，加强指导和监督，及时总结、推广好的做法和经验。对未依照规定实施财政相对人失信惩戒的，追究有关机构和人员的责任。

（3）建立和完善联合惩戒制度。将列入 D 类财政诚信等级的财政相关人的等级评价结果通报有关部门，按照法律法规等有关规定，在资金（项目）安排、投融资、政府采购、获得荣誉、从业任职资格、干部任用审核等方面予以限制或禁止。涉及民生福利、自然灾害资金（项目）使用违规失信的，今后资金（项目）的安排问题另行规定，但对相关责任人仍须依法依规追究责任。

9.4　财政专项资金诚信负面清单管理制度

财政专项资金诚信负面清单管理制度，是针对财政专项资金在申报、使用过程中与国家法律、法规和规章、政策相违背的行为所采取的管理限制措施，以清单方式和制度规定列明。财政部门负责组织实施。实施中应坚持科学、规范、严格原则，坚持客观、中立、公开、公平、公正原则，坚持统一标准、实事求是原则。

9.4.1　实施范围

公共财政、政府性基金、国有资本经营预算安排的支持经济社会发展、服务特定政策目标或工作任务、具有专门用途的资金（包括省对下级专项转移支付资金，以下简称专项资金），在项目申报、资金使用各个环节，全面实行诚信负面清单管理制度。

9.4.2　失信、失范行为的界定

（1）在专项资金项目申报及资金使用过程中，有关部门、单位（含个人，下同）存在以下失信、失范行为之一且经财政部门（或审计和财政监督检查机构）认定的，纳入诚信负面清单管理：①申报项目虚假或伪造、篡改项目立项，以及土地、规划、环保、安全、节能等相关批复文件的；②虚报项目投资额、贷款额、担保额等专项资金分配依据指标的；③伪造项目单位财务状况及经济效益指标，粉饰会计报表并直接影响专项资金分配决策的；④伪造、篡改相关合同文本、资金到账证明、单位资质文件，

以及虚报企业规模、技术工艺等指标，使之达到项目申报条件的；⑤因主观原因导致项目建设期严重滞后、无法实施或擅自变更项目建设内容，影响资金使用效益的；⑥截留、挤占、挪用财政专项资金的；⑦因管理不善导致财政专项资金重大损失浪费的；⑧多头申报和骗取多渠道财政专项资金的；⑨将财政项目化整为零或者以其他方式规避评审和监督的；⑩其他骗取、冒领以及挤占挪用财政专项资金的行为。

（2）因不可抗力或其他不可预见因素导致项目实施时间、投资金额与项目申报材料不一致的，不认定为失信、失范行为。

9.4.3 失信、失范行为的惩戒

对纳入诚信负面清单管理的违纪违规事项，在有关部门严格依法依规进行处理、处罚的基础上，区分不同责任主体，进一步明确以下失信惩戒措施。

（1）项目单位存在违规事实的，应根据情节轻重，对其申报专项资金项目予以限制。定为B类诚信等级的，列入蓝名单管理。在不影响单位正常运转以及事业发展的情况下，3年内取消其申报此项财政专项资金的资格。定为C类诚信等级的，列入黄名单管理。在不影响单位正常运转以及事业发展的情况下，5年内取消所有专项资金申报资格。情节特别严重的，定为D类诚信等级，列入黑名单管理，除安排正常经费外，其他项目安排和支出给予限制，7年内取消其省内所有专项资金申报资格。

经审计、财政专员办、财监机构认定，相关社会中介机构对项目单位会计报表等资料出具虚假鉴证报告的，根据其情节轻重，定为B或C类诚信等级的，3~5年内取消其所有专项资金申报资料的鉴证资格。定为D类诚信等级的，列入黑名单管理，7年内取消其所有专项资金申报资格。

（2）财政及主管部门因审核把关不严造成骗取、冒领或挤占挪用专项资金等问题突出的，上级财政部门将会同有关主管单位调减该区域此项资金下年度可申报资金额度，定为B类诚信等级的，列入蓝名单管理。其中，经审计、财政专员办或财监机构认定违纪比例（某区域违纪单位个数在审计检查单位总数中所占比例，下同）达到30%及以上的，上级财政部门将会同有关主管单位调减该区域此项资金3年可申报额度，定为C类诚信

信等级，列入黄名单管理；情节严重的，取消 5 年内该区域申报此项专项资金的资格。定为 D 类诚信等级的，列入黑名单管理，7 年内取消该区域申报此项专项资金的资格。

（3）相关主管单位因审核把关不严造成财政专项资金被骗取、冒领或出现重大损失浪费等违纪违规问题，其中经审计、财政专员办或财监机构认定违纪比例达到30%及以上的，上级财政部门将报请政府批准暂停、减少直至取消该项资金，定为 B 类诚信等级，列入蓝名单管理。

9.4.4　保障措施

（1）明确管理责任。财政部门及相关专项资金主管部门要加大政策宣传力度，将制度有关内容纳入专项资金项目申报指南。各级财政和相关主管部门要进一步细化专项资金在项目申报、审核、使用等环节的管理责任，严格审核。项目单位在申报项目时，主要负责人、分管领导及经办人必须出具诚信承诺书。要建立健全相关工作机制，细化分解工作职责，从运行机制上进一步规范资金管理，提升绩效，防控风险。

（2）推进信息共享。财政部门应建立财政专项资金“诚信负面清单管理台账”并及时录入审计、财政专员办、财政监督检查机构的审计（检查）报告、处理决定中认定的失信、失范行为，并抄送相关主管部门。相关主管部门应当自收到财政部门某个专项资金负面清单信息之日起 10 个工作日内取消该项目单位的专项资金申报期限，并提出处理意见，经财政部门同意后，书面通知该单位及其所在地主管部门。然后财政部门应将最终处理意见一并记入“诚信负面清单管理台账”，并根据管理需要与相关专项资金主管部门实现信息共享。

（3）加强结果应用。各级财政及有关主管部门要采取切实有效措施，加强专项资金追踪问效，确保相关措施落到实处。要加大预算绩效管理和财政诚信管理融合，稳步扩大专项资金绩效和诚信评价范围，推进绩效评价结果和诚信评级与预算安排挂钩，真正将诚信负面清单作为专项资金绩效评价的一项重要指标，加快健全“花钱必问效、无效必问责、失信必惩处”的机制。

9.5 财政诚信信息资源共享管理制度

9.5.1 适用范围及其信息分类

（1）适用于本省各级财政部门诚信信息资源共享活动。财政诚信信息资源，是指各级财政部门在预算执行中掌握的财政业务、部门预算及会计信息及其诚信信息资源（以下简称“财政诚信信息资源”）。

（2）财政诚信信息资源分为三种类型：可以无附加条件地供给财政部门内设机构和有关部门共享的财政诚信信息资源为无条件共享类；按照设定条件提供给相关财政部门内设机构和有关单位共享的财政诚信信息资源为条件共享类；不能提供给次级财政部门或其他机构共享的财政诚信信息资源为不予共享类。

与财政业务关联或跨内设机构、跨级次、跨部门并联审批相关的财政诚信信息资源列入无条件共享类，财政各内设机构、下级财政部门和各预算单位必须提供共享；与财政部门内部有关机构协同办公相关、信息内容敏感、只能按特定条件提供给某个或某几个单位共享的财政诚信信息资源，列入条件共享类；有明确法律、法规或政府规章规定，不能提供共享的财政诚信信息资源，列入不予共享类。

（3）财政诚信信息资源共享遵循需求导向、统筹管理、无偿提供、保障安全的原则。财政诚信管理机构负责编制财政诚信信息资源共享目录和共享交换体系，确保目录内容的真实性、完整性、逻辑一致性、命名的规范性。

9.5.2 采集、申报与提供

（1）财政部门诚信信息采集应当符合国家和省电子政务总体规划要求，符合本部门工作实际，明确信息收集、发布、维护的规范和程序，确保信息真实、可靠、完整、及时。财政部门采集、申报信息应当遵循“一数一源”的原则，可以通过信息共享方式从其他财政部门或内设机构获取的信息，不再重复采集或申报，法律、法规另有规定的除外。财政部门应当充分利用信息技术，将采集或申报的信息进行电子化记录、存储和使用，加强跨部门、跨部门内设机构合作，做好服务。

（2）财政档案管理部门负责对财政部门电子文件（档案）管理工作进行指导，牵头制定电子文件（档案）归档、移交、接收制度和标准并组织实施，加快将传统载体保存的财政信息资源数字化的进程。财政部门应根据规定，对本部门信息资源进行分类整理，确定可供共享的信息及共享条件，并根据履行职责需要提出对其他有关部门的信息共享需求，将有关情况报送财政诚信管理机构。上级财政部门有权从下级财政部门和预算单位获取其履行职责所需的信息，也有权依照有关规定提供有关下级财政部门和预算单位履行职责所需的财政信息。

（3）财政诚信管理机构负责会同有关机构统筹财政部门可供共享的信息和共享需求，制定财政诚信信息资源共享目录，标明可供共享的信息名称、数据格式、提供方式、共享条件、提供单位和更新时限等。可供共享的信息和共享需求发生变化时，应及时报告财政诚信管理机构。财政诚信管理机构根据实际情况对财政诚信信息资源共享目录进行调整。财政诚信管理机构会同财政诚信信息中心，建立财政诚信信息资源共享目录和财政诚信信息资源共享交换体系，为财政诚信信息共享提供服务。

（4）凡是列入财政诚信信息资源共享目录的信息，财政部门必须以电子化形式，按照统一规定和标准，向财政诚信信息中心提供数据访问接口。财政信息中心按照建设要求，提供相关应用软件必要的开发文档。财政部门对所提供的共享诚信信息实行动态管理，进行实时更新。不具备实时更新条件的财政部门，可根据实际情况，每天、每周或每月进行数据更新；如情况特殊，至少每季度第一个月前10日内更新一次。财政部门之间提供的信息不一致的，由财政诚信管理机构会同提供信息的财政部门共同核实。

（5）财政部门应当无偿提供共享信息。

9.5.3　获取与使用

（1）无条件共享类财政诚信信息资源由财政部门通过诚信信息中心自行获取。条件共享类政务资源或财政诚信信息共享目录以外的信息资源，由有信息需求的财政部门向提供信息的财政部门提出申请。

（2）提供信息的财政部门应当自收到申请之日起15个工作日内予以答复，同意提供信息的，按照有关规定或双方约定的方式共享信息，并报财政诚信管理机构备案；不同意提供信息的，应当书面说明理由。经协商未达成一致意见的，有信息需求的财政部门或内设机构可报财政部门领导协调处理，必要时报请财政部门主要领导决定。

（3）财政部门所获取的共享信息，只能用于本部门履行职责需要，不得用于任何其他目的。未经批准或未经提供信息的财政部门同意，不得擅自向社会发布和公开所获取的共享信息，属于政府信息公开范围内的信息除外。

（4）财政诚信管理机构应当及时检查和统计诚信信息资源共享和使用情况，并按季度抄送各相关财政部门或内设机构。财政部门认为获取的共享诚信信息有错误时，应当及时书面报告财政诚信管理机构。财政诚信管理机构会同提供信息的财政部门及时处理，并将处理结果书面反馈获取信息的财政部门。

9.5.4 管理与维护

（1）省财政诚信管理机构会同省保密、公安等部门制定财政诚信信息资源安全工作规范，建立应急处理和灾难恢复机制，制定事故应急响应和支援处理措施。

（2）财政部门应当加强财政诚信信息资源日常维护，及时更新数据，保障信息系统正常运行，确保信息有效共享。

（3）财政部门应当加强财政诚信信息资源安全管理，制定信息安全管理规章制度，做好信息安全防范工作。

（4）省财政诚信管理机构应当建立身份认证机制、存取访问控制机制和信息审查跟踪机制，对数据进行授权管理，设立访问和存储权限，防止越权存取数据。

（5）省财政诚信管理机构应当加强诚信信息安全管理，按照国家保密有关规定，严格管理信息资源，严格按照共享条件提供信息，建立异地备份设施，出台信息安全等级保护措施，确保信息安全、可靠、完整。

（6）基础性、公益性的诚信信息资源库和跨部门重大电子财政应用系统的主要信息资源库，应当在省财政诚信管理机构进行异地备份。

（7）涉及国家秘密和个人隐私的信息，需要信息的财政部门和提供信息的财政部门要签订财政诚信信息资源共享安全保密协议，按约定方式共享信息。涉及国家秘密的报保密部门备案。

（8）财政部门诚信信息资源共享的维护经费纳入本机关政务运行维护费用，由各级财政予以保障。

9.5.5　监督检查

（1）财政部门应制定财政诚信信息资源共享内部工作程序、管理制度以及相应的行政责任追究制度，并指定专人负责诚信信息资源共享工作。财政诚信管理机构应当每年至少开展一次财政诚信信息资源共享工作检查，对各级财政部门提供诚信信息的数量、更新时效和使用情况进行评估，并公布评估结果和改进意见。

（2）纪检监察部门和财政诚信管理机构负责监督财政诚信信息资源共享工作。财政诚信信息资源共享工作纳入电子纪检监察系统监察范围，逐步实行全过程监督。财政部门违反规定，其他有关部门有权向纪检监察部门或上级财政部门投诉。接到投诉后，纪检监察部门或上级财政部门应当及时调处，并将处理结果书面反馈投诉单位。

（3）财政部门违反规定，有下列行为之一的，由纪检监察部门或上级财政部门责令其限期改正；逾期不改正的，依照有关规定处理。①拒绝提供财政诚信信息资源的；②无故拖延提供财政诚信信息资源的；③违规使用、泄露共享信息或擅自扩大使用范围的。财政部门违规使用涉及国家秘密的共享信息，或者造成国家秘密泄露的，按国家保密规定或有关法律法规规定处理。

第10章　财政诚信体系建设需要注意的几个问题

国务院印发的《社会信用体系建设规划纲要（2014—2020年）》要求，加快政务诚信、商务诚信、社会诚信和司法公信四大领域诚信体系建设，要求到2020年应完成社会信用体系建设，逐步提高我国诚信体系建设水平。财政诚信管理体系是政府诚信体系建设的重要组成部分，涉及各级各部门各方面的切身利益，是一个复杂的系统工程，在落实中央部署时，要根据各地工作特点，有序推进，确保完成任务。

10.1　建立体系，加强融合

以构建“财政诚信体系”为总抓手，夯实“诚信管理制度”基础。建立诚信报告、诚信承诺和诚信审查比对制度，财政诚信分级分类管理制度，财政专项资金诚信负面清单管理制度，财政相对人失信惩戒管理制度，财政诚信信息资源共享管理制度等。为顺利推进财政诚信体系建设，应进一步深化财政改革，加大一般性转移支付力度，大幅度地减少专项转移支付。加强与预算编制、国库收付、政府采购、财政监督、绩效管理、内部控制和金财工程建设等措施紧密融合，形成“组合拳”，以增强财政管理合力，形成一道严密且有记录、可追溯、不可更改的“防火墙”。加强对重点部门、重点岗位和重点人员的诚信培训和监管，与党风廉政建设和“两个责任”要求相互配套。

10.2　统筹规划，突出重点

坚持顶层设计，精心谋划，与现有资源整合，建立财政信息（诚信）共享数据库。明确重点范围，拟将较大的项目安排和财政部与地方政府关注的重大项目，以及法律法规和相关制度有明确要求的，如涉及财政供养人员、五保户、低保户、在校学生、支企资金、支农专项、绩效管理、重大民生及灾情等情况，需要证实且数额较大，经常容易出问题的项目，列入诚信管理重点范围。在起步阶段，将部门预算及执行情况列入诚信记录，针对非重点项目和财政收入等方面出现的问题应建立诚信档案，但鉴于一些特殊因素，建议暂缓挂钩和失信处罚。推进诚信建设在操作上要与部门预算、国库收付、财政监督、绩效评价、财政内控和金财工程等各项业务管理、技术方案拟订及预防腐败等项工作同步设计、共享指标、同步评价、同步记录。凡列入财政诚信管理的，要通过比较权衡、筛选论证后确定。

10.3　循序渐进，分步实施

一是坚持分步实施。在试点阶段，采取“只背书、先记录、暂不评级”的策略，发挥“加分为主”的杠杆作用，把重心放在加分奖励上。对一般失信者采取“记录减分、警示提示、内部通报”措施。对严重失信者给予处罚，如公开通报、行政处罚、取消或停止财政支持只适用于少数失信行为情节特别严重并被列入黑名单者。二是坚持先内后外、先本级后基层，即先在省本级少数部门及市县财政局内部进行，然后拓展到其他部门。三是坚持先试点后铺开，分类分阶段稳妥推进。对试点好的采取资金奖励，取得经验后，再在面上推广。但试点时间不宜过长，各项规定要全国一致、前后一致，不宜过松、过宽和差异过大。

10.4　加强领导，注重实效

成立政府领导为组长、有关部门主要领导为成员的领导小组和财政部门主要领导为主任、财政部门有关机构负责人及外请专家为成员的诚信等级评价委员会。建立领导责任制、层层负责制、定期检查制和责任追究制，发现问题，总结经验，改进不足，完善制度；推进诚信道德文化建设。开展“诚信教育活动年”活动，加强诚信宣传，树立诚信理念，统一各方面思想，真正做到财政诚信家喻户晓、人人自觉遵守；抓好诚信分类监管数据库建设，与财政各类业务对接配套。加强诚信管理队伍建设，这项工作建议与绩效部门合署办公，实行两个牌子、一班人马，配强队伍和增加人员，保证必要的诚信评价资金需要。统一开发诚信管理软件，并与金财工程和各业务口软件相衔接。

结　语

在市场经济条件下，不讲财政诚信是不可想象的，也难以担当起政府和老百姓赋予的重任；当下的财政，创新和运用更加有效的制度和管理方法，比财政投入更紧迫更重要。而财政诚信体系及其制度的确立，为提高财政绩效找到了一条较好的路径，由此给人们一个导向，就是花财政的钱，必须始终坚守诚信第一，否则寸步难行；建立财政诚信体系，是财政领域一场创新性革命，是治本之策，是当前一项重要而紧迫的任务，是功在当前、影响深远的大事；财政诚信体系的建立，对于完善政府诚信体系乃至社会诚信体系，将发挥积极的示范引导作用和产生重要影响。

附　录

附录 I　笔者围绕“财政诚信建设”发表的部分论文

A. 树立“七大观念”强化预算管理改革①

当前预算管理改革方面存在的问题，从根本上来讲，还是观念问题、利益调整问题和还权于民的问题。观念是根本。观念决定思路，思路决定出路，出路决定方向、决定成败。强化预算管理改革必须拿出当年解放思想那样的魄力，勇于破除旧思想的束缚，树立新观念，建立新制度。

一　树立财政大局观念

预算管理改革处于财政各项改革的核心地位，必须从全局、战略的高度认识其重要性和必要性。改革涉及各方面的利益，必须从国家和全体人民的根本利益出发，坚持局部支持全局，服从和服务于大局。只有围绕大局，改革才有方向，才不会被局部利益所左右、所耽误。但讲大局不等于完全不要局部，改革必须充分考虑全局性、整体性、系统性、公平性和有效性，同时也要注意照顾好部门和地方的利益，保持相对均衡，缩小过大差异，以调动各方面的积极性。

二　树立财政责任观念

财政部门与社会公众的关系，实际上是委托代理关系。由于经济主体的利己性和信息不对称双重作用而产生的代理问题，即“道德风险”和

---

① 陈向明：《中国财经信息资料》2009 年第 11 期。

“逆向选择”，必然会对财政工作带来挑战和影响。委托代理关系意味着责任，责任重于泰山，尤其是财政部门处在改革各方博弈的风口浪尖上，责任尤为重大。因此，全局利益、科学态度、严谨作风、公平正义、职业道德和敬业精神，是财政部门责任定位的最好注释。财政只有切实负起责任，才不会辜负人民重托。

三　树立财政民主法治观念

公共财政是民主财政，应遵循民主原则。财政所有收支行为都应置于人民群众的监督之下，公平合理科学地进行配置。只有民主财政才能保障公共财政。公共财政是法治财政。要通过开门立法，包括立法听证、辩论、专家咨询、公开征求意见进行民主立法、科学立法。通过阳光财政，保证财权在全体公民的监督之下。通过资金分配公正，实现预算过程公开透明，资金效益才能普遍提高。民主法治观念和公开透明是消除一切阻碍改革推进因素的“杀手锏”。

四　树立公民财政观念

它是一种在现代法治下形成的现代民众意识，是公民自觉地以宪法和法律规定的基本权利和义务为核心内容，把国家主人对财政的责任感和权利义务观融为一体的自觉认识。它强调的是权利、平等、参与、责任、民主和监督的观念。我们应敏锐地看到并倡导、培育和提升它，同时伴随着公民参与权、知情权和监督权的扩大，公民财政观念将为财政部门摆脱改革“窘境”提供重要的思想保障和有力的理念支持。

五　树立财政绩效观念

合法性、合规性是预算管理和监督的基本要求，绩效性则是更高层次的要求。绩效性坚持“以结果为导向”，要求预算支出以最小的成本，获得最大的收益，或者在限定的支出规模下获得最佳效益。没有绩效就没有财政，追求绩效是财政的永恒主题。在公共财政实践中，绩效问题始终是一个常思常新的命题。绩效管理是创建高效政府的时代要求，符合深化预算改革的现实需要，体现了创新预算管理和监督体制改革的方向。

六　树立财政诚信观念

当前，一些部门和地方财政违规现象突出，但根子还是诚信缺失。而树立财政诚信观念，建立财政诚信制度，是财政领域的一个全新尝试和创新性实践，是继财政预算管理改革、财政监督体制改革、财政绩效评价之后的一个新举措，这就是从财政诚信制度建设入手，并以此为突破口，把诚信理念及其制度融入财政预算、执行、监督的全过程与财政业务流程各环节，实现制度创新，达到鼓励诚信者、约束失信者、惩戒严重者的目的，使财政管理水平根本提升。

七 树立财政危机观念

这不是危言耸听，而是身边真切的事实。这种危机主要来自社会公众对财政政策、预算安排、支出绩效、项目实施结果等的质疑、不理解甚至牢骚，人大代表、新闻媒体对财政预算及其执行结果提出异议，内部反映或内部资料的泄露，财政担保、财政债务引起的财政风险。有些现象在每年“两会”期间反响最为集中，几乎成为抨击财政的一大热点。避免这些现象演变成危机或舆论的焦点，财政部门不能高枕无忧。要积极面对，加强引导，建立完备的危机防范及应对机制。

B. 强化财政预算管理和监督体制改革研究①

一 基本情况

改革开放30年，我国财政体制改革实现了从建设型财政向公共财政的大跨越。财政改革不断深入，预算管理不断规范，支出结构不断优化，财政监督和民主法治建设不断推进，财政资金使用效益明显提高。

（一）财政各项改革深入推进，公共财政体制框架初步建立

1994年，我国全面推行分税制改革。1998年，提出建立公共财政框架，财政资金逐步退出一般性、竞争性领域，转向为政府履行“经济调节、市场监管、社会管理和公共服务”职能提供服务。从1999年开始，推行收支两条线、部门预算、国库管理和政府采购改革。从2007年起，全面推行政府收支分类改革，开展国有资本经营预算试点和绩效考评试点。

（二）财政分配关系得到调整，预算收入管理更加规范

规范中央与地方的分配关系。设立国有资产管理机构，实行中央与地方管理权限和范围分开，加大财政转移支付力度，重点向中西部地区倾

① 陈向明：财政部科研所《研究报告》2009年第78期。

斜。规范国家与企业的分配关系，1994 年，国有企业与非国有企业（不包含外资企业）的所得税统一按 33% 税率征收，取消各种包税办法和对国有企业的调节税。实施所得税收入分享改革，启动和扩大增值税转型改革试点。2007 年，规定内、外资企业所得税税率统一为 25%。

（三）预算支出结构不断优化，财政资金重点向民生倾斜

财政支出规模从 1978 年的 1122 亿元，增加到 2008 年的 6.24 万亿元。财政加大“三农”投入。“十五”时期，中央财政用于“三农”资金 1.13 万亿元。进入“十一五”时期，财政加大了对“三农”的投入，2008 年，中央财政安排就达到 5955 亿元。财政积极支持以改善民生为重点的社会事业发展，保障优先发展教育，推进医疗卫生体制改革，完善社会保障体系，提高城乡居民最低保障水平，帮助城乡低收入家庭解决住房困难。

（四）民主法治建设有了推进，财政监督体系逐步完善

国家有关财政法律法规颁布实施，民主理财、依法理财进一步贯彻。人大监督、审计监督、财政监督、舆论监督和社会公众监督的有效开展，在推动财政改革、贯彻财政政策、加强财政管理、维护财经秩序、严肃财经纪律等方面发挥了积极作用。仅 2003～2007 年，全国财政系统查出问题资金累计 6902 亿元，追缴违规财政资金累计 406 亿元。

二　存在的问题及原因分析

当前，我国财政改革进入了“深水区”，大量的财政问题，包括观念、体制机制等缺失制约着财政改革的继续深化。财政观念滞后、改革不到位、制度不完善和管理监督乏力的问题，必须高度重视并认真加以解决。

（一）预算管理改革不到位

一是分税制改革不到位。分税制改革不彻底，分配格局没有改变，转移支付不规范，财权与事权不对称，导致一些地方入不敷出，以致出现截留、挪用上级专项转移支付弥补财力的现象。二是部门预算改革不到位。基数加增长的预算编制方法继续沿用，动存量难度大，且不公开、不透明，加大了资金分配的不合理性，加重了部门之间苦乐不均。三是部门预算编制不科学。支出标准和预算定额合理性不足，基本支出分档分类定额标准不完善，导致部门和地区之间不均等。四是复式预算未取得实质性进展。虽然《预算法》作了原则性规定，但在实际中，具有可操作性的模式

缺失。社会保障预算和国有资本经营预算开始试点，制度不尽完善。预算编制范围不完整。综合预算未全面形成，预算内、外“两张皮”的状况突出。经费资产、实物费用定额和定员定额不能有效衔接。预算不能全面反映上级各项补助。五是预算分配权限不统一，内控制度不健全。各职能部门仍然可以从多个渠道获得财力，有关部门及财政各业务机构职能分工重叠，存在资金重复安排、分散管理现象。

（二）预算管理不到位

一是绩效预算尚未全面建立。项目支出缺乏立项标准，专项支出未能体现绩效预算思想，专项资金安排尚未建立完整科学的评审机制。事前缺乏对项目支出预算的真实、合理、科学和绩效评审，事中缺乏对项目支出预算的督导及事后的绩效评价。二是预算调整存在随意性。变更预算收支，调整预算科目时有发生。资金分配苦乐不均，由此误导一些单位为获取资金而产生预算编制的浮夸和随意，人大对这种做法也只能采取事后“追认”的监督形式，预算的严肃性、约束力和权威性受到影响。三是预算执行存在“散、慢、弱、低”现象。资金面散，难以整合；资金支付进度较慢，尤其是年底支出压力大。突击花钱，管理较弱，降低了财政资金的使用效益。四是缺乏科学的绩效评估系统以及责任追究机制。预算资金分配没有与使用效果挂钩，绩效评价结果难以落实到具体的责任单位或责任人。

（三）财政监督法制、体系、方法不够完善

一是财政监督的法制保障滞后。现有法律对财政监督仅限于原则性规定，可操作性不强。二是财政监督体系不完善。财政监督与其他经济监督的关系尚未理顺，各个经济监督主体之间的职责分工不明确，多头检查、重复检查的现象经常发生。三是财政监督不够规范。监管方法单一，监督内容和方式仍以直接检查为主，偏重微观监督，忽视宏观监督，与现行的财政职能转变不相适应。四是缺乏有效的外部监督机制。人大监督、审计监督有待深化和细化。社会监督滞后，阳光财政实施乏力。人民网“维护司法公正，你认为最亟待加强的是哪方面的监督？”调查结果显示，人民监督的需求高达79.21%。

(四) 财政政策、编制、执行和监督缺乏有效制衡

一是政策、预算、执行和监督合力不够，各业务口联系不紧，相互缺乏制约。财政部门内部预算、监督等机构重复设置，造成职能重叠、政出多门、权责不明、口径和标准不一，由此造成效率下降，导致争权诿责、扯皮低效的现象发生。二是财政政策、编制、执行和监督由于职能交叉，经常各搞一套标准、规定，造成文件之间“打架”，前后政策不一，或导致公平性、客观性、均等性缺失，使预算执行部门无所适从。三是财政预算监督困难，预算草案编制较粗、不完整，预算报表所列科目级次太少，每个科目规模数额太大，透明度较低。

(五) 财政诚信管理面临问题突出

财政收入虚报隐瞒、申报资金“报大数”、要钱要项目“信口开河”。2007 年，某省直机关申报预算经费 48.34 亿元，最后预算安排 10.19 亿元。资金使用违规现象普遍。据有关资料披露，现在很难找到“没有违规的单位和没有违规的环节”。一些用户“冒领欺骗、滞留截留、挤占侵占、坐支挪用”资金的问题突出。一些单位年年审计，屡审屡犯，未受到制度约束和责任追究。2007 年 56 个中央部门存在问题金额 348 亿余元。其中，管理不规范的问题占 95%，违法违规问题占 4%，损失浪费问题占 1%。财政项目多，资金收付量大，管理责任繁重，财政如何实现有效管理亟待破题。

三 对策建议

总体目标是，实现预算管理规范、科学、法治、公开化管理。规范管理就是地方预算编制、执行、监督程序化。科学管理就是采用“标准收入预算法”“零基预算法”等科学方法编制地方预算，实行科学理财。法治管理就是预算以“预算建议草案”形式提交人大审议，经批准的预算即为下年度预算法案，具有较强的法律约束力。公开化管理就是将预算建议草案及其预算编制、预算执行和结果的全过程置于社会公众的监督之下，实行民主理财。

总体思路是，财政预算管理和监督体制改革要取得突破，必须跳出财政，实现体制、机制创新。全面实现预算、执行、监督的相对分离和有效制衡，通过建立民主高效的“阳光财政”来推动和深化预算管理改革，通

过人大媒体和社会公众的介入，使预算编制、执行、监督以及财政资金收付、分配、使用和管理等都在阳光下进行，财权受到广泛监督，理财效果明显提高，预算管理的宏观调控能力切实增强，政府财力资源配置得到优化，财政资金使用效益显著提高，公平正义、均等化、公众参与、透明高效、可持续的公共财政预算管理和监督体制形成。

（一）解放思想，更新观念有大的突破

预算管理和监督体制方面存在的问题，从根本上来讲，就是观念问题、利益调整问题和还权于民的问题。观念是根本。观念决定思路，思路决定出路，出路决定方向、决定成败。强化预算管理和监督体制改革必须拿出当年解放思想那样的魄力，勇于破除旧思想的束缚，树立新的观念，建立新的制度。

一是树立大局观念。预算管理和监督体制改革处于财政各项改革的核心地位，必须从全局、战略的高度来认识其重要性和必要性。改革涉及各方面的利益，必须从国家和全体人民的根本利益出发，坚持局部支持全局，服从和服务于大局。只有围绕大局，改革才有方向，才不会被局部利益所左右、所耽误。但讲大局不等于完全不要局部，改革在充分考虑全局性、整体性、系统性、公平性和有效性的同时，也要照顾好部门和地方的利益，保持相对均衡，缩小过大差异，以调动各方面的积极性。

二是树立责任观念。财政部门与社会公众的关系，实际上是委托代理关系。由于经济主体的利己性和信息不对称双重作用而产生的代理问题，即“道德风险”和“逆向选择”，必然会对财政工作带来挑战和影响。委托代理关系意味着责任，责任重于泰山，尤其是财政部门处在改革各方博弈的风口浪尖上，责任尤为繁重。因此，全局利益、科学态度、严谨作风、公平正义、职业道德和敬业精神，是财政部门责任定位的最好注释。财政只有切实负起责任，才不会辜负人民重托。

三是树立民主法治观念。公共财政是民主财政，应遵循民主原则。财政所有收支行为都应置于人民群众的监督之下，公平合理科学地进行配置。只有民主财政才能保障公共财政。公共财政是法治财政。要通过开门立法，包括立法听证、辩论、专家咨询、公开征求意见进行民主立法、科学立法。通过阳光财政，保证财权在全体公民的监督之下。通过资金分配公正，实现预算过程公开透明，资金效益才能普遍提高。民主法治观念和公开透明是消除一切阻碍改革推进因素的“杀手锏”。

四是树立公民观念。它是一种在现代法治下形成的现代民众意识，是公民自觉地以宪法和法律规定的基本权利和义务为核心内容，把国家主人对财政的责任感和权利义务观融为一体的自觉认识。它强调的是权利、平等、参与、责任、民主和监督的观念。我们应敏锐地看到并积极倡导、培育和提升它，同时伴随着公民参与权、知情权和监督权的扩大，公民财政观念将为财政部门摆脱改革“窘境”提供重要的思想保障和有力的理念支持。

五是树立绩效观念。合法性、合规性是预算管理和监督的基本要求，绩效性则是更高层次的要求。绩效性坚持“以结果为导向”，要求预算支出以最小的成本获得最大的收益，或者在限定的支出规模下获得最佳效益。没有绩效就没有财政，追求绩效是财政的永恒主题。在公共财政实践中，绩效问题始终是一个常思常新的命题。绩效管理是创建高效政府的时代要求，符合深化预算改革的现实需要，体现了创新预算管理和监督体制改革的方向。

六是树立诚信观念。当前，一些地方和部门财政违规现象突出，但根子还是诚信缺失。而树立财政诚信观念，建立财政诚信制度，是财政领域的一个全新尝试和创新性实践，是继财政预算管理改革、财政监督体制改革、财政绩效评价之后的一个新举措，这就是从财政诚信制度建设入手，并以此为突破口，把诚信理念及其制度融入财政预算、执行、监督的全过程与财政业务流程各环节，实现制度创新，达到鼓励诚信者、约束失信者、惩戒严重者的目的，使财政管理水平根本提升。

七是树立危机观念。这不是危言耸听，而是身边真切的事实。这种危机主要来自社会公众对财政政策、预算安排、支出绩效、项目实施结果等的质疑、不理解甚至牢骚，人大代表、新闻媒体对财政预算及其执行结果提出异议，内部反映或内部资料的泄露，财政担保、财政债务引起的财政风险。有些现象在每年“两会”期间反响最为集中，几乎成为抨击财政的一大热点。避免这些现象演变成危机或舆论的焦点，财政部门不能高枕无忧。要积极面对，加强引导，建立完备的危机防范及应对机制。

（二）强化预算管理，改革创新有大的突破

大胆借鉴国外做法，逐步建立符合我国国情，体现政府职能，具有法律约束，科学、规范、高效的预算管理模式。

一是深化分税制改革，完善分级预算制度，坚持财力下移，提高基层政府提供公共服务的能力。围绕推进基本公共服务均等化和主体功能区建设，健全中央和地方财力与事权相匹配的体制。要进一步规范上下级财政分配关系，按照“一级政府、一级事权、一级财政、一级预算”的要求，在收入上实行各级政府分税体制，合理划分中央税、地方税和共享税。同时，赋予地方政府地方税的立法权；支出方面在明确各级政府职能的基础上，以法律的形式划清事权与财权，确定地方各级政府财政支出范围和重点，并有权自主决定支出项目和标准。明确市县合理的财力占比，研究出台县乡和生态功能区最低的财政支出保障标准，并由省级财政保障其最低支出需要。中央预算和地方预算分立，进行转移支付后自求平衡。

二是规范转移支付制度，加大转移支付力度，促进地区之间公共服务均等化。坚持公式化、均等化的改革方向。在转移支付方式选择上，采取纵、横向结合的转移支付模式，其中，纵向侧重实现国家宏观调控目标及平衡各地区财力，横向侧重于解决经济落后地区公共支出不足的问题。对原体制下保留下来的转移支付形式（如税收返还）进行有计划、有步骤的调整，或并入一般性转移支付，或通过 2～3 年的过渡期，直至基数为零，或改为部分基数返还、部分用于均等化分配的办法逐步消化。扩大一般性转移支付规模和比重，同时控制和优化专项转移支付。科学界定专项转移支付标准、设置因素和权重，完善财政转移支付法制化建设。

三是全面实行综合预算、部门预算和复式预算，以保证预算的完整性。明确财政预算资金范畴包括一般预算、预算外资金、政府性基金收入和上级各项补助在内的所有财政收支预算，各级政府应将全部财政预算资金和政府负债纳入预算管理。深化部门预算改革。对部门和单位的预算内外资金实行统筹安排，捆绑使用，提高财政资金的整体效益，改变过去长期存在的预算内硬外软、财政调控能力差的现象，从根本上解决预算资金“两张皮”和体外循环，部门单位之间苦乐不均的问题。当前尤其要采取切实可行的办法，积极稳妥地推进财政存量改革。要通过调整财政支出结构，规范财政支出的供给范围，保证纯公共产品的资金供给。整合各类专项资金，集中财力办大事。采取增量与存量对冲的办法逐步消化，努力改变资金“部门所有制”。建立由公共财政预算、国有资本经营预算、社会保障预算、政府性基金预算构成的复式预算，促进财政职能转变，强化预算的约束机制，提高预算管理水平。

四是推进财政机构改革，建立财政政策、编制、执行、监督四权相对分离、相互制衡机制。在财政部门内设机构设置上，按照上述四权对应设置低半格的政策决策局、编制局、执行局和监督局。具体而言，政策决策局由综合、条法税政、财政科研等机构组成，主要负责财政政策调研、政策拟定，各业务口的政策拟定权交由该机构统一办理。编制局由预算、非税收入等业务机构组成，主要负责预算编制、调整及预算政策建议的提出。执行局由国库、计算机管理等业务机构组成，主要负责预算的执行。监督局由财政监督、绩效评价、投资评审等业务机构组成，主要负责预算执行情况的监督检查和结果考评。在与其他外部监督方式结合的基础上，其监督范围为所有财政资金，监督对象为所有预算单位。上述四个职能局通过建立信息链，构成良性互动的财政预算动态管理机制。

（三）加强外部监督，构建大监督体系有大的突破

外部监督，包括人大监督、审计监督、新闻舆论监督和社会公众监督。全面加强和提升这方面的监督效能，是改变财政部门面对庞大的利益主体博弈“劣势”地位的有效办法，特别是在加大上述监督力度的同时，公开透明机制，是推进财政预算管理和监督体制改革，解决诸多疑难问题，调整既得利益关系的“克星”。

一是修改和完善《预算法》及相关条例，从法律层面加强预算管理和监督。包括对预算编制、审批、执行和监督，对政府预算编制的时间起始点及编制中的审议程序，对转移支付制度，对国库集中收付制度，对财政专项资金实行项目库制度，对预追加支出额占全部预算支出总额的比例，对一级预算单位在预算管理中的分配权限，对预算安排对预算执行单位公开和在一定程度上对社会公众公开，对各类预算资金支出的绩效评价等作出规定；对无故延迟或不按照规定的进度拨款，政府采购执行中出现低效率和其他偏差，对预算单位出现违规行为明确法律责任；对法与法之间的

冲突进行统一规范。如《预算法》规定地方各级预算按照量入为出、收支平衡的原则编制，不列赤字，而部门性法律规定了本部门经费的增长应高于本级财政支出的平均水平或平均速度，这样给预算安排带来难度。完善预算管理的民主监督制度等。

二是建立健全人大财政监督工作机制。人大及其常委会作为重要的监督主体，在预算管理监督方面处于主导地位。(1) 建立专门机构，完善审查程序。建立专门的预算审查专门委员会，以及预算资金监督评价小组，促进人大对财政监督的专业化、科学化；健全以代表大会审查为主体的审查制度，适当增加实质性审查次数，增加预算审查辩论、听证、质询程序，对预算审查批准实行三读制；加强预算执行环节和决算绩效评价的审查制度，对关系国计民生的重大项目和资金安排实行专项审查。(2) 完善报告制度，加强工作调研。需要完善的人大财政工作报告制度包括：财政预算执行情况逐月向人大常委会报告制度，人大主任会议每季度听取预算执行情况报告制度，重大财税政策出台和预算资金重大调整报告制度，预算执行重大事项专题汇报制度和专题调查制度。(3) 加强决算监督，建立问责制。

三是加强预算编制、执行和结果的审计。财政预算审计不可或缺，尤其是作为外部监督的重要监督机构审计部门应发挥不可替代的重要作用。建立预算执行审计体系，加强预算支出合规性、合法性、真实性和完整性审计。加强跨年度审计和离任审计，依靠各社会审计力量，实现细化审计，确保审计的独立性、公正性和权威性。审计的重点：加强支出资金绩效审计特别是重大项目资金使用绩效审计、财政重要制度缺陷带来影响的审计、预算执行审计，包括部门执行国家财政政策情况的审计。当前特别要加强对重要财税政策和重大支出行为的监督。建立重要财税政策和重大支出行为的审查批准及报告备案制度，对一些可能影响预算执行的政府支出行为，应强化制约机制，杜绝不规范行为；加强对建设性预算执行情况的监督，以及对政府实施的资本运作行为的监督。建设性预算涉及的资本数额大，项目周期长，其使用和管理的专业要求较高，监控难度也相应增大，因而执行的不规范性也比较明显。在实践中又由于受到管理体制、技术手段、人员配备等诸多因素的影响，人大常委会还难以进行直接的和有效的审查监督。因此，必须借助审计监督的力量，拓宽审计范围，切实加强对建设性预算执行情况的监督，以保证预算执行的完整性。此外，政府在行使其经济职能时，为实现国有资产的保值升值，往往有一些重大的投资行为，对这类具体投资行为的监督，由于还缺乏足够的知识储备和监督的手段，审计监督仍是空白，需要探索和加强。

四是推进“阳光财政”，实现公开透明。财政越公开，资金越安全。首先，要积极打造“阳光财政”。阳光是防腐剂，是最好的强身剂。让预算在阳光下运行，最能代表人民政府发展民主的气魄。以阳光来体现民主，以阳光来制约权力，以阳光来保障科学财政、民主财政、依法财政的贯彻实施。把阳光这篇大文章做好、做实，是解决当前财政预算管理方面诸多突出问题的最好办法。其次，财政信息要以公开为原则、为常态，以不公开为例外。以《政府信息公开条例》实施为契机，凡是财政预算安排的依据、过程和结果要及时向公众公开。财政规范性文件、重大决策方案和重大项目实施，要公开征求意见。再次，鼓励公众参与。这样做，是打造“阳光财政”的最大进步，有利于规范财政行为，提高行政效率，保障民众的知情权、参与权和监督权。同时，要尊重媒体，善于与媒体合作，倾听媒体及社会公众的声音，及时采纳老百姓对财政工作的意见或建议，发挥正确的舆论导向作用。最后，积极稳妥推进。为了实现财政预算的公开透明，拟先实行预算单位间的公开与透明。预算编制部门可将预算分配标准向一级预算单位公开，各预算单位享有对其他预算部门预算安排的知情权，并有权对其他单位的预算安排提出质询。然后逐步向社会公开。

（四）加强预算管理，精细化建设有大的突破

一是改革预算编制方法。全面实行综合预算和零基预算，增强预算的科学性和完整性。加快支出标准建设，优化编制程序，细化编制预算。实现资产、实物费用定额与定员定额标准之间的有效衔接。建立滚动项目库，实现项目标准、项目编制与部门职能、发展规划的有机结合。实行预算跨年制。将预算年度由目前的历年制改为跨年制，以消除时间差，考虑以每年的4月1日为预算年度的起始时间，下一年的3月31日为终止时间，使预算年度与人大审批预算的时间相一致，从而增强预算的约束力。细化预算编制内容。按照公共财政和投资预算管理要求细化预算科目，将

预算资金直接安排到具体单位和项目，减少财政性资金的二次分配。改变专项资金洒香水式的“大锅饭”分配体制，体现专项资金使用重点，实现政府特定的预算目标。积极探索推行以结果为导向的预算编制模式改革，促进预算编制方法从合规性和政策性逐步发展到与绩效预算并重，政府管理从传统的资金控制为主转向以结果导向为主，预算管理重点从重视投入向注重结果转变。

二是严格预算执行。夯实预算执行基础。要加强部门预算编报规程管理。坚持基本支出定员定额管理，项目支出实行项目库管理和预算滚动管理，强化预算编报的时间和程序要求，严格预算批复时限规定。提高部门年初批复预算到位率，实现按预算编制时间和要求同步编制投资计划或项目实施计划。加强结余资金管理，建立结余资金与预算安排衔接制度，加快预算执行进度。健全预算执行管理运行机制。完善预算执行管理新机制和国库单一账户体系。加强基本支出和项目支出的用款计划管理。建立国库集中支付用款计划考核机制和预算执行动态监控机制。严格政府采购预算执行管理，加强预算执行分析考评，建立执行责任问效制度。建立预算执行情况分析报告和预算执行追踪问效制度，做到奖罚分明。加快推进财政信息化建设。改进完善预算执行监控分析系统。通过系统实时监控财政资金运行状况，为建立事前、事中、事后一体化的预算执行动态监控机制提供技术平台。

三是强化预算监督。财政预算程序监督是预算监督的重要组成部分。首先，加强预算编制程序监督。财政监督机构对预算编制出具初审意见，作为预算层层上报的必备条件。在预算编制的每一个环节制定具体的操作规程或办法，一经人大批准通过，就具有法律效力，不得随意追加和更改。收付要严格“收支两条线”管理，不能“以收代支”“坐收坐支”。其次，加强预算执行程序监督。应规范预算调整的实体标准和法定程序，并严格预算变动的形式和审批。再次，拓展程序监督领域。将程序监督拓展到部门预算，并邀请老百姓、媒体进行监督。继续加强非税收入监督，以保证部门预算的完整性。在具体的监督检查中，要重点强化对票据和预算外资金收入过渡户的检查，从源头上抓紧抓好收支两条线管理工作。要监督部门预算项目，确保细化预算落到实处。最后，加强预算执行结果的绩效评价和考核。严格责任追究，加大对违法违规问题的处罚和信息披露力度。

四是实行财政绩效考核。一是加强绩效评价组织领导。目前陕西等省已成立了财政绩效评价处。鉴于财政支出绩效的重要性，建议成立评价财政支出绩效的常设机构——财政绩效评价处（中心），负责研究制定财政支出绩效评价制度、评价标准、评价方法、评价程序，统一规划评价工作并实施统一组织管理，指导各地、各部门开展财政支出绩效评价工作。二是积极推进绩效评价工作。每年应确定若干支出项目特别是重大项目进行绩效评价，逐步分层次地建立和完善绩效评价制度，明确工作重点，即由财政支出的经济性、合规性扩展到效率性和有效性。创新绩效评价机制。按财政支出的功能将单位和项目支出进行分类，建立一套科学合理的财政支出绩效评价分类体系，建立绩效评价标准数据库。重视绩效评价结果应用，将支出绩效评价结果作为下年度安排预算的重要依据。通过公开绩效评价结果的办法，接受社会公众评判，以加强社会监督，增加公共支出的公正性和透明性。建立“绩效预算”，并尝试将绩效评价结果与部门预算编制相结合的方式，逐步将绩效预算的理念引入财政支出管理中，使预算管理模式从投入控制预算转到效果导向预算。推进绩效管理改革。政府会计及预算中适时引入权责发生制的预算原则与绩效预算的制度框架，建立体现部门规划的周期滚动预算，增强预算的前瞻性和连续性。运用绩效指标对年度预算进行绩效评价，强化绩效评价结果与绩效报告制度对于预算管理的约束与激励功能。

五是，推进财政诚信制度建设。要推进财政诚信制度建设，关键在于建立“五项制度”和“五项机制”。“五项制度”：①诚信报告记录制度。年度数据一年一报，日常数据发生一笔记录一笔。对报告内容和台账资料，用户必须认真负责，实事求是地填报，不准弄虚作假、隐瞒虚报、假冒欺骗、多头重复。②诚信承诺保证制度。凡与财政有资金往来关系的用户，必须全面建立财政诚信承诺保证制度。③诚信等级评价制度。从合规性和效益性两个层面设置不同的评价内容和指标，赋予不同的分值进行量化，建立诚信评分体系，根据评价总分情况划分诚信等级。④诚信激励与约束制度。通过奖励加分和惩戒减分，必要时通过网络通报或媒体公布，以鼓励诚信，约束失信，提高失信者成本。⑤诚信责任制度。建立领导负责制、单位责任制、个人责任制、问责制和失信责任追究制。“五项机制”：①诚信提示警示机制。根据用户诚信等级、诚信记录、诚信情况和经办人的工作状态，计算机系统会自动显示多种不同颜色的闪烁标志识别。②诚信审查比对机制。分前台和后台审查，前台审查可以是前一道程序，或下一级财政局计算机程序；后台审查为总部审查中心。③诚信查询举报公开机制。预算资金安排和使用情况，以及资金申报与使用等在媒体和网上公布，接受社会各界监督。任何组织和个人都可以查询、质疑有关资金的安排使用情况。建立群众举报平台和奖励基金。对严重违反诚信规定及国家有关财政法律法规和规章的单位或个人，将其违规违法事实上网公布。④失信行为识别与确认机制。凡违反国家有关法律法规和行政规章的行为都是失信行为。计算机将采取自动或人工输入办法进行识别和确认。当用户申报资金时，计算机会自动提示、警示或锁闭。⑤诚信联动与共享机制。财政诚信制度与财政预算、国库集中支付、收支两条线、财政监督、财政绩效评价制度和金财工程建设紧密融合，构成“七位一体”的有机整体，形成“你中有我、我中有你，彼此相依、相互促进，一体联动、全盘皆活”的机制，同时与财、库、行等相关网络连接，真正达到恪守诚信、奖优罚劣、严密监管、共享资源、提高水平的目的。

C. 让改革发展红利公平惠及全体人民是财政人的历史使命[①]

——从财政视角浅谈财政改革发展的几个问题

党的十八届三中全会决议向世人宣告中国改革的总目标是，完善和发展中国特色社会主义制度，推进国家治理体系和治理能力的现代化，让改革发展成果更多更公平地惠及全体人民。财政是二次分配的重要手段，是惠及百姓的重要平台，要实现这一点，结合学习三中全会精神，本文认为，应在以下几个方面着力。

一　改革发展的红利源于“呵护灵魂，守住底线，高扬精神”，并真正融入财政体制机制和各项政策之中

党的十八届三中全会决议指出“财政是国家治理的基础和重要支柱，科学的财政体制是优化资源配置、维护市场统一、促进公平正义、实现国

① 陈向明：《中国财经信息资料》2013 年第 36 期。

家长治久安的制度保障”。这段表述中的“公平正义”是财政的灵魂，是国家治理基础的基础。坚持和夯实这个基础，财政良知、理财底线、诚实守信、财政为民就不会走偏，资源配置、市场统一、国家长治久安就有了保障；忽视和放弃这个基础，财政的灵魂将会丢去，财政的公平性、正义性和民生性就会遭到质疑，资源配置、市场统一、国家长治久安就会引向歧途，更多更公平地惠及广大人民群众将成为一句空话。因此，公正为民、勤廉务实、忠心诚信，是财政灵魂和理财底线，也是优化资源配置、维护市场统一、实现国家长治久安的底线。一是坚持“公正为民”。在社会主义市场经济中，推进公共财政，必然要讲公正公平、奉公为民。这种“取之于民，用之于民，公器度量，惠及于百姓”的分配体系，是以“天下为公，财政为民”为理念的体现。二是坚持“勤廉务实”。财政分配的是“真金白银”，每一分财力都是老百姓的“血汗钱”，必须以廉洁自律标准作为财政人的行为规范。务实理财，条条落实，真正将财政收入全部投入到人民群众的实事当中。三是坚持“忠心诚信”。忠心于党，忠心于国家，忠心于人民，是理财思想的本质要求，是财政人最起码的职业操守，不能忠心耿耿于党、国家和人民，就是极大的犯罪。诚信是理财底线和国家财政的基石，是财政工作的生命线。在理财问题上弄虚作假，不讲诚信地糟蹋人民群众缴纳的税款，任意地违反国家财经纪律，就是对国家法律的亵渎，就是对人民群众权益的侵犯。四是敬畏财权。财权是人民授予的理财之权，只有慎用才能管好财权。只有小心呵护，守住灵魂底线，坚持廉洁自律，不碰红线，珍惜财政人的政治生命和前途，才能保持拒腐蚀、永不沾的政治本色。

二　改革发展的红利源于不断深化财政体制改革

党的十八届三中全会决议提出，建立现代财政制度。而现代财政制度的构成有哪些内容，上下级政府间的分配关系应该如何确立，应该依据什么原则处理，应引起各级政府和财政部门的思考。一是省及省以下的分税制改革必须加快推进。实行分税制改革已经 20 年了，中央和地方的分配关系已经明确，其效果十分明显。但省及省以下的财政体制一直没有触动。由于改革不到位，上下级政府的分配关系没有理顺，财力必然难以向下倾斜。由此地方各级逐级仿效，恶性循环，一些基层的日子时而出现寅吃卯粮，举债建设，过得十分艰辛。其实，只要把上下关系处理好，是完全可以避免许多问题的。二是一些地方收入水分的问题之所以多年解决不了，而且愈演愈烈，愈来愈严重，其主要原因是制度设计有缺陷。地方只管报收入数字，搞财政空转，由于不正确的政绩考核导向，地方官员作为利益攸关者，谁都会被负面功利所动。因此，要力排众议，进行顶层设计，由上而下、坚决而果断地推进省及省以下分税制改革，才能从根本上解决收入水分问题。三是完善按标准分配制度，依据公式，而不是依据上报数据给予财力性补助。如果财源亏空，数字再大也不予承认。三是抓住机遇，推行部门预算改革。近年来，中央坚持不懈地推进八项规定，为推进部门预算改革，营造了非常好的制度建设环境。各级财政部门要以此为契机，大胆借鉴国内外行之有效的经验做法，从科学、规范、细节、法治和透明度等层面切入。

三　改革发展的红利源于各级政府事权关系的规范与合理

党的十八届三中全会决议指出，发挥中央和地方两个积极性，必须建立事权和支出责任相适应的制度。规范合理的事权关系是牛鼻子，如不能妥善解决，上下级之间的许多问题就无从入手。只有事权理顺了、合理了、规范了，财权和财力的分配才有着力的地方，中央和地方两个积极性才能充分发挥，呼吁多年加大一般性转移支付的比重问题才能落到实处。一个行动胜于一打口号。现在关键是行动。第一，要明确中央和地方各自的事权及其边界在哪，确权的原则是什么，哪些是体现国家意志和主权的，哪些可以划归地方，边界要明确具体。第二，要明确中央和地方的共享事权。介于中央和地方两者之间的事权要明确，也要根据各地情况，坚持从实际出发。第三，要明确中央委托性事权的边界。有些事权尽管属于中央，但我国作为有13亿人口的大国，中央事事要顾及，毕竟鞭长莫及，而全部或部分委托给地方处理效率更高。第四，要明确中央和地方及地方各级财力分配的比例，以及一般性转移支付与专项转移支付各占多少比例才比较恰当。要综合平衡，上下算账，充分考虑中央和地方，以及地方各级的利益关切，注重调动中央和地方各级的积极性。这方面要借鉴国外经验，也要体现中国国情，以及各地的具体情况。第五，坚持财力向下倾斜，较大幅度地下放专项转移支付安排的权力。目前在专项转移支付方面，上级统得过多，以致代替下级决策的事项过于碎片化，不但剥夺了下级事权行使的自主权，挫伤了地方的积极性，而且脱离实际，导致劳民伤财和资金的巨大损失和浪费。要明确财力向下倾斜的时间表，除了涉及跨省域和区域的专项转移支付资金由上级政府安排外，其他的一律下放到下级，乃至基层政府，并将下放和倾斜的比例公平合理地进行细化，给地方更多的自主权，这些应成为顶层设计的重头戏。

四 改革发展的红利源于公平、正义、合理、科学财政政策，注意不要造成过大差别和引发新的矛盾

政策和策略是理财的生命，不注意理财政策的公平性、正义性、合理性、科学性和可操作性，往往会引发新的矛盾。一是要承认差别，尤其在市场经济条件下，适当的差别，对促进经济、保护竞争、调动积极性有益处。但是，不能失去公正原则和基本逻辑，制造过大而明显的差距和矛盾。尤其不能受局部利益左右，而忽视与以往政策的衔接，以为做好事，实际上带来了很大的不稳定。二是对过去出台的政策进行梳理。梳理的时候要以事定原则，切不可以人定原则。要注意引入综合部门和第三方共同来做，这样会更加公平一些。三是政策出台前，要先通过相关机构吹风，了解社会反响，听取社会各界和政策关联人的意见。尤其涉及群众利益的重要政策，要组织听证，必要时要通过人大讨论。对于困难人群和涉及国家形象等重大问题，财政要主动作为，通过算大账，哪怕是政府节俭开支，也要出台。四是出台政策要打破部门局限性，要综合平衡，权衡利弊，不引发新的矛盾，防止拍脑袋。政策出台后，及时跟踪，不断改进完善。五是主动买单要慎用。同一地区差异性不能太大，要注意均衡和公平。要坚持公开透明，鼓励监督，防止政策的随意性。

五 财政改革发展的红利源于诚信财政，取信于民

近些年来，随着财政改革的深入推进，财政各项管理得到加强，财政资金使用效益有了提高。但是，根据每年审计和财政监督情况看，一些地方、部门和预算单位在收支分管用等环节违规失信的问题依然存在，“虚报隐瞒、延解占压、套取欺骗、截留挪用、奢侈浪费”等现象时有发生，屡禁不止。借助诚信理念来构筑财政之魂，建立诚信制度来捍卫财政的公信度，强化诚信管理来夯实财政法治秩序及其安全的基础，显得重要而迫切。一是树立财政诚信管理理念。诚信是“立政和理财之本”，是国家财政的基础和核心价值之一。以诚信理念和管理为牛鼻子，抓住了根本。这对于深化财政改革，加强财政法治，强化财政监督，维护财政秩序，提高财政绩效，提升政府公信力，有着重要的现实意义。二是推动财政诚信与信息化技术手段的结合，全过程监控预算单位的收支分管用情况。从第一时间开始，就真实自动记录其财政资金原始往来状况，全程介入资金在事前、事中和事后的运行，使其“家底”不管好歹全部记录在案，尤其是负面清单和不良记录难以逃避。三是财政诚信管理具有类似“门槛”作用的前置审查功能。与部门预算编制、国库集中收付、收支两条线、政府采购、绩效评价、财政监督融为一体进行管理。凡预算单位向财政部门申报资金和项目，必须对其历史作前置审查比对，看过去是否有违规失信记录，如有或积累到一定量，财政部门将告知不予支持。四是以原始记录“论英雄”。对财政业务流程和运行各环节数据进行记录比对，使“真的跑不了、假的骗不了、想改违规失信记录改不了”，有严重失信记录者，申报资金（项目）的资格将受到“株连”，或被取消或被停止。这种惩戒措施，将迫使预算单位处处自觉诚信，遵纪守法。五是强化财政诚信管理的激励和约束功能。通过道德自律、诚信文化提升和诚信管理制度安排，以及查询、举报、质疑、公开等外部监督，从品与行两个方面推动预算单位依法规范、诚信理财，由此形成“诚信走遍天下、失信寸步难行”的氛围。六是与金财工程镶嵌，形成管理合力。将诚信管理机制融入金财工程，可使财政人员从繁重的劳动和复杂的人情中解脱出来，面对浩如烟海的财政业务及预算单位信息和数据，在极短的时间里，应用信息技术，迅速比对、识别、归类和审核处理，将大大提高工作效率，节省成本、规避人情和财政风险。七是推进财政诚信管理“十项制度”建设，主要由“诚信征集报告制度、诚信承诺保证制度、诚信审查比对制度、诚信提示警示制度、诚信激励约束制度、诚信等级评价制度、诚信查询举报和公开制度、诚信失信确认与问责制度、诚信文化教育宣传制度、诚信联动共享制度”构成。这十项制度环环相扣，相互关联、相互配合、相互作用，构成相对协调和较为完整的架构体系。

D. 构建财政资金"大监管"体系初探[①]

内容提要：当前财政部门要管好用好规模巨大的财政资金，监管任务繁重，压力巨大。本文就构建财政资金"大监管"体系作了新的探索。体系包括："账户资金运行管理系统"、"国库动态监控系统"、"财政资金监管系统"和"财政诚信管理系统"。它们之间内容相互关联，互相作用，融为一体，构成相对配套、相互协调的监管体系，对新形势下解决财政资金监管问题具有较强的可操作性。

随着经济发展水平的不断提高，财政收支规模越来越大，如何构筑立体化的财政资金监管体系，做到资金安全隐患的早防范、早发现、早遏制，确保财政资金运行和管理更加科学规范、安全有序、监督有效，已成为各级财政部门迫切需要破解的难题。

一 财政资金监管的现状及问题

近几年来，各级财政部门不断加大财政资金监管力度，完善监督制约机制，创新监管形式，取得了明显效果。但是，由于监管理念滞后、监管措施不够完善、监管机制创新不足、监管体系不完备等因素的影响，财政资金安全隐患依然存在。

（一）监管手段滞后，监控盲点较多、效率不高

2012 年，我国日均财政收入达 320 亿元、财政支出达 344 亿元，加上政府性基金收入、财政专户收入、预算单位账户结存收入，资金流量十分庞大。要管好规模如此巨大的财政资金，传统的人工监管、事后查账等方式，透明度低、监管盲点多、效率不高、周期较长，经常挂一漏万，难以有效防范违规和腐败行为的滋生与蔓延。

（二）诚信理念缺失，安全意识不强，制度存在漏洞

一些地方和单位违反财政资金管理的行为依然突出，有的年年审计，年年违规，屡禁不绝。究其原因，其根源是缺乏诚信理念和相应的制度安

① 陈向明、周县来：《财政研究》2014 年第 1 期。

排。一是思想认识有误区。有的为谋求小团体私利，在资金使用和项目申报上不讲诚信，认为上级政府的钱“不骗白不骗、不用白不用”，于是弄虚作假，绞尽脑汁，挤占、挪用、占压和欺骗套取财政资金的案件时有发生，有的公然背弃诚信，违法手段触目惊心。二是现行制度不规范、不配套。对失信行为缺乏从严监管和惩治，在客观上助长了不讲诚信、任意践踏法纪之风的蔓延，严重透支了政府诚信。

（三）事前监控较弱，防范性长效机制尚不完善

财政资金监管诸多环节比较粗放，监管重点不够突出，事前预警监控偏弱。鄱阳“2·11”案件深刻揭示了“对假账、假对账”的隐秘性和加强财政资金监管的重要性。也正是对账机制缺位、预警监控滞后导致的监管信息不对称，才让李华波们作案多次得逞，不仅造成了国家资金的巨大损失，而且给财政部门形象带来了难以抹去的负面影响。

（四）立体监管体系尚未形成，合力监管机制有待建立

部门单一执法，或运动式的集中检查，暴露出审计、监察等监督机构与财政业务管理机构之间在一定程度上存在监管信息不对称问题，也反映从各业务管理机构获取或本应从日常监督中发现的萌芽性问题，缺乏针对性和时效性，导致监管效果不显著，威慑力度不够大。此外，各专职监管机构联合式的专项检查，缺乏持久性、常态化，合力监管效率不高，存在“头痛医头、脚痛医脚”的现象。

二 构建财政资金“大监管”体系的原则和目标

以科学发展观为指导，按照“注重治本、注重预防、注重制度建设”的要求，从制度创新、流程再造切入，运用现代信息技术，将预算编制、预算执行、财政监督和诚信管理等相关制度固化为计算机程序，形成业务操作、岗位履职和制度执行的刚性约束，实现资金全覆盖、流程全控制、账户全监管，对违规失信行为形成强大的威慑力，达到预防、控制、纠错、安全、高效的目的。

（一）构建财政资金“大监管”体系的原则

一是公平公正原则。公平公正原则是社会主义市场经济法则，也是财政国库部门必须遵循的基本准则。该原则要求财政部门在监管过程中始终处于超然地位，一视同仁，依法依规，公平对待被监管者，不偏袒任何

一方。

二是安全效率原则。从保护财政资金安全和财政干部安全入手，完善财政国库管理制度，加强内控监管，堵塞漏洞，提高资金使用效率，使有限的财政资金发挥最佳效益。这也是国库监管的本质要求。

三是主动参与原则。程序性参与，即对可能存在的违规情况和重点监控对象，预先设定监控程序，提前警示预算单位按规则办事，实现监管前移，将违规行为消灭在萌芽状态。实体性参与，即对预算单位项目（资金）安排的初审和复审意见进行合理性及质量再审。

四是规范全面原则。规范原则，就是以现行的财经法律法规和有关规章制度为依据和标准，科学规范资金运行的每个环节、每个流程和每个岗位。全面原则，就是使多种监管形式和手段涵盖财政国库业务的各方面、各环节，实现财政资金监管横向到边、纵向到底。

五是诚实守信原则。诚实守信是理财之本，是财政资金监管工作的基石。依法合规用财，前提必须建立在“重诚信、守规矩”基础之上。将职业道德自律、诚信文化提升和诚信管理与财政资金监管有机融合，从品与行两个方面加以约束，形成花钱者“诚实走遍天下、失信寸步难行”的氛围。

六是合力监管原则。整合纪检、监察、财政、审计、人行等部门的监管职能，构建多层次、全方位的“大监管”体系，发挥“组合拳”监管作用，形成强大的合力和威慑力，使财政违纪行为“无处藏匿”，成为高风险、无利可图的“赔本买卖”。

（二）构建财政资金“大监管”的目标

建立安全高效网上运行机制、实时动态信息监控机制、诚信守规约束机制和责任追究机制，使财政资金运行和管理更加科学规范、安全有序、公开透明，从源头上预防和减少腐败行为。具体实现四个目标。

（1）完善预算编制、执行、监督制度，全面推进国库集中收付制度改革，实现所有政府层次、预算单位、财政性资金网上运行、网上监控。

（2）科学设置编程和分析预警，全面反映和掌握预算单位票据使用、资金流动等情况，及时发现、核实、纠正预算单位财务违规等问题。

（3）通过信息化技术，将财政资金监管和诚信管理手段有机融合，全过程监控资金流向。从第一时间开始，就真实自动记录资金运行状况，出现问题，及时跟踪，使“真的跑不了、假的骗不了、想改违规失信记录改不了”。

（4）明确职责和授权，推动相关部门网上协同监控财政资金的日常流量、流向和流速，及时掌握分析数据变化情况，实现及时预警、纠偏。

三 构建财政资金“大监管”体系的主要内容

财政资金监管系统主要包括“账户资金运行管理系统”、“国库动态监控系统”、“财政资金监管系统”和“财政诚信管理系统”等子系统。

（一）构建“账户资金运行管理系统”

1. 工作目标

监控银行账户数量和资金流量变化，强制实施多级对账，威慑违规或不规范资金活动；综合评估财政专户存量资金分布的合理性，促进金融支撑作用的充分发挥；客观评价代理银行的服务质量，促进提高代理财政业务的水平和能力。

2. 业务流程

一是建立账户基础信息库。充分利用财政专户和预算单位银行账户清理整顿成果，建立财政专户和预算单位银行账户基础信息库；实施银行账户网上审批、备案和年检，实现银行账户基础信息自动更新，确保系统内银行账户信息准确。

二是获取账户资金流量信息。省级财政部门按照人民银行等部门的授权，与各代理银行省内一级行签订“账户资金运行管理服务协议”，并采取一点接入方式，从各代理银行省内一级行获取银行账户资金流动明细信息。

三是监控预算单位强制对账。省、市、县、乡四级预算单位按照权限分别登录金财工程平台，查看本级银行账户及资金流信息，定期与会计账簿中的银行存款对账，系统自动反馈对账信息，并警示提醒对账情况。

四是评估存量资金分布。根据各代理银行存贷款规模、存贷款比、税收贡献等指标，综合分析代理银行对江西经济社会发展的贡献度，科学判断各代理银行财政专户存款是否合理，以及如何调整财政专户存款规模。

五是评价代理服务质量。客观评价各代理银行的硬件设施建设情况，以及服务态度、服务质量，促进代理银行完善设施、加强业务培训、提高服务质量，以利于更好代理财政业务。

3. 主要功能

一是账户管理功能。建立银行账户档案，开展预算单位、财政部门、人民银行以及上下级财政之间联网联审，实行银行账户动态管理、信息共享，确保银行账户信息唯一。通过该功能，可随时掌握银行账户开立、变更、撤销情况，即时监控银行账户资金流量情况。

二是强制对账功能。通过工作日志等形式自动预警提示各级预算单位定期对账，同时将对账情况通过收件箱等形式反馈同级财政部门。通过该功能，可强制各级预算单位相关人员进行对账。

三是资金分析功能。通过相应的指标评价体系进行综合分析，提供决策支持。通过该功能，可评判各代理银行财政专户存款是否合理，以及如何调整存款规模。

四是服务评价功能。通过相应的评价指标评判代理银行服务质量，并将评价结果反馈相应的代理银行，促进代理银行提高服务水平和能力。

（二）构建“国库动态监控系统”

1. 工作目标

按照事前预警、事中监控、事后分析的要求，通过动态监控系统（如图 1 所示），实时监控国库集中支付全过程，及时发现和有效查处违规或不规范操作，加强内控管理和外部监督，防范和控制财政资金支付风险，促进财政资金安全、规范和有效支付使用。

该系统与“账户资金运行管理系统”有机结合，构成对资金拨付所有环节流量、流向和流速的完整监控，使任何一笔资金在国库或商业银行的来龙去脉可跟踪、可追溯，使得用款单位和个人“不敢、不能、不想”违规操作。

2. 监控方式

监控资金支付是否符合规定用途、是否符合规定程序、是否超出预算和用款计划、是否存在违规操作等。监控方式具体包括：实时监控，即通过国库动态监控系统对资金支付进行日常的实时动态监控；即时核查，即根据动态监控发现的疑点，对改革单位财政资金支付情况进行及时核查，

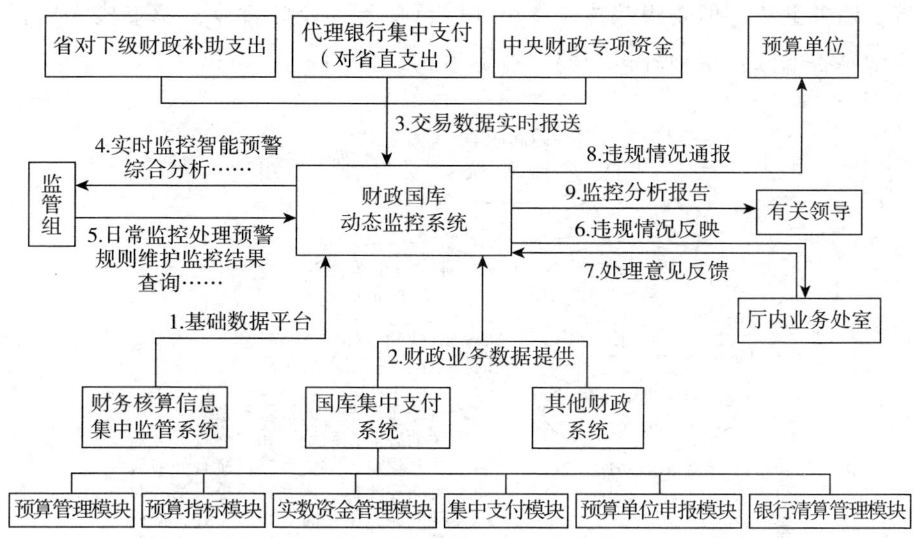

图 1　国库动态监管框架

或针对重大、专项资金进行实地核查；纠偏机制，即对日常实时监控和即时核查发现的问题及有关情况进行处理，纠正执行偏差；改正机制，即向预算单位和财政业务处室下发核查处理情况通报，对违规行为提出整改要求，责令限期整改。

3. 预警类别

①预算指标预警；②用款申请预警；③直接支付预警；④授权支付预警；⑤代理银行预警；⑥银行账户管理；⑦重点专项资金预警；⑧额度结转预警；⑨财政资金专户预警；⑩省对下级财政资金预警；⑪内部制衡预警。

（三）构建“财政资金监管系统”

工作目标：“财政资金监管系统”（如图 2 所示）与“账户资金运行管理系统”、“国库动态监控系统”链接，以纪检监察为主，融合审计、人行等第三方监管体系，针对易发、多发违规事件的环节设置预警，划分级别，分类处理，最大限度消除监管盲点。

主要任务：对资金拨付是否符合规定程序、是否及时足额，资金使用是否符合预算规定用途以及资金流向是否正常等事项，进行全面动态监控；针对易发、多发违规事件的环节设置预警，划分级别，分类处理；同时对审计部门、人民银行等开放监控接口，设置相应权限。出现黄色预警，业务继续，但要跟踪核实；出现橙色预警，业务暂停，调查核实后再决定是否继续；出现红色预警，业务终止。

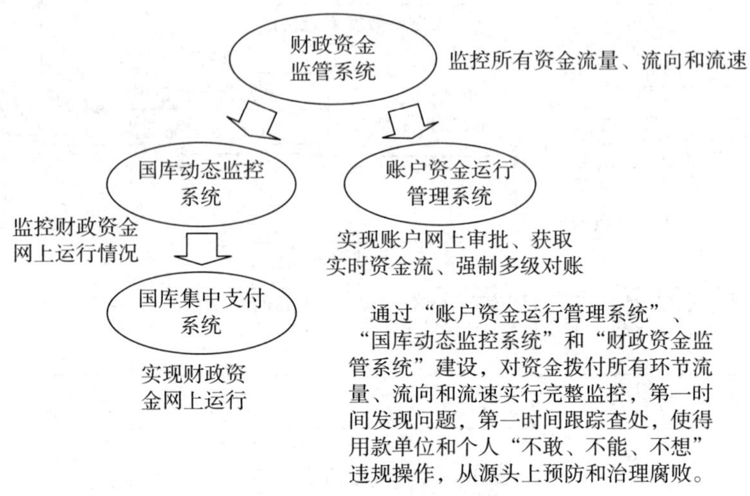

图 2　财政资金大监管框架

（四）构建“财政诚信管理系统”

1. 工作目标

诚信是“立政和理财之本”，是国家财政的基础和核心价值。诚信管理是财政职能的本质体现，是政府诚信建设的重要内容，是财政科学化精细化管理不可或缺的重要环节。运用财政诚信管理研究成果，将诚信理念和管理融入财政资金“大监管”系统，通过信息化技术手段，对财政资金运行实行全过程监控，鼓励支持诚实守信，约束和惩戒失信违规行为，有效维护财经秩序，确保财政资金安全、规范有序运行。

2. 工作机制

“财政诚信管理系统”与“账户资金运行管理系统”、“国库动态监控系统”和“财政资金监管系统”融为一体，相互关联，紧密配合，互相作用，构成相对协调的大系统。

（1）诚信记录机制。通过信息化手段全过程监控财政关联人[①]资金

① 财政关联人是指预算单位、财政用款单位、项目执行单位、地方政府或部门，以及企业和公民个人。

(项目)申报和使用情况。从第一时间开始，就自动记录其资金原始运行状态，原始记录不得修改、无法删除，保留若干年限。凡有违规失信不良记录的，申报过程将被停止或取消，严重者申报其他资金也将告知终止，迫使财政关联人处处自觉诚信，小心谨慎，遵纪守法。

(2) 诚信承诺保证机制。财政关联人在向财政部门提交申报项目或拨付资金时，必须由主要负责人书面出具诚信承诺保证书，保证提供的所有材料和申报内容全部真实，并保证没有多头、多次、重复申报。如违背承诺，自愿接受停止或取消相应的资金（项目）安排处罚，并承担行政或法律责任。

(3) 诚信审查比对机制。主要审查财政关联人的资金或项目申报资料的完整性、真实性、逻辑性和合规性。同时对其历史作前置审查比对，看过去是否存在违规失信记录，如有或积累到一定量，计算机系统不仅自动记录和自动退回申报资料，同时列入重点监控对象，严重的列入黑名单。

(4) 诚信提示警示机制。根据财政关联人诚信等级、诚信记录、诚信情况，计算机系统会自动显示多种不同颜色的闪烁标志。闪烁标志与国库动态监管系统的预警机制同步设计、同步运转。其中，被连续警示若干次以上的，该笔资金将暂停支付或追回。

(5) 诚信激励约束机制。日常工作中，实行自动和人工相结合的奖励加分和惩罚减分办法。对加分排位靠前的，与奖励挂钩；对有不良记录的，依规减分，或取消和停止资金安排，对严重违纪的，依规处理。

(6) 诚信等级评价机制。依据有关财经制度、预算编制及执行、日常诚信记录、绩效评价、审计和财政监督报告等，设置不同的评价内容和定性定量指标，根据具体分值和评价情况划分为“最佳诚信、良好诚信、基本守信、失信和严重失信”五类诚信等级，分别用 AA、A、B、C、D 表示，实施分类管理。

E. 推进预算绩效管理与财政信用管理相融合的联动机制建设[①]

党的十八届三中全会决定指出，财政是国家治理的基础和重要支柱。

① 陈向明:《地方财政研究》2014 年第 12 期。

而“重绩效、守信用”是夯实这个基础不可或缺的重要环节。当前，一些地方、部门和单位在预算编制、资金（项目）申报和使用过程中不讲绩效、不讲信用、弄虚作假、任意违规失信的现象时有发生，有些还比较严重。如果不加以解决，国家财政基础将会受到严重侵蚀。因此，构建预算绩效管理与财政信用管理相融合的联动机制，是形成管理合力，彰显1+1>2管理效应的创新探索，它对于提高财政绩效管理水平，提升政府公信力，确保预算编制、资金申报和使用真实、安全、有效具有现实意义。

一 构建两者相融联动机制的必要性、可行性及其现实意义

预算绩效管理是一种以实现绩效目标为导向，以绩效运行监控为保障，以绩效评价为手段，以结果应用为关键，以改进预算管理、优化资源配置、控制节约成本、提高公共产品质量和公共服务水平为目的的预算管理模式。财政信用管理是财政部门凭借国家授予的职权，对预算单位和财政关联人进行依法管理，规范公共品供需双方遵纪守法、诚实守信行为，以控制其信用风险，维护国家及公民利益，取得社会公信，确保财政资金安全和效益的管理活动。

党的十八届三中全会决定指出，财政是国家治理的基础和重要支柱。构建预算绩效管理与财政信用管理相融合的联动机制（以下简称“两者”，下同），是夯实国家治理基础和重要支柱不可或缺的重要内容，是建立健全现代财政制度的必然选择，是绩效财政和信用财政的客观需要，是形成财政管理合力，彰显1+1>2管理效应的创新探索，它对于提高财政绩效管理水平，提升政府公信力，确保财政资金申报和使用真实、安全、有效，具有现实意义。

（一）两者相融联动是夯实财政作为国家治理基础和支柱的重要内容

党的十八届三中全会公报指出，财政是国家治理的基础和重要支柱。强调要透明预算，提高效率，增强政府公信力和执行力等。公报的这些表述从财政角度讲：一是夯实国家治理的基础必须坚持两手抓，一手抓绩效，一手抓信用，这两手点出了国家治理基础的核心。绩效管理的主线是坚持结果为导向，即在预算编制、执行和监督环节，坚持以年初确定的绩效目标为依据，始终围绕绩效目标这个主线而开展工作。信用管理的侧重点在于从预算编制、项目（资金）申报到实施过程及结果是否真实，是否

违规失信。只有绩效、信用两手都抓好了，财政作为国家治理的基础才能够得到巩固，支撑作用才能充分发挥。二是夯实国家治理的基础必须讲绩效、讲信用，如同建造一座大厦，其主体建筑和地基两者不可或缺。以绩效管理为主导，将引领预算绩效水平的提升，展示“主体”的雄姿；以信用管理为基层，将为绩效管理提供坚固的支撑。同时，两者又互为因果。信用管理是“因”，如果缺失，则绩效管理“大厦”目标的实现将打折扣，其评审及评价工作将受到扭曲；绩效管理是“果”，如果缺失，财政管理则失去方向和牢固的“地基”。三是在夯实国家治理基础中两者互相促进，共同提高。财政讲信用，则财政资金更加安全，财政预算更加透明，绩效提升更有保证，国家治理基础就更加坚实。财政讲绩效，又辅之以信用管理贯穿始终，则使资金申报和使用更加真实，资金运行更加安全，违规失信的现象将得到遏制，国家治理基础的健康、安全、稳固就更有保障。

（二）两者相融联动是落实中央“推进绩效政府和信用政府建设”的具体行动

财政部门作为调控国民经济、优化资源配置、调节收入分配的政府综合部门，讲绩效、讲信用不但必要和必需，而且要落实到位。一是党的历次会议高度重视推进绩效政府建设。党的十六届三中全会提出“建立预算绩效评价体系”，党的十七届二中、五中全会提出“推行政府绩效管理和行政问责制度”，“完善政府绩效评估制度”。近些年来，绩效管理、绩效评价已经进入各层级，落实效果已经显现。二是针对道德、社会领域和政务、商务、司法领域存在的突出问题，党的历次会议和文件强调道德和信用建设。党的十六大、十七大提出“以诚实守信为重点，加强社会公德、职业道德、家庭美德教育与个人品德建设，发挥道德模范榜样作用”。党的十八大强调“开展专项教育和治理，加强政务信用、商务信用、社会信用和司法公信建设”，“创新行政管理方式，提高政府公信力和执行力”。这些主张是党对全国人民作出的公开宣誓和承诺。三是国务院多次将政务信用建设列入了重要议事日程，形成决议、纲领和政策法规。2007 年 3 月，国务院办公厅发布了《关于社会信用体系建设的若干意见》；2011 年 10 月，国务院召开常务会议，部署制订社会信用体系建设规划，建立健全信用档案，推进行业、部门和地方信用建设。2014 年 1 月，国务院召开常务会议，部署加快建设社会信用体系、构筑诚实守信的经济社会环境，会议通过了《社会信用体系建设规划纲要（2014—2020 年）》，并要求全面推进包括政务信用、商务信用、社会信用等在内的社会信用体系建设。要完善奖惩制度，全方位提高失信成本，让守信者处处受益、失信者寸步难行，使失信受惩的教训成为“警钟”。四是两者相融联动是落实党和政府要求，以财政人的道德榜样、职业操守和工作的信用度来提升政务信用和政府公信力的具体行动，最终必将达到良好绩效。

（三）两者相融联动是完善预算制度，依法规范管理的有效途径

完善预算制度，强化预算管理需要通过绩效预算来提高财政效能，通过信用管理来提高财政质量。一是有助于建立体现公平与效率原则的预算制度。预算制度是二次分配的重要手段，效率与公平原则必须贯穿始终。效率对应绩效，公平对应信用。追求效率和绩效，追求公平和信用，就如同一条扁担，两头需要平衡，这样财政才能持续健康发展。假如预算安排不能跟踪问效、评价不能到位，“申报搞虚假、要钱拍胸脯、用完拍屁股”的现象就不能有效遏制。于是，不该安排的资金安排了，公平和信用规则必然破坏，预算绩效也就无从谈起。二是有助于管理规模庞大的财政收支。近年来，经济发展持续加快，财政收支规模扩大。2013 年全国财政收入 12.8 万亿元，总支出 13.9 万亿元，分别增长 9.6% 和 10.4%。庞大的公共财政支出，民生支出是否科学、合理、真实，是否落实到实处，两者融合联动将有效提高财政管理质量。三是有助于遏制大量违规失信行为。理财为民，是财政受政府之托向社会作出的承诺，体现了诚实守信。市场经济是法治经济。财政部门依法理财，各级各预算单位和财政关联人合规用财，前提是重信用、守规矩、讲绩效。但是，从近些年来披露的审计案例看，一些地方、部门以及财政关联人①违规失信带有普遍性：在预算安排上没有绩效理念，不讲结果导向；在预算收入上虚增多报、隐瞒缓收；在项目申报上弄虚作假，重复或多个部门申报；在资金使用上挤占、挪用和套取的现象增多。据审计署公布的 57 个中央部门单位 2012 年度预算执

① 财政关联户是指预算单位、财政用款单位、项目申报和实施单位、地方政府或部门，以及自然人。

行情况和其他财政收支情况审计结果，不符合财经制度规定的问题金额超过176亿元。山东5年（2008～2012年）审计查出违规金额2513亿元，处理领导干部414名。据《人民日报》2012年1月6日报道，中央3年查处“小金库”6万个，涉及金额300多亿元，受到行政处罚2426人，组织处理4043人，党纪政纪处分3058人，移送司法机关处理902人。分析这些案例产生的原因，从根本上讲，还是绩效管理和信用缺失，导致不讲绩效，不守规则。因此，信用问题不能回避，迫切需要两者融合联动，这是当下财政绕不过去的坎，必须有所作为，推动之将大有作为。

（四）两者交织重叠，目标一致，特点相同，相融联动可行，其效应1+1>2

系统性、整体性、开放性、共享性和目标性原理是现代管理科学的重要原理。两者同样具有这些特征。一是两者交织重叠同属一个整体。绩效管理中有信用问题，信用管理中有绩效问题。两者集成融合必将形成管理合力，凸显“组合拳”作用，彰显1+1>2的管理效应。二是两者共享管理资源。绩效管理是根本，信用管理是基础。财政管理不讲绩效，等于财政管理没有了“根”，财政的目的就失去了意义；财政管理没有信用管理的内容，弄虚作假，重复且多头申报项目，骗取财政资金，虚列项目支出的违规失信行为，就难以遏制，绩效管理将失去起码的信誉和灵魂。两者管理资源的共享互补，将有助于提升管理质量。三是两者责任目标一致。预算绩效管理的核心是责任，是“用钱必问效，无效必问责”，问责问效重于泰山。财政信用管理核心也是责任，是“花钱讲信用，失信必问责”，违规失信就是失责。四是两者施加的全过程监管方向相同。预算绩效管理贯穿于预算编制、执行、监督之中，实现全方位、全覆盖的绩效目标管理。财政信用管理同样全过程监控预算单位和财政关联人的收支分管用情况，使其“家底”全部记录在案。五是两者环环相扣，封闭运行方式的特点相同。预算绩效管理的表现形式是四个环节紧密相连，即绩效目标管理、绩效运行监控、绩效评价实施、评价结果应用有机统一，一环扣一环，形成封闭运行的预算管理闭环。财政信用管理同样需要建立这个闭环系统。六是两者致力于财政资金安全和效益的目的一致。预算绩效管理的目的是改进预算管理，控制节约成本，优化资源配置，为社会提供更多、更好的公共品，提高预算资金的使用效益，而信用管理的目的与之相同。七是两者分别属于政府绩效管理和政府信用管理的范畴。因此，两者融合联动是在政府绩效管理和政府信用建设的整体框架下的创新发展。

二 构建两者融合联动机制的几点建议

推进预算绩效和信用管理，必须将绩效和信用理念融入预算管理全过程，使之与预算编制、预算执行、预算监督融为一体，成为预算管理的有机组成部分，为构建“预算编制和信用管理有目标、有评审；预算执行和违规失信有监控、有记录；项目完成有评价、有等级；评价结果有反馈、有问责；反馈的结果有挂钩、有应用、要奖惩”的预算绩效和信用管理新模式奠定基础，做到一环套一环，环环紧扣，不留死角和盲点。

（一）管理理念同步推行，打造“讲绩效，守信用”的良好氛围

理念决定思路，思路决定行动，行动决定绩效。一是全面推行“用钱必问效、无效必问责”的预算绩效管理理念。从为国理财、为民服务的高度出发，花尽量少的资金，为社会提供更多、更好的公共产品和公共服务。二是着力推行绩效管理是“一把手工程”的理念。预算绩效管理实质上就是“一把手工程”。“一把手工程”需要一把手来抓。只有通过一把手的强力推动，才能使绩效管理“自上而下”地运行起来，并且通过一把手的率先示范，层层分解绩效目标，才能落到实处。三是普遍推行全员信用管理理念，抢占道德制高点。古人云，“国无德不兴，人无信不立。”信用是做人的道德底线，是伦理道德的基础，是“立政和理财之本”。因此，必须加强各级财政部门领导和干部以及财政关联人的思想道德建设，激发人们形成善良的道德意愿、道德情感，培育正确的道德判断和道德责任，提高道德自觉践行能力，真正做到“讲信用，守规矩，严操守”，用道德和信用的力量来构筑财政之魂，用敬畏、公平、正义和无功利之心来捍卫财政底线。四是大力推进预算绩效和信用管理宣传和培训工作，努力营造“绩效光荣，信用高尚，失信可耻，低效问责”的良好环境。利用各种新闻媒体、政府网络平台，宣传预算绩效和财政信用管理的目的、意义，开展绩效信用公约活动，加强道德、信用和绩效文化建设，加大干部培训力度，建立一支具有较高素质的预算绩效和信用管理队伍。五是着力加强预算绩效和财政信用管理法律制度建设。建议在《预算法》修改草案中将预

算绩效和财政信用管理上升到法的层面作出明文规定，为预算绩效和信用管理的全面推进奠定牢固的法理基础。积极探索和完善各级预算绩效和财政信用管理规章制度，不断强化“低效必查、失信必究、惩罚必严”的约束机制，加强严格执法，威慑不讲绩效和违规失信行为，用法治手段治理绩效和信用缺失问题。

（二）管理目标同步实施，管理指标共用，实现两项管理合力提升

绩效目标是预算绩效管理的龙头，是整个预算绩效管理系统的基础。绩效目标，包括绩效内容、绩效指标和绩效标准。一是同步申报绩效目标和信用内容。预算单位根据政府编制预算的总体要求和财政部门的部署、国民经济和社会发展规划、部门职能及事业发展规划，科学、合理地测算资金需求，编制预算绩效计划，报送项目绩效目标内容。同时，按照“二上二下”的预算编制流程和相关标准，作出预算内容和项目申报真实性、准确性、完整性的信用承诺。尤其对申报的项目要书面作出确保项目达到绩效目标、没有重复和多头申报的承诺保证，否则愿意承担一切行政的、法律的责任。二是同步审核绩效目标和信用内容。财政部门依据国家相关政策、财政支出方向和重点、部门职能及事业发展规划等对预算单位提出的绩效目标，结合上年度绩效评价结果和信用记录进行审核比对。对编入预算安排的重大项目支出可通过第三方评审。经审核或绩效评审不符合要求或存在虚假情况的，财政部门应要求预算单位调整、修改或纠正。对多年（次）预算绩效评价较差，且有较多违规失信记录，审计部门、财政专员办和财政监督部门多次查处屡教不改的单位要重点审核。对多年项目实施低效、有严重不良记录的或列入黑名单的单位则取消某类项目安排。单位预算经审核符合要求的，方可进入下一步预算编审流程，最后报政府和人大审查批准后执行。三是信用指标同步融入绩效指标体系框架。信用就是遵守规矩，就是追求真实，追求绩效。项目支出、部门整体支出、财政预算等共性指标及其个性指标，是预算单位必须严格遵守的财政规章。因此，这些指标既是绩效指标，也是信用指标，两者互补共用。

（三）管理评价同步推进，形成绩效、信用评价和问责一条龙

绩效和信用评价是预算绩效管理的核心，是提高管理效能的牛鼻子。一是同步建立全过程、全覆盖的绩效和信用评价机制。全过程，就是建立

完善绩效和信用目标管理机制、绩效和信用运行监控机制、绩效和信用评价机制以及绩效和信用评价结果应用与奖惩机制；全覆盖，就是逐步实现覆盖所有财政资金的绩效、信用评价管理机制。二是同步建立事前、事中和事后绩效和信用监管机制。通过信息化技术全过程监控预算单位的绩效预算和诚实守信情况。从编制预算的第一时间开始，就真实自动记录其预算执行原始往来状况，全程介入财政资金在事前、事中和事后的运行绩效，使预算单位的“家底”不管好歹全部自动记录在案。三是同步建立预算绩效和信用等级评价机制。从合规性、必要性、可行性、经济性、真实性、效益性和效率性等不同层面设置不同的评价定量指标，根据具体分值和评价情况划分为“最佳、良好、合格、基本合格、不合格（黑名单）”五类等级，依次用 AA、A、B、C、D 表示，实施分类管理。四是同步建立绩效和信用查询、举报、质疑、公开机制。经批准的部门预算（项目）资金安排及其执行过程和执行结果应及时上网公布，接受社会各界监督。发现有异议的，允许查询、举报和提出质疑，有关部门应及时解答和回应。五是同步建立绩效和信用激励与问责机制。每年对绩效和信用评价结果进行通报，对评价工作表现突出的地区和预算单位予以表扬和激励，对绩效评价工作做得一般的地区和预算部门（单位）予以督促提醒，对存在管理低效失信等行为的实行问责追究，对严重违反有关法律法规的，经查实，列入“黑名单”并公布于众，以儆效尤。

（四）管理同步联动，实现绩效、信用管理效能的最大化

预算绩效和信用管理是系统工程，涉及面广、情况复杂、政策性很强。一是加强组织领导，不断提升横纵向管理联动绩效水平。在管理机构联动上，绩效和信用管理实行一个牌子、一套人马、一套制度体系。在横纵向联动上，财政部门内部各业务机构要相互支持、相互促进；财政部门与各预算部门以及上下级部门之间要保证信息互通，及时反馈情况。二是加大监控与跟踪问效力度。采取项目跟踪、数据抽查和序时情况反映等方式，定期对部门的绩效目标运行情况进行跟踪管理和监督检查，掌握目标进展、资金支出进度、项目实施情况，促进绩效目标的顺利实现。当绩效运行目标与预期绩效目标发生偏离时，应及时采取措施予以纠正。绩效目标需要调整的，要按规定程序重新设定与报批。三是突出重大项目支出的

绩效和信用评价。对部门报送的较大项目自评报告必要时实施再评价。同时，选取党委、政府关注，有一定社会影响，关系国计民生的重大项目进行重点评价。四是建立与评价结果挂钩的应用机制。将预算绩效和财政信用评价结果及时反馈作为年度预算调整、专项资金分配和以后年度预算安排的重要依据，优先考虑或重点支持评价结果较好的项目，减少评价结果差的部门项目资金安排，取消无绩效、低绩效和违规失信的项目，奖优罚劣，推动绩效管理水平的提升。五是推进预算绩效和信用管理信息系统建设，对信息共享确定时间表。建立和完善专家库、中介机构库、监督指导库、行业标准值库、绩效和信用管理数据库、等级评价库，加快推进预算绩效管理信息系统建设，并与部门预算、国库集中收付、收支两条线、政府采购、财政监督等系统互联互通，实现信息共享。

附件Ⅱ 财政诚信制度试行办法（参考文本）

A. 推进财政诚信体系建设的实施意见

为落实国务院印发的《社会信用体系建设规划纲要（2014—2020年）》，推进财政诚信体系建设，鼓励诚实守信，惩戒失信行为，维护财政秩序，提升财政效率，确保财政资金安全，提出如下意见。

一 充分认识财政诚信体系建设的重要意义

近几年来，随着中央八项规定的全面实施，财政改革和管理的深入推进，我国财政资金使用效益有了进一步提高。但是，一些地方和预算单位在财政收、支、分、管、用等环节违规失信的现象时有发生，有些还比较严重。借助诚信理念构筑财政之魂，通过财政诚信建设捍卫政府公信度，以夯实财政法治秩序及其安全的基础，显得重要而迫切。财政诚信是政府诚信建设的重要内容，是“立政和理财之本”，是国家财政的基础和核心价值之一，是贯彻落实党中央、国务院关于加强信用体系建设部署，褒扬诚信、惩戒失信的具体行动，是财政科学化、规范化、法治化建设不可或缺的紧迫任务。当前，×××正处于全面深化改革，加快推进社会主义现代化、法治化的关键时期，这是大力推进诚信建设的有利时机。加强财政诚信体系建设，并融入财政各项改革和管理、金财工程建设的全过程，以及财政业务流程的各环节，对财政资金运行实行全过程监控，鼓励和支持诚实守信，约束和惩戒失信违规，进而推动财政管理水平的提升，对建立安全、有序、高效、稳固的财政，具有重要的现实意义。

二 指导思想、主要目标和基本原则

指导思想是：以培育和践行社会主义核心价值观为根本，以加强财政诚信体系建设为基础，以褒扬诚信、惩戒失信为重点，以完善财政诚信制度为保障，建立完善财政诚信管理机制，努力营造讲诚实、守诚信的舆论环境和财政工作氛围，为构建现代财政体制提供有力的道德支撑。

主要目标是：用三年左右时间，初步建立起比较完善的财政诚信管理体系。通过营造诚实守信的财政环境，增强诚信观念，形成以道德为支撑、诚信为基础、法律为保障的财政诚信制度框架；通过财政诚信管理，加大失信成本，起到“不敢、不想、不能”违规失信的作用；通过诚信等级评价，将少数严重违规失信者纳入重点监控范围，从而达到管少、管好和管重点的目的，保证中央财政方针政策和资金、干部“两个安全”落到实处；坚持依法理财，降低风险，堵塞漏洞，提升财政管理水平。

基本原则是：坚持教育为先，把培育诚信价值观念作为长期任务；坚持制度保障、规范约束，把推进财政诚信体系建设作为重要基础；坚持德法并举，把诚信道德教育与依法依规制裁失信违规行为作为有效手段；坚持政府有力推动、部门主动作为、干部共同参与，把各方面力量汇集于推进财政诚信建设各层级各环节；坚持问题导向、集中治理，把不断取得阶段性成果作为重要标志，力求在治理财政重点领域、解决突出失信问题上求突破，在激励守信、惩戒失信上见实效，使各地各部门各方面的财政诚信意识普遍增强，诚实守信、依法理财的风尚日益形成，财政诚信制度愈益健全，政府公信力明显提升。

三 主要任务

（一）积极推进财政诚信文化建设。采取多种行之有效的方式，加强财政诚信文化宣传教育，弘扬诚信传统美德，树立诚信典型，增强诚信法治意识、责任意识、诚信意识，逐步形成以守法、履责、诚信、绩效为核心的财政诚信文化。在财政工作各环节建立与各财政业务相衔接配套的诚信管理流程。开展财政诚信主题活动和重点部门、行业领域财政诚信问题专项治理，在全省形成“诚信光荣、失信可耻”的良好风尚。

（二）加快建立财政诚信管理体系。依据法律法规和诚信原则，完善财政诚信目标，结合现有的财政各业务管理体系的实施，建立健全财政诚信采集与报告、财政诚信承诺保证、财政诚信审查比对、财政诚信应用、财政信息共享等管理制度，通过自查自纠自律，建立完善相关机制，确保财政诚信信息安全，不断提升财政诚信能力和管理水平。在申报资金一开始就提前介入诚信审查比对，等级低、不良记录多、风险大、不讲诚信的就可以减少，乃至停止支持安排，并给予处罚，列入黑名单。

（三）建立财政诚信评价体系。建立财政诚信评价制度，科学制定财政诚信评价指标、评价原则、评价方法，结合不同单位、地方和各主管部门的工作特点制定分业评价标准。鼓励自律原则，组织和督促地方政府和部门参与诚信评价活动，探索第三方机构诚信评价，逐步建立查询、举报、异议、复核、问责和公开披露机制。

（四）坚持褒扬诚信的政策导向。以奖惩制度建设为重点，建立和完善财政诚信标准，通过“诚信背书（承诺保证）、诚信提醒、警示、约谈、不良记录、失信惩戒和黑名单”等管理手段进行综合治理。实行诚信加分、“绿色通道”和优先支持等激励政策，对诚信者加大激励；实行“黑色禁区”，对失信主体加强监管，加大约束和惩戒，甚至使其付出高昂代价。

四 保障措施

推进财政诚信建设是建立健全财政管理长效机制的重要内容，是一项复杂的系统工程，涉及面广、情况复杂、政策性很强。

（一）加强组织领导，做好统筹安排。各级各部门要把财政诚信建设工作列入重要议事日程。按照实施意见要求和相关财政诚信规定，组织制订贯彻落实方案。方案内容包括目标任务、工作步骤、责任单位及人员分工、保障措施、进度安排等。要建立统一、高效的协调机构，主要领导要亲自挂帅。开展诚信试点，集中整治失信。整体联动，密切配合，抓好工作落实，齐心协力，确保财政诚信建设有序开展。

（二）加强制度建设，做好宣传教育。各级各部门要积极推进财政诚信建设制度化工作，结合省财政厅制定的财政诚信有关规定，加强本地区本部门财政诚信管理基础制度建设，指导完善诚信分类分级和评价标准及规范。大力宣传国务院和省委、省政府有关诚信建设的方针政策，宣传财政诚信建设的重要意义、工作目标和主要任务，提高全体干部对财政诚信建设重要性和紧迫性的认识，营造财政诚信建设的良好氛围。

（三）突出示范引领，加强绩效考核。各级各部门要把开展“财政诚信建设年”活动与强化诚信理念、完善财政管理的规章制度结合起来。要发现和培养一批财政诚信建设先进单位，宣传和推广其先进经验，以鼓励先进，发挥示范带动作用。要根据制定的工作目标，对财政诚信建设工作进行考核。对未完成工作任务或未达到预期工作目标的单位，督促其整改。对诚信建设工作积极、成效突出的单位予以鼓励。同时，及时总结报送相关工作进展情况、发现的问题及经验做法、案例事迹。

B. 财政诚信报告、诚信承诺和诚信审查比对试行办法

第一章 总 则

第一条 为推进财政诚信体系建设，维护财政秩序，发挥政府诚信导向作用，探索财政管理新路径，根据国家有关法律法规，制定本办法。

第二条 本办法所指的财政诚信管理制度，包括财政诚信报告、财政诚信承诺和财政诚信审查比对制度。财政诚信分级分类管理、财政相对人失信惩戒、财政诚信信息共享等制度另行规定。

第三条 本办法适用于×××行政区域范围内的各级财政部门在分配专项资金以及预算单位在提交部门预算、申报财政资金（项目）、组织政府采购、开展招投标等公共资源分配过程中的各项管理活动。

第四条 本办法所称的财政相对人是指×××行政区域内各级国家机关、企事业单位、社会团体和自然人。

第五条 本办法执行主体，是指×××行政区域内各级财政部门，财政诚信管理机构是指各级财政绩效（诚信）评价机构和第三方诚信评级机构。

第二章　诚信报告

第六条　财政相对人向财政部门提交部门预算、资金（项目）申报时必须首先出具诚信报告，或由财政诚信管理机构对其出具诚信评价或评级报告，也可以委托第三方诚信评级机构出具诚信评价或评级报告。

第七条　诚信报告实行一户一码一台账，即一个财政相对人终身一个编码、一个台账。财政相对人发生合并或撤销，其资产和台账并入接收单位。财政相对人诚信编码与法人登记编码相同，财政相对人中的自然人诚信编码与身份证号码相同。财政相对人一旦与财政发生资金供需关系，即自动生成原始诚信记录档案。

第八条　诚信报告的主要内容包括：财政相对人的基本情况信息、职能职责信息、主要财务数据与指标、财政资金（项目）实施绩效、银行诚信记录、合同履约信息、相关部门监督检查信息、违法违规记录、投诉举报信息、司法诚信信息及表彰奖励信息、财政部门需要的其他相关信息，以及含有诚信等级和风险提示的综合评价。

（一）财政相对人的基本情况和历史数据、资料。分年度财政总收入、预算收入、财政供养人数、财力、预算支出，全部固定资产情况及历史记录（如债权债务、财政担保、借款、债务偿还）等等；对其诚信能力进行分析说明，存在风险的应当作出风险及等级提示。

（二）诚信记录资料，指财政相对人与财政发生资金供需关系以来的全部记录资料。具体包括：部门预算（基本支出、项目支出）情况；专项资金申报及批复；资金使用报告；相关机构跟踪问效、绩效评价及审计（财监、专员办）检查结论；其他特别记录，主要是违反有关法规规章等记录；计算机自动生成的所有资料等。

（三）对诚信报告内容和台账资料，财政相对人必须认真负责、实事求是地填报，不准弄虚作假、隐瞒虚报、假冒欺骗、故意多头重复提交。委托第三方出具诚信报告的要求提供的书面材料必须客观、真实、公正、合法，存在法定回避情形的应当回避，对相关内容保密，不得私下接触利害关系人，不得收受财物或者其他好处；对提出的诚信报告要承担法律责任。

（四）诚信报告记录保留期限依照有关规定执行。

第九条 诚信报告的使用领域。

（一）申请政府公共资源分配、部门预算、财政性资金（项目）安排、财政借款或对外借款、财政担保等项目；

（二）参与政府采购的招标，以及财政资金建设项目的招投标；

（三）国有资产产权交易；

（四）其他需要出具诚信报告的财政管理领域。

第三章 诚信承诺保证

第十条 诚信承诺是指财政相对人根据财政部门的要求和诚实守信原则，对自身的诚信状况、申报材料的真实性以及违约责任作出承诺。

第十一条 作出诚信承诺的财政相对人应当严格遵守国家的法律、法规和规章，全面履行应尽的责任和义务，并接受财政部门的监督管理；违背承诺的应承担违约责任，并依法承担相应的法律责任。

（一）所有财政相对人向财政部门报告报备材料、资料、数据和部门预算、资金（项目）申报或请款报告等，必须书面出具诚信承诺书，保证提供的所有材料、资料、数据等内容真实可信，否则自愿接受停止或取消相应的财政资金供给处罚，并承担一切行政或法律责任。

（二）实行“一事一保证”和全面保证。涉及财政相对人报告报备的某个材料、资料、数据、项目或单个申报资金或借款等报告时，一般实行“一事一保证”。对涉及多项或某个年度多项资金申报或使用的财政相对人，实行多项或全面保证。

（三）诚信承诺保证书由财政相对人主要领导、分管领导、财会及有关人员本人署名共同作出。上级单位要切实履行职责，认真做好申报材料和相关证明材料的审核工作，确保齐备、有效、真实、准确。经审核无误后，须填写申报材料审核真实性保证书。

第十二条 凡财政相对人未签署诚信承诺书和上级单位未填写申报材料审核真实性保证书的申报材料，其主管部门和财政部门一律不予受理。

第四章　诚信审查比对

第十三条　诚信审查比对，是指财政部门对财政相对人提交的报告、资料、数据等与留存的诚信信息记录进行诚信状况及纵横向审查比对。其主要用于财政相对人申报财政资金（项目）、财政借款或对外借款以及参与其他公共资源分配活动，为财政审批和财政管理提供依据。

（一）前台初步审查比对。财政相对人申报资金必须如实填写经特别设计的电子报告，并附相关凭证和证明（电子扫描件）。同时，另附纸质材料及证明原件备查。资金申报材料，如资料完整、真实、合规，将自动进入统一和联网的计算机信息系统。如可行，将自动进入后台审查程序。申报资料如填写不实、出现逻辑矛盾或违反规定，计算机会自动告知并退回财政相对人，同时该财政相对人被自动列入重点监控对象。当不良记录积累到一定量时，或严重违规被列入严重失信单位的（指 D 级），一开始就进入不了计算机程序。

（二）后台审查比对。在数据库和信息技术的支持下，财政相对人所有的申报材料（电子化数据）均被快速传至后台，后台审查将通过数据库，自动与某个财政相对人及申报资金和其他横纵向资金（曾经留底的相关资料）进行对比分析，进一步核实申报资料的真实性和财政相对人的诚信度。如不符合条件或有较严重的不良记录，将受到“株连”，即收到不予安排资金或退回等信息反馈提示，对多头重复申报和有虚报假冒嫌疑的，除计算机被锁定外，还将责成其说明原因，必要时进一步核查。

（三）非常规审查比对。在财政部门设专门机构，每年按一定比例（10% ~20%）随机抽查财政相对人的财政诚信情况。对违反有关法律法规和规章且屡次不改，群众举报较多，社会反映强烈和严重失信的重点财政相对人要进行重点检查。冒领欺骗、挤占侵占、坐支挪用、超标赖账等严重失信户将被依规处理，纳入不良记录和重点监控名单，在以后再次申报资金时，将受到更加严格的审查，直至列入黑名单。

第十四条　诚信审查比对报告由财政诚信信息化机构负责。财政诚信信息化机构接到诚信审查比对申请后，在 5 个工作日内将审查结果反馈申请审查的财政相对人或相关财政部门或其内设机构。

第五章 责任追究

第十五条 资金（项目）申报审查或评审实行“谁审核、谁签名、谁负责”原则，财政相对人须对自身提供的申报材料的真实、准确、完整性负责；上级单位须对财政相对人的基本情况、诚信能力、有关材料的真实性和审签程序负责；主管部门和财政有关业务机构须对申报材料接收、资格审查负责；主办机构需要提交评委会评审的，须对政策把握、组织评审负责；评委会委员须对主审材料和评议意见负责；评委会须对标准条件、工作程序、评审质量负责。

第十六条 对违背申报资金（项目）诚信承诺、弄虚作假的财政相对人实行“一票否决”，取消其申报资格。审查或评审通过的，审查或评审结果无效。同时，给予通报并记入诚信档案，列入黄名单管理，3 年内取消其申报资格。情节严重的，列入黑名单管理，7 年内取消其申报资格，并按有关规定追究相应责任。

第十七条 对不审查财政相对人诚信状况，或审查把关不严、违反规定，为财政相对人提供虚假证明材料的单位和个人，一经查实给予通报，并视其情节轻重，追究相关责任人责任。由此导致决策或者工作失误并造成严重后果的，要依法追究相关单位负责人的责任。

第十八条 对违反资金（项目）审查和评审工作纪律，利用工作之便谋取不当利益的审查人员（评委或评委会），按审批权限撤销其审查员（评委或评委会）资格，禁止其再参加资金（项目）审查或评审工作，情节严重的，按有关规定追究相关责任人的责任。

第六章 异议处理

第十九条 财政相对人对涉及本单位或自然人的财政诚信信息有异议的，可以向财政诚信管理机构提出书面更正申请。财政诚信管理机构应当及时核实，在 10 个工作日内作出书面答复；确有错误的或者不利于保守其秘密的，应当立即更正。

第二十条 在财政相对人要求更正财政诚信信息期间，财政诚信管理机构和财政信息中心不得对外发布该条信息。

第二十一条　经过核查，无法确认异议信息存在错误的，财政诚信管理机构不得按照提出异议申请人要求更改相关诚信信息。

第七章　保障措施

第二十二条　各级财政部门负责对财政相对人诚信报告、诚信承诺、信息审查比对工作的推进、实施、指导和监督管理。

第二十三条　财政部门要加强对诚信服务机构的监督管理，建立从业人员诚信档案。诚信服务机构要加强自身诚信建设，严格管理其从业人员。

第二十四条　财政部门要加强对同级财政诚信管理机构和下级财政部门的指导、管理和考核工作。各级财政诚信管理机构应制定相应的具体实施办法并向同级和上级财政部门备案。

第八章　附　则

第二十五条　涉及民生福利、自然灾害资金（项目）使用违规失信的，今后资金（项目）的安排问题另行规定，对相关责任人仍须依法依规追究责任。

第二十六条　本办法由×××财政部门负责解释、修订。

第二十七条　本办法自发布之日起实施。

C. 财政诚信分级分类管理试行办法

第一章　总　则

第一条　为建立财政诚信体系，强化财政诚信自律意识，褒奖守信、惩戒失信，切实保障财政资金安全，提高财政资金的使用效益，根据国家有关法律、法规及规章制度，制定本办法。

第二条　凡在本区域具有法人资格、独立核算并与市、区（县）、乡（镇）有财政管理关系的单位，按照本办法申报财政诚信等级评定，并遵守本规定。适用对象具体包括：

（一）国家机关；

（二）事业单位、社会团体；

（三）财政专项资金扶持单位和政策性补贴单位；

（四）其他单位。

第三条　财政诚信等级按照公开、公平、公正原则进行评定。公开评定程序、评定办法，公平对待评定对象，公正运用评定依据、评定标准。

第四条　财政诚信等级实行分类管理。对财政诚信良好的单位，给予相应的鼓励；对财政诚信较差的单位，采取必要的监管和惩戒措施，促进其提高预算管理水平，维护财政预算的严肃性。

第五条　财政诚信等级评定以财务会计诚信等级评定、财政绩效评价、其他有关财政管理数据和审计、财监、专员办等部门检查报告为基础。

第六条　评定机构依据申请单位财务会计诚信等级及预算编制、执行的合规性、准确性、真实性、完整性等情况，对其财政诚信进行评定，分为 A、B、C、D 四类诚信等级。

第七条　财政诚信评定采取单位自评、主管部门考核与财政部门组织审查评定相结合的办法。

第八条　财政诚信等级实行升降级管理，评定机构可根据单位财政管理情况调整其财政诚信等级。

第二章　评定机构

第九条　×××财政部门负责制定财政诚信等级评定标准、诚信分类监管、诚信档案管理措施，负责指导全省财政诚信分级分类管理工作的开展，并具体负责省本级部门预算单位、各设区市财政诚信等级评定。

第十条　×××财政局负责本区域内县（市、区）及市本级部门预算单位财政诚信等级评定、诚信分类监管及诚信档案管理工作。

第十一条　×××财政部门绩效局为诚信管理评定机构，具体负责财政诚信等级评定和管理工作。评定机构在财政诚信等级评定过程中，根据需要，可以采用政府购买服务等方式，聘请中介机构参与部分具体工作。

第三章 评定内容

第十二条 评定机构依据申请单位上一财政年度的下列情况，分析、评估和确定单位的财政诚信等级：

（一）管理者对财政管理工作的重视情况（权重3%）；

（二）机构设置、制度建立情况（权重5%）；

（三）预算编制、执行及决算情况（权重20%）；

（四）银行账户及财政收支管理情况（权重20%）；

（五）预算、国库、监督、非税、票据、内控、绩效等财政业务管理情况（权重15%）；

（六）财务会计诚信等级及绩效评价评审情况（权重10%）；

（七）执行国家财政法律、法规和规章制度情况（权重25%）；

（八）其他有关情况（权重2%）。

第四章 诚信等级评定

第十三条 财政诚信等级分为四级：

（一）守信（以下简称A级），标识为绿色；

（二）基本守信（以下简称B级），标识为蓝色；

（三）失信（以下简称C级），标识为黄色；

（四）严重失信（以下简称D级），标识为黑色。

第十四条 财政诚信等级评定实行千分制。A级：评定分在900分以上；B级：评定分在700分至899分；C级：评定分在500分至699分；D级：评定分在499分以下。

第十五条 A级：指严格遵守财经法律法规和诚实守信原则，具有很好财政诚信，在评定年度内同时满足下列条件之一的。

（一）未向财政部门提供虚假材料或隐瞒事实。

（二）在审计、财监、专员办等部门开展的检查中，各次评定结果均为优良及以上。

（三）在财政各项管理、财务会计诚信等级、财政绩效评审（评价）工作中无违规行为，有关评价为A级的。

（四）无因违法违规行为受到有关部门处罚的记录，或无因涉嫌违法违规行为被移送相关部门处理的记录。

（五）有多级预算的主管单位，其下属单位财政诚信等级在 B 级及以上的比例在 80% 以上；下属单位财政诚信等级为 C 级的比例不超过 15%；下属单位财政诚信等级为 D 级的比例不超过 5%。

第十六条　B 级：指基本遵守法律法规和诚实诚信原则，在评定年度内同时满足下列条件的。

（一）未向财政部门提供虚假材料或隐瞒事实。

（二）在审计、财监、专员办等有关部门开展的检查中，各次评定结果为较好及以上。

（三）有轻微违规情节且数额较小，被财政等有关部门处以提醒或警示记录累计不超过 2 次。

（四）财务会计诚信等级、财政绩效评价及有关评价为 B 级的。

（五）属于《×××财政相对人失信惩戒试行办法》规定的一般失信行为。

第十七条　C 级：在评定年度内存在下列情形之一的。

（一）向财政部门提供较重虚假材料或隐瞒违法事实。

（二）在审计、财监、专员办等有关部门开展的监督检查中，评定结果为较差的。

（三）违法违规情节较重且数额较大，被财政等有关部门处以诚信约谈和诚信特别警示记录累计不超过 3 次。

（四）违法违规行为受到财政等有关部门较重处罚的。

（五）财务会计诚信等级、财政绩效评价及有关评价为 C 级的。

（六）属于《×××财政相对人失信惩戒试行办法》规定的较重失信行为。

第十八条　D 级：指在评定年度内，存在下列情形之一的。

（一）向财政部门提供严重虚假证明材料或者隐瞒事实。

（二）在财政等有关部门检查时，无正当理由拒绝接受监督检查。

（三）违法违规情节较重且数额较大，受到财政等有关部门处以诚信约谈和诚信严重警示记录累计不超过 4 次。

（四）单位负责人及有关人员严重违反财政纪律、财经法规，造成财政资金重大损失，或移交司法机关处理追究刑事责任的。

（五）擅自将预算内资金转移到预算外或将财政性资金拆借给企事业单位或个人的。

（六）擅自减征、免征、缓征或者转移、截留、占用、挪用、坐支应上缴国库和财政专户的预算收入的。

（七）伪造、变造、隐匿或故意销毁按规定应当保存的财政管理资料的。

（八）私设小金库的。

（九）财务会计诚信等级、财政绩效评价及有关评价为 D 级的。

（十）属于《×××财政相对人失信惩戒试行办法》规定的严重失信行为。

第十九条 财政诚信等级评定从本年度 12 月 31 日起往前追溯 1 年为一个评定年度。新设立的单位不满 1 年的，当年度不予评定诚信等级，在此期间的诚信信息记入下一评定年度。

第二十条 财政诚信等级评定依托系统，由系统软件自动评定诚信等级，有的指标则通过人工输入系统，与系统内指标合成评定。

（一）财政诚信信息录入。各级财政部门按照各自职责，在诚信信息产生之日起 10 个工作日内将相关信息录入系统。此后，每天、每周或每月进行数据更新；遇特殊情况应当至少每季度第一个月的前 10 日内更新一次。

（二）财政诚信等级评定。财政诚信等级每年评定一次，于次年 1 月份通过系统对年度单位财政诚信等级进行评定，由系统按照诚信分级评定标准，依据录入的诚信信息，自动生成评价结果和评价报告。

（三）诚信等级公示。各级财政部门在内网公示拟评定的诚信等级，公示时间为 7 个工作日。对拟评定结果有异议的，应向财政部门提出意见，财政部门应认真进行核实。

（四）诚信异议核实。对评定意见有异议，如用于评价的诚信数据无差错的，不予重新评定；如用于评价的诚信数据有差错的，且非所在单位责任造成的，可以重新提供同期、有效的诚信数据，财政部门审核其真实性、准确性后，在7个工作日内进行重新评定。在规定期限内，对拟评定结果未提出异议的，视为放弃重新评定权利。

（五）诚信等级公告。公示、核实后，财政部门应对各个诚信等级的单位进行归档备案，诚信等级评定结果应在财政部门网上公告。诚信等级为D级的，由财政部门将有关诚信信息向相关部门通报，实施跨部门联合惩戒；诚信等级为A级的，作为诚信示范创建单位，予以重点宣传推荐。

第二十一条　在诚信等级评定年度内，发现单位存在重大违法违规情况，尚未完成实施处罚的，财政部门应暂缓评定其诚信等级。

第五章　评定程序

第二十二条　申报单位根据评定标准自评后，提出财政诚信等级评定申请，将下列资料上报主管部门，主管部门经考核后提出意见，报×××财政部门主管评定机构；无主管部门的单位，自评材料直接报主管评定机构。

（一）×××财政诚信等级申请评定表；

（二）财政诚信自我评估报告；

（三）上年度预算执行及有关财政业务管理情况分析；

（四）单位主要负责人、分管财务负责人及经办（会计）人员职务职称证明原件及复印件；

（五）财务会计诚信等级、绩效评价证明资料原件及复印件；

（六）审计、财监、专员办、监察等部门专项检查报告。

第二十三条　评定机构在遵循评定原则的基础上，采用公平、公正、公开、科学、合理的计评方法，对单位的预算管理情况进行审核、综合评定。

第二十四条　评定过程中，评定机构充分听取参评单位主管部门及人大、监察、法制办、审计厅等部门的意见。

第二十五条　财政诚信等级评定后，评定机构填制财政诚信类别通知书，将评定结果通知单位及其主管部门。

第六章 诚信分类监管

第二十六条 财政部门对 A 类财政诚信单位采取以下管理措施：

（一）通过媒体公布，颁发 A 类财政诚信等级通知书，给予通报表彰，注明绿色标识，保留期限为 3 年；

（二）在 3 年内免除日常检查和专项检查（财政部及省政府安排的专项检查除外）；

（三）单位负责人、财务负责人参加高级职称评定的，建议有关部门优先考虑，并建议有关部门将其列入干部任职使用档案；

（四）建议有关部门和上级政府给予表彰；

（五）在资金安排、政策扶持和财政工作奖励方面给予一定倾斜。

第二十七条 财政部门对 B 类财政诚信单位采取以下管理措施：

（一）财政部门根据 B 类财政诚信等级通知书进行诚信提醒或诚信警示，并通知其作出诚信整改承诺，规定时间完成整改；

（二）在 B 类诚信单位户头上注明蓝色标识，保留期限为 3 年；

（三）在 2 年内免除日常检查和专项检查（财政部及省政府安排的专项检查除外）；

（四）在资金安排、政策扶持和财政工作奖励方面给予适当倾斜。

第二十八条 财政部门对 C 类财政诚信单位采取以下管理措施：

（一）财政部门根据 C 类财政诚信等级通知书进行诚信提醒和诚信重点警示，并通知其作出诚信整改承诺，规定在 1 个月内完成整改；

（二）在 C 类诚信单位户头上注明黄色标识，保留期限为 5 年；

（三）每年财政部门对其实行定期检查，并建议审计等部门加强审计；

（四）在资金安排、政策扶持等方面从严对待（除民生、自然灾害外）。

第二十九条 财政部门对 D 类财政诚信单位采取以下管理措施：

（一）进行诚信约谈和诚信特别警示，实行诚信惩戒管理；

（二）在 D 类诚信单位户头上注明黑色标识，保留期限为 7 年；

在收到 D 类财政诚信等级通知书 1 个月内，针对财政管理中存在的问题，作出书面诚信整改承诺，并在 3 个月内完成整改；

（三）单位自收到 D 类财政诚信等级通知书次月起，凡与财政有关的资金用款申请必须逐项提出，按月上报财政资金使用情况，每季度上报本单位财政管理情况报告；

（四）财政部门对其实行不定期检查，并建议审计等有关部门加大对其进行全面审计、检查；

（五）对按本办法第十八条规定直接调整为D类财政诚信等级的单位，建议其主管部门在系统内通报和按规定追究有关人员责任；

（六）对负有责任的负责人及当事人，建议有关部门对其暂缓评审任职资格、暂缓认定财务任职资格、暂缓提升有关职务并记入本人档案。

（七）停止相关资金安排、政策扶持等（除民生福利、自然灾害外）。

第七章　升降级管理

第三十条　A类为初始等级，即财政相对人第一次申报或列入财政分类分级管理时，视同A类等级。一年内未发现失信情况，等级保留，并给予加分。发现失信情况，根据情节严重程度给予减分，甚至作降级处理。

第三十一条　对财政诚信等级实行动态管理，在诚信等级有效期内单位出现违法违规行为的，视违法违规行为情节的严重程度，降到相应的诚信等级。被降级单位，在诚信等级有效期内，不得再上调诚信等级。

第三十二条　对已经评定财政诚信等级的单位实行年度鉴定制度，根据单位财政管理状况，重新确定其诚信等级。非经年度鉴定不得向上调整。

第三十三条　诚信等级可以越级下降。不经过重新评定，不得上调诚信等级。原则上诚信等级上调不能越级提升。

第三十四条　除首次评定外，财政诚信等级连续两年为B类的，方可申请评定A类财政诚信等级；连续3年为C类的，方可申请评定B类财政诚信等级；连续4年为D类的，方可申请评定C类财政诚信等级。

第三十五条　财政诚信等级评定后，单位财务会计诚信等级、绩效评价及有关财政管理考评向下调整的，对财政诚信等级高于财务会计诚信等级、绩效评价的单位，评定机构应相应调整其财政诚信等级。

第三十六条　财政诚信等级评定后，单位发生财经违法违规情况，与已评定的财政诚信等级不符的，评定机构应向下调整其诚信等级。对发生本办法第十五条第一至第九款所列情况之一的，直接调整为 D 类财政诚信等级单位。D 级评价保留 7 年，第 8 年财政诚信不得评价为 A 级。

第八章 附 则

第三十七条 单位对评定结果不服的，可依据本办法向财政评定机构提出对评定结果的复核申请，复核申请必须书面写明申请事项、事实、理由及依据。

第三十八条 诚信分级分类监管要与建立健全诚信档案紧密结合。各级财政部门要严格规范诚信档案管理工作，及时归档，归口管理，专人负责，确保诚信信息真实完整、应用正确。任何单位、个人非依规定权限、程序不得擅自修改、增删、泄露诚信档案信息。

第三十九条 各级财政部门应根据工作需要配备相应的档案保管设施设备，做好防火、防盗、防潮、防污染、防虫害等工作，同时做好电子诚信档案的安全保密工作，确保诚信档案安全。

第四十条 涉及民生福利、自然灾害资金（项目）使用违规失信的，今后资金（项目）的安排问题另行规定，对相关责任人仍须依法依规追究责任。

第四十一条 本办法由×××财政部门负责解释、修订。

第四十二条 制定具体实施细则。

第四十三条 本办法自公布之日起实施。

D. 财政相对人失信惩戒试行办法

第一章 总 则

第一条 为加快推进×××财政诚信体系建设，鼓励诚实守信，惩戒失信行为，维护财政秩序，提升财政效率，确保财政资金安全，根据国家有关法规规定，结合本区域实际，制定本办法。

第二条 本×××行政区域内财政相对人失信行为的认定、惩戒及其管理，适用本办法。法律、法规、规章另有规定的，从其规定。

第三条 县级以上财政部门应当加强财政诚信体系建设，构建财政诚信信息系统，建立健全财政相对人失信行为联合惩戒机制，强化财政相对人诚信管理。省财政厅诚信管理机构负责组织实施。

第四条 实施惩戒的财政相对人失信信息，应当以部门预算及执行、财政监督、财政绩效评审等诚信记录为重点。

财政相对人对其失信信息享有知情权、提出异议权。

第五条 本办法所称财政相对人，是指向财政部门提出部门预算，申请各类资金（项目）、财政借款或对外借款、财政担保，参与政府采购、国有资产产权交易，以及其他公共资源分配活动的省内各级国家机关、企事业单位、社会团体和自然人。

第二章 失信行为

第六条 财政相对人失信行为，为财政失信行为。

第七条 财政相对人失信行为，是指财政相对人违反财政法律法规和政策规定的行为。主要包括：

（一）违反国家财政收入管理规定的：违反规定设立财政收入项目；违反规定擅自改变财政收入项目的范围、标准、对象和期限；对已明令取消、暂停执行或者降低标准的财政收入项目，仍然依照原定项目、标准征收或者变换名称征收；缓收、不收财政收入；擅自将预算收入转为预算外收入；私设小金库；其他违反国家财政收入管理规定的行为。

（二）违反国家财政收入上缴规定的：隐瞒应当上缴的财政收入；滞留、截留、挪用应当上缴的财政收入；坐支应当上缴的财政收入；不依照规定的财政收入预算级次、预算科目入库；违反规定退付国库库款或者财政专户资金；其他违反国家财政收入上缴规定的行为。

（三）违反国家有关上解、下拨财政资金规定的：延解、占压应当上解的财政收入；不依照预算或者用款计划核拨财政资金；违反规定收纳、划分、留解、退付国库库款或者财政专户资金；将应当纳入国库核算的财政收入放在财政专户核算；擅自动用国库库款或者财政专户资金；其他违反国家有关上解、下拨财政资金规定的行为。

（四）违反规定使用、骗取财政资金的：以虚报、冒领等手段骗取财政资金；截留、挪用财政资金；滞留应当下拨的财政资金；违反规定扩大开支范围，提高开支标准；其他违反规定使用、骗取财政资金的行为。

（五）违反国家有关预算管理规定的：虚增、虚减财政收入或者财政支出；违反规定编制、批复预算或者决算；违反规定调整预算；违反规定调整预算级次或者预算收支种类；违反规定动用预算预备费或者挪用预算周转金；违反国家关于转移支付管理规定的行为；违法举借债务或者为他人债务提供担保；其他违反国家有关预算管理规定的行为。

（六）违反国家有关投资建设项目规定的：截留、挪用国家建设资金；以虚报、冒领、关联交易等手段骗取国家建设资金；违反规定超概算投资；虚列投资完成额；违反规定在预算之外及超预算标准建设楼堂馆所；其他违反国家投资建设项目有关规定的行为。

（七）违反财政收入票据管理规定的：违反规定印制财政收入票据；转借、串用、代开财政收入票据；伪造、变造、买卖、擅自销毁财政收入票据；伪造、使用伪造的财政收入票据监（印）制章；其他违反财政收入票据管理规定的行为。

（八）伪造、变造、隐匿或故意销毁按规定应当保存的预算管理资料的；严重违反财政纪律、财经法规，造成财政资金重大损失，或移交司法机关处理追究刑事责任的。

（九）违反《预算法》第九十二条至第九十五条规定，以及其他财政法律法规规定的行为。

第三章 认定和惩戒

第八条 财政相对人失信行为按照严重程度从低到高划分为三个等级，分别是一般失信行为、较重失信行为和严重失信行为。

第九条 财政相对人一般失信行为包括：

（一）违反本办法第七条所列情形，情节轻微的；

（二）违规 2 次（件）以内且数额较小；

（三）经审计、财监、专员办等部门检查未作出处罚的。

第十条 对财政相对人的一般失信行为，采取以下方式予以惩戒。

（一）对财政相对人的一般失信行为，有关部门或者机构应当督促其停止失信行为，并限期在一个月内完成整改。

（二）诚信提醒。财政部门将失信通知书（含审计、财监等部门作出的违规处理通知书）给财政相对人，提醒其纠正和规范相关行为。

（三）诚信警示。由财政部门作出，敦促其学习和对照相关法律、法规、规章和政策，在今后的财政管理中严格自律、诚信守法。

（四）列入蓝名单管理，保留 3 年，第 4 年不得评为 A 级诚信。

第十一条 财政相对人较重失信行为包括：

（一）未通过部分专项或者定期检验的；

（二）被处以较重处罚的（以审计、财监、专员办等有关部门作出的处理决定书为依据）；

（三）一年内发生 2 次及以上的一般失信行为，或者一年内一般失信行为达 3 次以上的；

（四）违反本办法第七条所列情形，情节较重的；

（五）法律、法规、规章和省财政诚信机构规定的其他较重失信行为。

第十二条 对财政相对人的较重失信行为，采取以下方式予以惩戒。

（一）诚信约谈。财政部门对财政相对人的分管负责人或者直接责任人进行约谈，宣传相关法律、法规、规章和政策，敦促其在今后的财政管理中严格自律、诚信守法。

（二）诚信重点警示。由财政部门作出，敦促其学习和对照相关法律、法规、规章和政策，在今后的财政管理中严格自律、诚信守法。

（三）作为日常监督检查或者抽查的重点。

（四）减少优惠政策和资金扶持力度。

（五）书面告知和有限范围的公示。

（六）限制财政借款等。

（七）取消个别项目的财政资金补贴（助）。

（八）限制有关财政资金（项目）审批等。

（九）用因素法和公式法安排财政资金时按比例扣分。

（十）法律、法规、规章规定的其他惩戒方式。

（十一）列入黄名单管理，保留 5 年，第 6 年不得评为 A 级诚信。

第十三条 财政相对人严重失信行为包括：

（一）被处以严重处罚的（以审计、财监、专员办等有关部门作出的处理决定书为依据)；

(二) 法定代表人或者分管负责人因违反财政法律法规及规章被追究行政责任或刑事责任的；

(三) 一年内发生2次以上同类较重失信行为或者一年内较重失信行为达3次以上的；

(四) 违反本办法第七条所列情形，情节严重的；

(五) 法律、法规、规章和省财政诚信机构规定的其他严重失信行为。

第十四条 对财政相对人的严重失信行为，采取以下方式予以惩戒。

(一) 诚信约谈。财政部门对财政相对人的主要负责人、分管负责人或者直接责任人进行约谈，宣传相关法律、法规、规章和政策，敦促其在今后的财政管理中严格自律、诚信守法。

(二) 诚信严重警示。由财政部门作出，敦促其学习和对照相关法律、法规、规章和政策，在今后的财政管理中严格自律、诚信守法。

(三) 列入重点监控对象，提高监督检查频次，发现失信违法违规行为的，不得适用规定处罚幅度内的最低标准。

(四) 向社会公开失信信息。

(五) 撤销或者降低财政诚信等级。

(六) 限制或暂停发行债券和财政借款等。

(七) 取消有关项目的财政资金补贴（助)。

(八) 限制或取消有关财政资金（项目）审批等。

(九) 严格限制购置公务车、办公楼装修及新建等。

(十) 用因素法和公式法安排财政资金时按较大比例扣分。

(十一) 法律、法规、规章规定的其他惩戒方式。

(十二) 列入黑名单管理，保留7年，第8年不得评为A级诚信。

第十五条 财政部门对诚信提醒和诚信警示进行登记，详细记载提醒和警示对象、时间、方式以及内容。

第十六条 财政相对人接到诚信提醒和警示后无故不纠正相关失信行为，或者无故不参加约谈，或对约谈事项不落实，经督促后仍不履行的，上升为上一等次失信行为予以惩戒。

第十七条 县级以上财政部门应当将财政相对人失信信息及时、准确、完整地录入诚信信息管理系统，并依照本办法确定其失信等级。

第十八条 各级财政诚信管理机构负责归集整合财政相对人失信行为信息，与各级财政部门和财政内部各有关职能机构共享，必要时依照规定与有关部门、公用事业单位、行业服务机构等共享，为失信行为的联合惩戒提供信息服务。

第四章 教育与修复

第十九条 财政部门及诚信管理机构，在实施诚信惩戒的同时，应当督促财政相对人建立完善诚信管理制度，通过教育提醒、约谈、警示、培训、强化指导等手段，帮助财政相对人重塑诚信记录。对存在轻微失信行为或者初次发生失信行为的，应当以教育引导为主，减轻或者不予惩戒。

第二十条 财政相对人可以到财政诚信管理机构查询其诚信记录。诚信管理机构应当提供相应服务。相关利害关系人需要查询财政相对人失信信息的，按照有关规定执行。

第二十一条 财政相对人对失信行为认定有异议的，可以向财政诚信管理机构提交异议申请，也可以依法申请行政复议。

诚信管理机构或者认定其失信行为的单位应当自收到异议申请之日起30日内对财政相对人予以回复并说明理由。异议处理期间，不影响失信行为记录的公示与处理。

第二十二条 诚信管理机构应当制定财政相对人黑名单和黄名单管理办法，明确黑名单、黄名单审查、解除的条件和程序，并根据财政相对人诚信情况对黑名单、黄名单及时进行调整。

第二十三条 财政相对人非因主观故意发生失信行为的，可以按照一定条件和程序实施诚信修复。

诚信修复由财政相对人向财政诚信管理机构等提出诚信修复申请，该单位认为财政相对人已经整改到位，符合管理要求的，可以决定允许诚信修复，并将诚信修复信息纳入本单位信息系统。

对经诚信修复的财政相对人，减轻或免予相关惩戒，并在相关名单上予以注明。

第五章 管理和保障

第二十四条 县级以上财政部门应当建设和完善财政相对人诚信基础数据库和服务平台，归集各相关部门的财政相对人诚信信息，强化信息应用和服务。

第二十五条 财政部门和财政诚信管理机构应当建立财政相对人失信行为投诉举报制度，接受公民、法人或者其他组织的投诉举报，并负责投诉举报的受理、调查和反馈。对经核实无误的失信行为，录入信息系统。

第二十六条 县级以上财政部门应当建立完善财政相对人失信惩戒责任追究制度，对未依照本办法规定实施财政相对人失信惩戒的，追究有关机构和人员的责任。

第二十七条 财政诚信管理机构应当定期督察、考评相关部门和机构执行本办法的情况，加强指导和监督，及时总结、推广好的做法和经验。

第二十八条 建立和完善联合惩戒制度。将列入 D 类财政诚信的财政相关人的等级评价结果通报有关部门，按照法律法规等有关规定，在资金（项目）安排、投融资、政府采购、获得荣誉、从业任职资格、干部任用审核等方面予以限制或禁止。

第二十九条 各地财政部门应当结合自身实际，依据本办法的有关规定，研究制定本地区财政相对人失信惩戒实施细则。

第六章 附 则

第三十条 涉及民生福利、自然灾害资金（项目）使用违规失信的，今后资金（项目）的安排问题另行规定，对相关责任人仍须依法依规追究责任。

第三十一条 本办法所称“以内”“以下”均包含本数，“以上”不包含本数。

第三十二条 本办法由×××财政部门负责解释、修订。

第三十三条 本办法自发布之日起实施。

E. 财政专项资金诚信负面清单管理试行办法

第一章 总 则

第一条 为了加强财政专项资金管理，防范和化解财政资金风险，严肃财经纪律，维护财经秩序，建立财政专项资金诚信负面清单管理制度，发挥财政专项资金使用效益，根据国家有关法律、法规和规章，制定本办法。

第二条 财政专项资金诚信负面清单管理制度是指针对财政专项资金在申报、使用过程中与国家法律、法规和规章、政策相违背的行为所采取的管理限制措施，以清单方式和制度规定列明。

第三条 ×××财政部门负责指导全省财政专项资金诚信负面清单管理制度建设，具体工作由×××财政部门诚信管理机构会同有关处室负责组织实施，根据需要，可以采用政府购买服务等方式，聘请中介机构参与部分具体工作。

第四条 坚持科学、规范、严格原则；坚持客观、中立、公开、公平、公正原则；坚持统一标准、实事求是原则。

第二章 实施范围

第五条 ×××级公共财政、政府性基金、国有资本经营预算安排的支持全×××经济社会发展、服务特定政策目标或工作任务、具有专门用途的资金（包括省对市县的专项转移支付资金，以下简称×××级专项资金），在项目申报、资金使用各个环节，全面实行诚信负面清单管理制度。

第六条 中央下达×××区域的专项转移支付资金，参照×××级专项资金的管理要求和本通知规定执行。

第三章 失信、失范行为的界定

第七条 在省级专项资金项目申报及资金使用过程中，有关部门、单位（含个人，下同）存在以下失信、失范行为之一且经×××级及以上财政诚信管理机构（或审计和财政监督检查机构）认定的，纳入诚信负面清单管理：

（一）申报项目虚假或伪造、篡改项目立项，以及土地、规划、环保、安全、节能等相关批复文件的；

（二）虚报项目投资额、贷款额、担保额等专项资金分配依据指标的；

（三）伪造项目单位财务状况及经济效益指标，粉饰会计报表并直接影响专项资金分配决策的；

（四）伪造、篡改相关合同文本、资金到账证明、单位资质文件，以及虚报企业规模、技术工艺等指标，使之达到项目申报条件的；

（五）因主观原因导致项目建设期严重滞后、无法实施或擅自变更项目建设内容，影响资金使用效益的；

（六）截留、挤占、挪用财政专项资金的；

（七）因管理不善导致财政专项资金重大损失浪费的；

（八）多头申报和骗取多渠道财政专项资金的；

（九）将财政项目化整为零或者以其他方式规避评审和监督的；

（十）其他骗取、冒领以及挤占挪用财政专项资金的行为。

第八条 因不可抗力或其他不可预见因素导致项目实施时间、投资金额与项目申报材料不一致的，不认定为失信、失范行为。

第四章 失信、失范行为的惩戒

第九条 对纳入诚信负面清单管理的违纪违规事项，在有关部门严格依法依规进行处理、处罚的基础上，区分不同责任主体，进一步明确以下失信惩戒措施。

（一）项目单位存在本办法第三章所列情形的，根据情节轻重，对其申报×××级专项资金项目予以限制。定为诚信 B 级的，列入蓝名单管理。在不影响单位正常运转以及事业发展的情况下，3 年内取消其申报此项×××级财政专项资金的资格。定为诚信 C 级，列入黄名单管理。在不影响单位正常运转以及事业发展的情况下，5 年内取消其×××级所有专项资金申报资格。情节特别严重的，定为诚信 D 级，列入黑名单管理，除安排正常经费外，其他项目安排和支出给予限制，7 年内取消其省所有专项资金申报资格。

经×××级及以上审计或财监机构认定，相关社会中介机构对项目单位会计报表等资料出具虚假鉴证报告的，根据其情节轻重，定为B或C类诚信等级的，3~5年内取消其对×××区域内所有专项资金申报资料的鉴证资格。定为诚信D级的，列入黑名单管理，7年内取消其×××区域内所有专项资金申报资格。

（二）相关市县财政及主管部门存在本办法第三章所列情形，或因审核把关不严造成本地区骗取、冒领或挤占挪用省级专项资金等问题突出的，×××财政部门将会同有关×××直主管部门调减该地区此项资金下年度可申报资金额度，定为诚信B级，列入蓝名单管理。其中，经×××级及以上审计或财监机构认定违纪比例（某地区违纪单位个数占审计检查单位总数，下同）达到30%及以上的，×××财政部门将会同有关×××直主管部门调减该地区此项资金3年可申报额度，定为诚信C级，列入黄名单管理；情节严重的，取消5年该地区申报此项专项资金的资格。定为诚信D级的，列入黑名单管理，7年内取消该地区申报此项专项资金的资格。

（三）×××直相关主管部门因审核把关不严造成财政专项资金被骗取、冒领或出现重大损失浪费等违纪违规问题，其中，经×××级及以上审计或财监机构认定违纪比例达到30%及以上的，×××财政部门将报请×××政府批准暂停、减少直至取消该项资金，定为诚信B级，列入蓝名单管理。

第十条　因违纪违规受到诚信负面清单管理制度处罚的，由×××财政部门会同有关×××直主管部门书面通知，督促其加强整改，并在一定范围内进行通报。

第五章　保障措施

第十一条　在财政专项资金管理领域实行诚信负面清单管理制度，对弄虚作假、冒领与骗取财政专项资金等失信、失范行为进行记录和惩戒，涉及面广，政策性强，必须健全机制，明确责任，严格落实各项要求。

（一）明确管理责任。×××财政厅及×××直相关专项资金主管部门要加大政策宣传力度，将本办法有关内容纳入专项资金项目申报指南。各级财政和相关主管部门要进一步细化专项资金在项目申报、审核、使用等环节的管理责任，严格审核。项目单位在申报项目时，主要负责人、分管领导及经办人必须出具诚信承诺书。要建立健全相关工作机制，细化分解工作职责，从运行机制上进一步规范资金管理，提升绩效，防控风险。

（二）推进信息共享。×××财政部门建立财政专项资金“诚信负面清单管理台账”，及时录入×××级及以上审计、财政监督检查机构的审计（检查）报告、处理决定中认定的失信、失范行为，并抄送×××级相关主管部门。×××级主管部门应当自收到×××财政部门相关负面清单信息之日起 10 个工作日内，就取消该项目单位专项资金申报期限问题提出具体意见，经商×××财政部门同意后，书面通知该单位及其所在地主管部门。×××财政部门将最终处理意见一并记入“诚信负面清单管理台账”，并根据管理需要与相关专项资金主管部门实现信息共享。

（三）加强结果应用。各级财政及有关主管部门要采取切实有效措施，加强专项资金追踪问效，确保本办法相关措施落到实处。要加大预算绩效管理和财政诚信管理融合，稳步扩大专项资金绩效和诚信评价范围，推进绩效评价结果和诚信评级与预算安排挂钩，真正将诚信负面清单作为专项资金绩效评价的一项重要指标，加快健全“花钱必问效、无效必问责、失信必惩处”的机制。

第六章 附 则

第十二条 单位对惩戒结果不服的，可依据本办法向财政诚信管理机构提出复核申请，复核申请必须书面写明申请事项、事实、理由及依据。

第十三条 涉及民生工程、自然灾害资金（项目）违规失信的今后资金（项目）的安排问题另行规定，对相关责任人仍须依法依规追究责任。

第十四条 本办法由×××财政部门负责解释、修订。

第十五条 本办法自公布之日起实施。

F. 财政诚信信息资源共享管理试行办法

第一章 总 则

第一条 为推动财政诚信信息资源开发、优化配置和有效利用，促进财政业务协同和信息共享，避免重复建设，诚实守信，依法理财，提高财政能力和效率，根据有关法律法规，结合×××区域实际，制定本办法。

第二条　本办法适用于本区域各级财政部门诚信信息资源共享活动。

第三条　本办法所称财政诚信信息资源，是指各级财政部门在预算执行中掌握的财政业务、部门预算及会计信息及其诚信信息资源（以下简称“财政诚信信息资源”）。

第四条　财政诚信信息资源分为三种类型：可以无附加条件地供给财政部门内设机构和有关部门共享的财政诚信信息资源为无条件共享类；按照设定条件提供给相关财政部门内设机构和有关单位共享的财政诚信信息资源为条件共享类；不能提供给次级财政部门或其他机构共享的财政诚信信息资源为不予共享类。

与财政业务关联或跨内设机构、跨级次、跨部门并联审批相关的财政诚信信息资源列入无条件共享类，财政各内设机构、下级财政部门和各预算单位必须提供共享。

与财政部门内部有关机构协同办公相关、信息内容敏感、只能按特定条件提供给某个或某几个单位共享的财政诚信信息资源，列入条件共享类。

有明确法律、法规或政府规章规定，不能提供共享的财政诚信信息资源，列入不予共享类。

第五条　财政诚信信息资源共享遵循需求导向、统筹管理、无偿提供、保障安全的原则。

第六条　财政诚信管理机构负责编制财政诚信信息资源共享目录和共享交换体系，确保目录内容的真实性、完整性、逻辑一致性、命名的规范性。加强财政诚信信息资源共享基础设施建设和管理，协调其建设和共享等重大事项，定期对财政诚信信息资源共享工作进行检查评估和管理。

各级财政部门及内设机构在财政诚信管理机构的协调下，在各自职责范围内做好财政诚信信息资源采集、维护、更新和共享工作，并按照法律、法规和有关规定要求，合法使用所获取的共享信息。

第二章 采集、申报与提供

第七条 财政部门诚信信息采集应当符合国家和省电子政务总体规划要求，符合本部门工作实际，明确信息收集、发布、维护的规范和程序，确保信息真实、可靠、完整、及时。

第八条 财政部门采集、申报信息应当遵循“一数一源”的原则，可以通过信息共享方式从其他财政部门或内设机构获取的信息，不再重复采集或申报。法律、法规另有规定的除外。

第九条 财政部门应当充分利用信息技术，将采集或申报的信息进行电子化记录、存储和使用，加强跨部门、跨部门内设机构合作，做好服务。

第十条 财政档案管理部门负责对财政部门电子文件（档案）管理工作进行指导，牵头制定电子文件（档案）归档、移交、接收制度和标准并组织实施，加快将传统载体保存的财政信息资源数字化的进程。

第十一条 上级财政部门有权从下级财政部门和预算单位获取其履行职责所需的信息，也有权依照有关规定提供有关下级财政部门和预算单位履行职责所需的财政信息。

第十二条 财政部门应根据本办法规定，对本机关信息资源进行分类整理，确定可供共享的信息及共享条件，并根据履行职责需要提出对其他有关部门的信息共享需求，将有关情况报送财政诚信管理机构。

第十三条 财政诚信管理机构负责会同有关机构统筹财政部门可供共享的信息和共享需求，制定财政诚信信息资源共享目录，标明可供共享的信息名称、数据格式、提供方式、共享条件、提供单位和更新时限等。

第十四条 财政部门可供共享的信息和共享需求发生变化时，应及时报告财政诚信管理机构。财政诚信管理机构根据实际情况对财政诚信信息资源共享目录进行调整。

第十五条 财政诚信管理机构会同财政诚信信息中心，建立财政诚信信息资源共享目录和财政诚信信息资源共享交换体系，为财政诚信信息共享提供服务。

第十六条 凡是列入财政诚信信息资源共享目录的信息，财政部门必须以电子化形式，按照统一规定和标准，向财政诚信信息中心提供数据访问接口。财政信息中心按照建设要求，提供相关应用软件必要的开发文档。

第十七条　财政部门对所提供的共享诚信信息实行动态管理，进行实时更新。不具备实时更新条件的财政部门，可根据实际情况，每天、每周或每月进行数据更新；情况特殊，至少每季度第一个月前 10 日内更新一次。

第十八条　财政部门之间提供的信息不一致的，由财政诚信管理机构会同提供信息的财政部门共同核实。

第十九条　财政部门应当无偿提供共享信息。

第三章　获取与使用

第二十条　无条件共享类财政诚信信息资源由财政部门通过财政诚信信息中心自行获取。

第二十一条　条件共享类政务资源或财政诚信信息共享目录以外的信息资源，由需要信息的财政部门向提供信息的财政部门提出申请。

第二十二条　提供信息的财政部门应当自收到申请之日起 15 个工作日内予以答复，同意提供信息的，按照有关规定或双方约定的方式共享信息，并报财政诚信管理机构备案；不同意提供信息的，应当书面说明理由。经协商未达成一致意见的，需要信息的财政部门或内设机构可报财政部门领导协调处理，必要时报请财政部门主要领导决定。

第二十三条　财政部门无偿使用共享信息。

第二十四条　财政部门所获取的共享信息，只能用于本机关履行职责需要，不得用于任何其他目的。

第二十五条　未经批准或未经提供信息的财政部门同意，不得擅自向社会发布和公开所获取的共享信息，属于政府信息公开范围内的信息除外。

第二十六条　财政诚信管理机构应当及时检查和统计诚信信息资源共享和使用情况，并按季度抄送各相关财政部门或内设机构。

第二十七条　财政部门认为获取的共享诚信信息有错误时，应当及时书面报告财政诚信管理机构。财政诚信管理机构会同提供信息的财政部门及时处理，并将处理结果书面反馈获取信息的财政部门。

第四章 管理与维护

第二十八条 ×××财政诚信管理机构会同×××保密、×××公安等部门制定财政诚信信息资源安全工作规范，建立应急处理和灾难恢复机制，制定事故应急响应和支援处理措施。

第二十九条 财政部门应当加强财政诚信信息资源日常维护，及时更新数据，保障信息系统正常运行，确保信息有效共享。

第三十条 财政部门应当加强财政诚信信息资源安全管理，制定信息安全管理规章制度，做好信息安全防范工作。

第三十一条 ×××财政诚信管理机构应当建立身份认证机制、存取访问控制机制和信息审查跟踪机制，对数据进行授权管理，设立访问和存储权限，防止越权存取数据。

第三十二条 ×××财政诚信管理机构应当加强诚信信息安全管理，按照国家有关保密规定，严格管理信息资源，严格按照共享条件提供信息，建立异地备份设施，出台信息安全等级保护措施，确保信息安全、可靠、完整。

第三十三条 基础性、公益性的诚信信息资源库和跨部门重大电子财政应用系统的主要信息资源库，应当在省财政诚信管理机构进行异地备份。

第三十四条 涉及国家秘密和个人隐私的信息，需要信息的财政部门和提供信息的财政部门要签订财政诚信信息资源共享安全保密协议，按约定方式共享信息。涉及国家秘密的报保密部门备案。

第三十五条 财政部门诚信信息资源共享的维护经费纳入本机关政务运行维护费用，由各级财政予以保障。

第五章 监督检查

第三十六条 财政部门应根据本办法要求，制定财政诚信信息资源共享内部工作程序、管理制度以及相应的行政责任追究制度，并指定专人负责财政诚信信息资源共享工作。

第三十七条 财政诚信管理机构应当每年至少开展一次财政诚信信息资源共享工作检查，对各财政部门提供诚信信息的数量、更新时效和使用情况进行评估，并公布评估结果和改进意见。

第三十八条 纪检监察部门和财政诚信管理机构负责监督财政诚信信息资源共享工作。财政诚信信息资源共享工作纳入电子纪检监察系统监察范围，逐步实行全过程监督。

第三十九条 财政部门违反本办法规定，其他有关部门有权向纪检监察部门或上级财政部门投诉。接到投诉后，纪检监察部门或上级财政部门应当及时调查处理，并将处理结果书面反馈投诉单位。

第四十条 财政部门违反本办法规定，有下列行为之一的，由纪检监察部门或上级财政部门责令其限期改正；逾期不改正的，依照有关规定处理。

（一）拒绝提供财政诚信信息资源的；

（二）无故拖延提供财政诚信信息资源的；

（三）违规使用、泄露共享信息或擅自扩大使用范围的。

第四十一条 财政部门违规使用涉及国家秘密的共享信息，或者造成国家秘密泄露的，按国家保密规定或有关法律法规规定处理。

第六章 附 则

第四十二条 本办法由×××财政部门负责解释、修订。

第四十三条 本办法自公布之日起实施。

主要参考文献

[1] 国务院:《关于社会信用体系建设的若干意见》(国办发〔2007〕17号)。

[2] 国务院:《财政违法行为处罚处分决定》(国务院令第427号)。

[3] 项怀诚:《领导干部财政知识读本》,经济科学出版社,1999。

[4] 王军:《论信用——构建社会主义市场经济的经济伦理》,《财政研究》2002年第6期。

[5]《北京市社会信用体系建设方案》,《信用中国》2007年2月9日。

[6] 石晓军、陈殿左:《信用治理》,机械工业出版社,2004。

[7] 邓建胜:《用制度保卫信用》,《人民日报》2006年1月20日。

[8] 于慎澄、刘新萍:《论信用政府》,信用安徽网,2006年9月4日。

[9] 陈向明:《财政研究》2007年第6期。

[10] 陈向明:财政部财政科学研究所《研究报告》2007年第6期。

[11] 陈向明:《中国财政》2007年第11期。

[12] 陈向明:《中国财经报》2007年11月6日第7版。

[13] 朱毅峰、吴晶妹:《信用管理学》,中国人民大学出版社,2005。

[14] 李曙光:《中国征信体系框架》,科学出版社,2006。

[15]《美国个人信用制度的作用及启示》,《中国城乡金融报》2004年5月29日。

[16] 张亦春等:《中国社会信用问题研究》,中国金融出版社,2004。

[17] 刘光明:《企业信用》,经济管理出版社,2003。

[18] 姚明龙:《信用成长环境研究》,经济管理出版社,2005。

[19] 李颖:《企业信用文化》,经济科学出版社,2006。

[20] 陈勇阳：《信用评估——理论与实务》，清华大学出版社，2011。
[21] 张延杰：《政府信用论》，上海人民出版社，2007。
[22] 王孝伟：《政府信用》，国家行政学院出版社，2013。
[23] 宋增伟：《制度公正与人的全面发展》，人民出版社，2008。
[24] 朱顺泉：《信用评级理论、方法、模型与应用研究》，科学出版社，2012。
[25] 郭建新等：《财经信用伦理研究》，人民出版社，2009。
[26] 刘尚希：《公共风险视角下的公共财政》，经济科学出版社，2010。
[27] 贾康、苏京春：《新供给经济学》，山西出版传媒集团，2015。

后　记

一路走来，我深深感受到我们所处的时代之伟大。我很幸运，作为这个时代的一分子，吸上了一杯羹营养，随着时代的脚步去观察、去思索、去探究。要正直、诚实，要为国家和人民着想，不要随波逐流，这是伟大时代和伟大的祖国母亲给我的谆谆教诲，于是在这个理念的推动下，我通过近十年的不懈努力，终于完成了本书的撰写。第一，我要感谢伟大的时代和伟大的祖国母亲，尽管这本书很不成熟、有很多的不足，还比较丑陋。第二，要感谢省财政厅的历任领导、朝夕相处的同事和为本书作出贡献的同志们。省财政厅一直支持“财政诚信”课题研究，先后两次将其列入厅重点课题，参与研究的李婉萍、谢忆、钟志文、周县来、叶丹、郭玉文、李刚、邓昆等同志提供了许多好建议，本书分享了其丰富的操作经验。第三，要感谢财政部财政科学研究所的各位领导、各研究室的老师们以及各省区市财政厅（局）财政科研和政策调研战线上的朋友们的鼎力支持。当年“建立以诚信为基础架构的财政科学化精细化管理制度研究”被列入全国财政科研协作课题，财政部财政科学研究所赵云旗与作者共同主持课题研究，从全国和全新的视角提供了许多帮助；贵州省财政厅林宏、内蒙古自治区财政厅史生荣、新疆维吾尔自治区财政厅姜爱玲担任课题组副组长，从省级层面提供了许多地方经验，课题有关执笔人孙胜利（财政部）、张鹏（财政部）、程瑜（财政部）、杨小荔（江西）、魏俊杰（内蒙）、罗纬玲（贵州）、盛文秀（新疆）、赵珍（新疆）等同志作了大量的研究，提供了多份“分报告”和实证分析素材，丰富了课题研究成果。第四，要感谢我曾经在农村、基层、部队以及财政部门几十年的工作历练，这使我始终怀有一种冀望国家强盛、民族繁荣、社会安定、人民幸福的情结；怀有一种保护国家资金安全、珍惜和捍卫纳税人权益的情结，一种在制度正义、机制充满正能量的基础上，让广大的普通百姓公平地得到更多实惠的情结。所以，我非常乐意为之而奋斗。第五，要感谢江西省社会科学联合会对本书给予的出版资助。本书有幸于2016年在全省申报资助的几十部学术著作评选中脱颖而出，入选江西省哲学社会科学成果文库出版资助项目。最后，要感谢社会科学文献出版社，将本书出版发行。借此机会，向为本书出版付出辛勤劳动的领导、编辑和老师致以崇高的敬意。

作者　于南昌
2016年7月16日

图书在版编目(CIP)数据

中国财政诚信 / 陈向明著. -- 北京 : 社会科学文献出版社, 2017.6
(江西省哲学社会科学成果文库)
ISBN 978 - 7 - 5201 - 0703 - 7

Ⅰ. ①中… Ⅱ. ①陈… Ⅲ. ①财政 - 研究 - 中国
Ⅳ. ①F812

中国版本图书馆 CIP 数据核字(2017)第 081384 号

· 江西省哲学社会科学成果文库 ·
中国财政诚信

著 者 / 陈向明

出 版 人 / 谢寿光
项目统筹 / 王 绯 周 琼
责任编辑 / 单远举

出 版 / 社会科学文献出版社 · 社会政法分社 (010) 59367156
地址: 北京市北三环中路甲 29 号院华龙大厦 邮编: 100029
网址: www.ssap.com.cn
发 行 / 市场营销中心 (010) 59367081 59367018
印 装 / 三河市尚艺印装有限公司

规 格 / 开 本: 787mm × 1092mm 1/16
印 张: 16.5 字 数: 255 千字
版 次 / 2017 年 6 月第 1 版 2017 年 6 月第 1 次印刷
书 号 / ISBN 978 - 7 - 5201 - 0703 - 7
定 价 / 69.00 元